제4판

개념을 알면 쉬운

회계학원론

STUDY GUIDE

PRINCIPLE OF

Accounting

안혜진 · 정영기 · 이주원 · 강대준 · 신홍철

연습문제 해답포함

도서출판 청람

■ 머리말

본 스터디가이드(Study Guide)는 「개념을 알면 쉬운 회계학원론」의 자매서로 학업(study)에 도움이 되는 길라잡이(guide) 성격의 학습서이다. 스터디가이드는 여러분들이 교과서 내용을 제대로 이해했는지를 스스로 확인하고, 예습 및 복습과 관련하여 진도를 체크하고, 각종 퀴즈나 중간고사, 기말고사 등에 대비할 수 있도록 한 일종의 참고서이다. 선진국의 대학교에서도 저학년에 개설되는 원론 과목용 교과서 대부분은 스터디가이드와 함께 출판되는 것이 일반적이다. 「개념을 알면 쉬운 회계학원론」의 저자들과 더불어 새로운 집필진을 보강하여 자매서인 스터디가이드의 이해도 및 흥미도 제고에 심혈을 기울였다.

특히 교과서의 각 장 마지막 부분에 추가한 "이제는 여러분의 차례: Tips for Self Study" 박스를 통해 교과서 내용과의 연관성을 높였다. 본 스터디가이드의 각 Chapter별 구성은 다음과 같다.

(1) 개관 : 여러분들은 각 장을 구체적으로 공부하기 이전에 무엇을 공부해야 할 것인가에 대하여 개괄적으로 파악한 후에 구체적인 내용을 하나씩 익혀가도록 하였다.

(2) 본문의 요약 : 교과서 본문에 있는 내용들을 요약한 것이기 때문에 교과서의 내용과 함께 정리하며 공부하기에 유용할 뿐만 아니라 핵심개념 정리에도 매우 유용할 것이다.

(3) 연결형 문제 : 교과서 본문에서 소개된 기본개념에 대한 이해를 확인하기 위한 연결형 문제를 제시하였다. 연결형 문제는 교과서 연습문제의 빈칸 채우기와 더불어 주요 회계개념 및 용어에 대한 이해 여부를 점검하는 데 유용하다.

(4) 진위형(True/False) 문제 : 여러분들이 자칫 범하기 쉬운 오류를 지적하고 잘못된 이해를 해소시키고자 하였다.

(5) 객관식 및 주관식 문제 : 이들 문제를 통해 각 장의 내용에 대한 복습을 여러분 스스로 할 수 있게 하였다. 주관식 문제는 가급적 교과서 연습문제와 유사한 것을 수록하여 시험에 대비할 때 스스로 체크할 수 있도록 하였다.

(6) 해답 : 연결형, 진위형, 객관식, 주관식 문제에 대한 해답과 교과서의 연습문제에 대한 해답을 상세히 제시하였다.

(7) Box 기사 : 교과서에 미처 싣지 못한 각 Chpater 내용과 관련된 에피소드나 사례를 담아 각 장 내용의 이해도와 흥미도 제고에 도움이 되도록 하였다.

스터디가이드를 활용함에 있어서 최대한의 효과를 거두기 위하여 여러분에게 당부하고 싶은 점은 “연습문제의 해답을 먼저 보지 말고, 틀리더라도 직접 문제를 풀어본 후에 본인의 답과 해답을 비교해보는 습관을 가지라”는 것이다. 직접 문제를 풀다 보면 의외의 난관에 부딪히기도 하며, 때로는 해답과 다른 엉뚱한 수치를 정답인 줄 착각하기도 한다. 이때마다 교과서의 내용을 다시 한 번 복습하여 확실하게 이해하기 바란다. 이런 피드백 과정을 통해 어디에서, 무엇 때문에 실수를 저질렀는지를 정리해 두면 더 이상 실수를 되풀이하지 않게 된다.

부디 본 스터디가이드가 교재의 자매서로서 여러분들의 회계지식을 단단히 하는 데 도움이 되기를 바라면서 쉽고 재미있게 회계를 배울 수 있도록 하기 위한 우리의 바램이 결실을 맺었으면 한다.

2021년 겨울방학을 마무리하며

저자들 씀

■ 차례

제1부 회계의 기초적 이해

제1장 조직경영과 회계정보

Ⅰ. 개 관 ········ 2
Ⅱ. 본 장의 요약 ········ 3
제1절 경영과 회계정보 ········ 3
제2절 현대사회와 회계 ········ 5
제3절 회계학의 학문적 체계 ········ 6
Ⅲ. 자습문제 ········ 8
Ⅳ. 해답(자습문제, 교과서 연습문제) ········ 14

제2장 재무제표의 이해

Ⅰ. 개 관 ········ 17
Ⅱ. 본 장의 요약 ········ 18
제1절 재무보고와 재무제표 ········ 18
제2절 재무상태표 ········ 18
제3절 포괄손익계산서 ········ 21
Ⅲ. 자습문제 ········ 23
Ⅳ. 해답(자습문제, 교과서 연습문제) ········ 31

제2부 회계정보의 산출 : 회계순환과정

제3장 회계등식과 재무제표 작성원리

Ⅰ. 개 관 ········ 38
Ⅱ. 본 장의 요약 ········ 39

제1절 회계상의 거래 …… 39
제2절 회계등식을 이용한 거래의 기록 …… 40
Ⅲ. 자습문제 …… 41
Ⅳ. 해답(자습문제, 교과서 연습문제) …… 47

제4장 회계거래의 기록

Ⅰ. 개 관 …… 52
Ⅱ. 본 장의 요약 …… 53
제1절 계 정 …… 53
제2절 회계순환과정 …… 53
제3절 분 개 …… 54
제4절 전 기 …… 54
제5절 시산표 …… 55
Ⅲ. 자습문제 …… 56
Ⅳ. 해답(자습문제, 교과서 연습문제) …… 63

제5장 원장계정잔액의 수정과 서비스업의 회계순환과정

Ⅰ. 개 관 …… 76
Ⅱ. 본 장의 요약 …… 77
제1절 결산의 의의와 절차 …… 77
제2절 원장계정잔액의 수정과 결산정리분개 …… 78
제3절 회계순환과정과 정산표 …… 80
제4절 이익처분과 재무제표 작성 …… 81
Ⅲ. 자습문제 …… 82
Ⅳ. 해답(자습문제, 교과서 연습문제) …… 94

제6장 상품매매업의 회계순환과정과 재고자산

Ⅰ. 개 관 …… 108
Ⅱ. 본 장의 요약 …… 109
제1절 유통업의 재고자산과 상품거래의 기록 …… 109
제2절 상품매매업의 회계기록 …… 111
제3절 상품매매업의 결산과 재무제표 작성 …… 111
제4절 상품매매업의 기타 회계처리 …… 112

제5절 기말상품재고액의 결정 ······ 113
부록 A 매출원가 산정의 또 다른 방법 ······ 115
부록 B 제조업의 회계순환과정과 재무제표 ······ 115
Ⅲ. 자습문제 ······ 118
Ⅳ. 해답(자습문제, 교과서 연습문제) ······ 129

제7장 재무보고와 재무회계의 기초이론
Ⅰ. 개 관 ······ 145
Ⅱ. 본 장의 요약 ······ 146
제1절 재무보고의 개관 ······ 146
제2절 회계원칙과 재무회계의 기초개념 ······ 146
제3절 재무제표의 기본가정 및 유용한 재무정보의 질적 특성 ······ 148
제4절 개념체계와 재무회계기준 ······ 150
Ⅲ. 자습문제 ······ 152
Ⅳ. 해답(자습문제, 교과서 연습문제) ······ 157

제3부 회계정보의 산출 및 활용

제8장 당좌자산과 금융자산
Ⅰ. 개 관 ······ 160
Ⅱ. 본 장의 요약 ······ 163
제1절 현금및현금성자산 ······ 163
제2절 매출채권 ······ 165
제3절 기타유동자산 ······ 166
제4절 금융자산의 이해와 당기손익금융자산의 회계처리 ······ 167
부록A 기타포괄손익금융자산의 공정가치 평가 ······ 169
Ⅲ. 자습문제 ······ 170
Ⅳ. 해답(자습문제, 교과서 연습문제) ······ 182

제9장 비유동자산

Ⅰ. 개 관 ········· 191
Ⅱ. 본 장의 요약 ········· 192
제1절 유형자산(원가모형) ········· 192
제2절 자산재평가모형과 손상 ········· 195
제3절 무형자산 ········· 196
제4절 기타비유동자산 ········· 197
Ⅲ. 자습문제 ········· 198
Ⅳ. 해답(자습문제, 교과서 연습문제) ········· 207

제10장 부 채

Ⅰ. 개 관 ········· 213
Ⅱ. 본 장의 요약 ········· 214
제1절 부채의 의의 ········· 214
제2절 매입채무와 기타채무 ········· 214
제3절 금융부채 ········· 215
제4절 기타금융부채와 충당부채 ········· 217
부록 A 사채발행과 회계처리 ········· 219
부록 B 사채투자와 상각후원가금융자산의 회계처리 ········· 219
Ⅲ. 자습문제 ········· 220
Ⅳ. 해답(자습문제, 교과서 연습문제) ········· 230

제11장 자 본

Ⅰ. 개 관 ········· 239
Ⅱ. 본 장의 요약 ········· 240
제1절 주식회사 자본의 특징 ········· 240
제2절 자본의 의의와 구성 ········· 240
제3절 자본금과 주식발행초과금 ········· 241
제4절 이익잉여금 ········· 242
제5절 자본변동표 ········· 243
Ⅲ. 자습문제 ········· 244
Ⅳ. 해답(자습문제, 교과서 연습문제) ········· 251

제12장 현금흐름표 및 재무제표분석

Ⅰ. 개 관 ········· 258
Ⅱ. 본 장의 요약 ········· 259
제1절 현금흐름표와 현금흐름분석 ········· 259
제2절 회계정보의 활용과 재무제표분석 ········· 261
제3절 재무제표분석기법 ········· 262
제4절 재무비율분석 ········· 263
제5절 재무비율의 종합 ········· 265
Ⅲ. 자습문제 ········· 267
Ⅳ. 해답(자습문제, 교과서 연습문제) ········· 274

제 01 부

회계의 기초적 이해

제1장 조직경영과 회계정보
제2장 재무제표의 이해

제 01 장 | 조직경영과 회계정보

Ⅰ. 개 관

◉ 개 관

우리가 살아가는 데 반드시 회계를 알아야 할까? 이것은 당연한 질문일 수 있다. 왜냐하면 오늘날 복잡한 경제 및 경영환경에서 제대로 살아가려면 회계가 반드시 필요하기 때문이다. 따라서 회계를 안다는 것은 곧 부자아빠·엄마가 되어 편안한 삶을 영위해 나갈 수 있는 첫 단추를 잘 끼운 셈이다. 제1장에서는 회계에 대한 '감'을 터득할 수 있도록 경영의 개념부터 출발한다.

먼저 경영이란 무엇이고, 경영자의 관점에서 경영 의사결정에는 왜 회계정보가 필요한지 살펴본다. 그리고 회계정보는 경영자뿐만 아니라, 기업외부의 다양한 이해관계자들도 유용하게 사용하며, 특히 재무중개인과 정보중개인을 통하여 자본시장에서 자원의 효율적 배분에 기여함을 설명한다. 마지막으로 회계의 기능과 역할에 대한 이해를 토대로 회계가 무엇인지에 대한 학문적 관점에서의 소개와 회계전문직으로의 경력개발을 위한 안내를 한다.

∘ 경영과 회계정보

당신 스스로 사업을 시작하겠다는 생각을 해본 적이 있습니까? 사업을 성공적으로 운영하기 위해서는 회계를 이해하는 것이 절실합니다. 사업이 제대로 이루어지고 있는지 알기 위해서는 기본적으로 재무제표를 이해하고 분석하는 것이 필수입니다. 또한 회계정보는 당신의 목표가 얼마나 달성되었는지 또는 얼마나 달성되고 있는지를 말해 줍니다. 제품의 판매나 개발, 또는 특수한 서비스를 수행하고 있는 회사라면 회계정보에 기초한 경영의사결정을 내리지 않고서는 사업을 진정 효율적으로 수익성 있게 운영할 수 없을 뿐만 아니라 성장 같은 것은 꿈꿀 수 없습니다.

(영어 원서에서 발췌)

Ⅱ. 본 장의 요약

제1절 경영과 회계정보

1. 경영이란?

- 경영은 조직이 추구하는 목표를 효과적·효율적으로 달성하기 위한 일련의 활동으로 정의되며 보다 나은 성과를 가능케 하는 종합예술
- 기업에서 이루어지는 수많은 경영활동은 세 개의 핵심적인 활동으로 구분 : 필요한 자금을 조달하는 **재무활동**과 조달한 자금을 경영목적상 필요한 자원(예컨대, 건물 및 기계 등)을 구입하는 데에 활용하는 **투자활동**, 그리고 이들 획득된 자원을 활용하여 기업 본래의 목적을 달성함에 필요한 제품 또는 용역의 생산 및 판매에 관련된 **영업활동**으로 구성

2. 기업의 경영활동과 돈의 흐름

- 회계기능은 기업경영활동에 있어 돈(자금)의 흐름을 자동차의 계기판처럼 일목요연하게 보여주기 위한 분석도구

3. 기업과 경영자

- 기업의 주인인 주주(주식을 보유하고 있는 투자자)들은 **자신들이 투자한 돈을 가지고 경영자들이 얼마나 경영을 잘했는지를 알고 싶어함**
- 이를 위해 **주주**는 경영자로 하여금 기업활동에서 순환되는 돈의 흐름에 대해 일정시점의 재정상태를 보여주는 보고서인 **재무상태표**와 일정기간의(예를 들면, 1년 동안) 기업이 벌어들인 이익이 얼마인지를 보여주는 **포괄손익계산서**와 같은 회계보고서를 작성하여 보고할 것을 **요구**
- **경영자** 역시 이 회계보고서를 통해서 기업을 얼마나 효율적·효과적으로 경영했는지를 주주를 비롯한 여러 이해관계자에게 **공시**

4. 자원조달과 회계정보

- 회계(會計, accounting)란 자원을 재화 및 용역으로 변환하고 이들을 소비자에게 판매 또는 이전하는 것을 측정 및 보고하는 정보시스템이다. 회계는 자원의 흐름을 추적함으로써 경영자를 비롯한 의사결정자들은 자원이 과연 얼마나 효과적 · 효율적으로 활용되는지를 파악
- 회계정보를 보고서로 만들어내기 위해서는 무엇이 기록대상이 되어야 하는가를 판단하여, 분개대상인지 여부를 파악하기 위한 '식별' 과정이 필요
- 경영자는 경영활동을 전개하는 데 필요한 자본, 노동, 원재료 및 생산설비 등과 같은 자원을 획득하기 위해서는 기업의 우월성을 알릴 수 있는 여러 가지 정보를 자원소유자(즉, 외부이해관계자)들에게 제공하는 것이 필요
- 경영자는 시장의 확대가능성, 충분한 생산능력, 안정적인 노사관계 등의 다양한 경영정보는 물론 기업의 성장성과 수익성을 포괄적으로 집약하고 구체적으로 수치화한 회계정보를 제공함으로써 자원소유자들에게 기업의 우월성을 널리 알리고자(즉, 공시하고자) 하는 유인을 가짐

5. 회계정보의 공시와 대리인 문제

- 대리인 문제(agent problem)란 기업의 주인인 주주와 대리인인 전문경영인 사이의 이해관계가 일치하지 않는 데서 비롯되는 문제
  - 대리인 문제의 핵심은 주인이 아닌 경영자들이 기업활동에서 돈의 흐름에 대한 재무제표를 작성하고, 주인인 주주는 경영자가 작성한 보고서에 의해 기업의 경영활동 내용을 파악할 수밖에 없다는 점
  - 대리인 문제를 해소할 수 있는 방안 중 하나인 회계감사 : 주주나 경영자 모두에게 필요로 하는 회계보고서의 신뢰성을 인증해주기 위한 기능을 말하며, 공인회계사가 이러한 인증업무를 담당
- 자본시장에서의 레몬의 문제는 정보불균형에 의해 자본시장이 자금의 수요와 공급을 제대로 연결하지 못하는 시장실패를 의미
  - 자본시장에 있어 정보불균형 문제해결에 정보중개인(애널리스트, 신용평가기관 등)과 재무중개인(펀드매니저, 기관투자자 등), 공인회계사인 감사인들이 기여

제2절 현대사회와 회계

1. 현대사회의 회계정보이용자

■ 경영자를 제외한 외부 정보이용자와 이들이 필요로 하는 회계정보

외부이용자 집단	기 대	필요로 하는 회계정보
주주, 투자자	• 주가의 성장성, 배당의 안정성 및 성장성 • 투자회수의 안정성	기업의 수익성 · 재무상태 · 위험도(회계정보는 바로 이들을 알게 해 주기 때문에 외부이용자들의 의사결정에 유용하게 사용될 수 있음)
채권자	• 원금회수의 확실성, 이자회수의 확실성	
종업원(노동조합)	• 직장의 안정성, 보상(승진 포함)의 적절성	
원재료 · 설비공급자	• 대금회수의 확실성, 계약(=거래)의 지속성	
정부	• 조세징수의 원활성, 고용수준의 안정성	
소비자	• 품질의 우수성, 가격의 적절성 • 애프터서비스의 충실성	
지역주민	• 환경보전활동의 적절성, 고용수준의 안정성	
자선단체	• 기부금의 안정성	

2. 정당한 사회건설을 위한 회계정보의 역할

■ 회계정보는 한정된 자원을 효율적으로 활용할 줄 아는 기업과 그렇지 못한 기업을 구별할 수 있게 해주는 역할을 함으로써 자원 소유자들의 자원투입 의사결정을 올바르게 유도

– 나아가 사회 전체적으로 한정된 자원의 효율적 배분을 가능하게 하여 바람직한 사회건설에 기여

3. 경영자의 회계보고의무

■ 경영책임 보고의무(accountability, 회계책임)란 경영자가 조달한 자원을 효과적이고 효율적으로 활용하였는지 여부를 자원제공자에게 보고해야 할 책임을 지칭

– 경영자들은 정기적으로 재무제표와 같은 회계보고서를 작성 · 공시함으로써 경영책임 보고의무를 수행해 왔으며, 이런 관점에서 경영책임 보고의무는 회계의 고유기능의 하나임

제3절 회계학의 학문적 체계

1. 회계의 정의

- 1966년에 미국회계학회(AAA)는 ASOBAT 보고서를 통해 "회계는 정보이용자가 사정을 잘 알고서 판단이나 의사결정을 할 수 있도록 경제적 정보를 식별하고 측정하여 전달하는 과정"으로 정의

2. 회계의 학문적 분류

- 재무회계(財務會計, financial accounting)는 기업 외부에 존재하는 다양한 이해관계자의 경제적 의사결정에 유용한 재무정보를 측정 · 보고할 목적으로 이루어지는 소위 외부보고 목적의 회계를 의미
  - 외부이용자를 위한 재무회계정보는 정보의 처리과정을 거쳐 요약된 형태로 보고가 되는데, 이 요약된 보고서를 **재무제표**(財務諸表, financial statements)라 한다. 기업에서 필수적으로 작성하여야 하는 재무제표는 재무상태표, 포괄손익계산서, 자본변동표, 현금흐름표와 주석
- 관리회계(管理會計, management accounting)는 조직의 관리자(경영자)가 경영의사결정을 내리는 데 필요한 회계정보를 제공하는 내부보고 목적의 회계
  - 관리자가 자신에게 주어진 자원을 최대한으로 활용하여 경영책임을 완수할 수 있도록 하는 데 필요한 회계정보를 제공해 주고자 하는 목적으로 수행되는 회계분야
  - 관리회계의 정보이용자는 조직 내부의 경영자이므로, 관리회계에 필요한 자료의 종류와 양식, 제공시기 등은 모두 기업 스스로가 자신의 판단에 따라 결정
- 세무회계(稅務會計, tax accounting)는 세법에 따라 납부하여야 할 납세액을 계산하는 모든 과정
  - 우리나라는 재무회계자료를 기본 뼈대로 하고 세법의 차이 내용만을 조정하여 세무회계 자료를 만들며, 이러한 세무조정 업무는 주로 공인회계사나 세무사에 의해서 수행
- 회계감사(會計監査, auditing)는 경영자에 의해서 작성된 회계정보에 대한 객관적인 검증기능을 수행하며, 공인회계사는 재무제표가 회계기준에 따라 작성되었는지 여부를 객관적 · 전문가적 입장에서 감사하여 감사의견을 표명

MBA 유학을 꿈꾸신다구요? -MBA Specialties in Accounting-

Ranked in 2019, part of Best Business Schools

Rankings

Rank	School name	Tuition	Enrollment (full-time)
#1	University of Texas-Austin (McCombs) Austin, TX	$40,622 per year(in-state, full-time); $54,394 per year(out-of-state, full-time)	551
#2	University of Illinois—Urbana-Champaign Champaign, IL	$48,760 total program(in-state, full-time); $73,168 total program(out-of-state, full-time)	94
#3	University of Pennsylvania (Wharton) Philadelphia, PA	$72,300 per year(full-time)	1,742
#4	Brigham Young University (Marriott) Provo, UT	$13,450 per year(LDS member, full-time); $22,560 per year(Non-LDS member, full-time)	280
#5	University of Michigan-Ann Arbor (Ross) Ann Arbor, MI	$63,646 per year(in-state, full-time); $68,646 per year(out-of-state, full-time)	832
#6	University of Chicago (Booth) Chicago, IL	$72,000 per year(full-time)	1,179
#7	University of Southern California (Marshall) Los Angeles, CA	$63,096 per year(full-time)	449
#8	Stanford University Stanford, CA	$70,590 per year(full-time)	855
#9	New York University (Stern) New York, NY	$71,676 per year(full-time)	772
#10	Ohio State University (Fisher) Columbus, OH	$30,120 per year(in-state, full-time); $52,629 per year(out-of-state, full-time)	181
#11	University of North Carolina-Chapel Hill (Kenan-Flagler) Chapel Hill, NC	$45,915 per year(in-state, full-time); $61,038 per year(out-of-state, full-time)	556

U.S. News & World Report

Ⅲ. 자습문제

[1] 연결형

(1) 아래 각 문장은 박스 속의 어느 용어에 관한 것인지 답하시오.

A. 경영	B. 의사결정	C. 주식회사	D. 투자활동
E. 재무활동	F. 영업활동	G. 효율성	H. 효과성
I. 재무제표	J. 수익성	K. 위험도	L. 채권자
M. 공인회계사	N. 경영책임보고의무	O. 세무사	P. 자원의 효율적 배분
Q. 회계감사	R. 회계	S. 재무회계	T. 식별
U. 관리회계			

1. ________ 출자한 금액을 한도로 소유권을 행사하고 책임을 지는 법인기업

2. ________ 영업활동을 수행하는 데 필요한 자산을 취득하거나 처분하는 활동

3. ________ 자금을 조달하거나 상환하는 활동

4. ________ 투입자원을 얼마나 경제적으로 활용했는가를 측정하는 지표

5. ________ 목표달성 정도를 측정하는 지표

6. ________ 생산 및 판매 등 본연의 설립목적에 따른 활동

7. ________ 기업의 재무상태나 영업성과를 공시하기 위해 작성하는 보고서

8. ________ 경영자가 조달한 자원을 효과적이고 효율적으로 활용하였는지 여부를 자원제공자들에게 보고해야 할 책임

9. ________ 납세의무자의 의뢰에 따라 세금납부에 관한 일체의 업무를 수행하는 세무에 관한 전문자격사

10. ________ 회계보고서의 적정성 여부(즉, 제대로 작성되었는지)를 감사하는 회계전문가

11. ________ 사회 전체의 부와 복지가 증진될 수 있도록 자원들을 각 부문들에 적절히 나누어 투입하는 것

12. ________ 기업의 이익창출능력을 의미

13. ________ 기업이 도산하지 않을 안전성 의미를 의미하는 'risk'의 부담 정도

14. ________ 일반적으로 인정된 회계원칙에 따라 재무제표가 적정하게 작성·공시되는지를 감사하는 회계기능

15. ________ 이자율 및 원금회수의 안전성 등에 관한 유용한 회계정보에 관심을 갖는 이해관계자집단의 하나

16. ________ 정보이용자가 사정을 잘 알고서 판단이나 의사결정을 할 수 있도록 경제적 정보를 식별하고 측정하여 전달하는 과정

17. ________ 무엇이 기록대상이 되어야 하는가를 판단하는 것이며, 분개대상인지 여부를 파악하는 것

18. ________ 경영자의 경영의사결정에 유용한 회계정보를 제공하고자 하는 내부보고 목적의 회계

19. ________ 기업 외부에 존재하는 다양한 이해관계자의 경제적 의사결정에 유용한 재무정보를 제공할 목적으로 이루어지는 외부보고 목적의 회계

(2) 아래 각 항목들은 어느 집단에서 가장 필요로 하는 정보인지 박스에서 찾아 답하시오.

A. 회사경영진	B. 은행	C. 주주(stockholder)	D. 공급자
E. 증권거래소	F. 노동조합	G. 국세청	

1. ________ 기업 내 각 사업부의 수익성

2. ________ 미래 배당 지급액의 전망

3. ________ 지난번 노사협상 체결 후에 기업이 벌어들인 이익

4. ________ 최초로 주식을 상장하려고 하는 기업의 재무상태에 대한 검토

5. ________ 기업의 원금상환 및 이자지급 능력에 관한 정보

6. ________ 특정 사업자번호에 해당하는 기업의 수익성과 사업소득

7. ________ 기업의 외상매입금(또는 매입채무)을 갚을 수 있는 상환능력

[2] **진위형** : 아래 문장이 옳으면 T(true, 眞)에, 틀리면 F(false, 僞)에 ○표를 하시오.

1. (T F) 경영의사결정이란 "조직의 목표를 달성하기 위한 대안들을 일정한 방법에 따라 비교·평가하는 가운데 가장 유리한 대안을 선택하는 행동"으로 정의된다.

2. (T F) 기업활동을 영업활동·재무활동·투자활동으로 분류할 경우 신상품을 개발하고 판매하는 활동은 영업활동에 해당한다.

3. (T F) 회계의 주요 목적은 정보이용자들의 경제적 의사결정에 도움이 되도록 회계실체에 관한 재무적 정보를 제공하는 것이다.

4. (T F) 기업 경영자와 외부 정보이용자들이 필요로 하는 정보는 유사하므로 모두 일반목적의 재무제표를 통해서 회계정보를 제공하면 된다.

5. (T F) 외부감사인으로서 공인회계사는 기업의 재무제표를 직접 작성하기 때문에 기업의 실상을 제일 잘 파악할 수 있는 입장에 있다.

6. (T F) 이익추구 이외의 목적으로 결성된 비영리조직의 경영에서는 기업경영에서와 달리 회계정보의 유용성이 크지 않다.

7. (T F) 기본적으로 회계정보에 대한 수요는 양질의 의사결정을 내리고자 하는 욕구로부터 비롯되며, 이들 의사결정은 거의 대부분 미래지향적이지만, 과거에 대한 분석은 미래예측을 위한 좋은 출발점이 된다.

8. (T F) 회계는 거래를 기록하고, 자산·부채 등으로 분류하고 재무제표로 요약하는 기능만을 수행하는 '부기'와는 차이가 없다.

9. (T F) 재무회계는 기업의 재무정보를 외부 이해관계자에게 공시하는 것과 관련되어 있다.

10. (T F) 재무회계는 외부보고 목적의 회계분야이고, 외부보고의 주된 대상은 주주이므로 회계처리는 주주들에게 유리한 방향으로 이루어져야 한다.

11. (T F) 기업에서 필수적으로 작성해야만 하는 기본 재무제표에는 재무상태표, 포괄손익계산서, 재무상태변동표, 이익잉여금처분계산서 등 네 가지가 있다.

12. (T F) 관리회계정보의 이용자는 조직 내부의 경영자이기 때문에 관리회계에 필요한 자료의 종류와 양식, 제공시기 등은 모두 기업 스스로가 자신의 판단에 따라 결정하면 된다.

13. (T F) 세무회계는 재무회계의 기록과 세법규정 간의 차이를 조정하여 정확한 과세소득을 산출하는 회계분야이다.

14. (T F) 회계감사는 재무회계에 의해 작성된 재무제표가 적정한 것인지, 외부이용자가 신뢰하고 이용할 만한지를 감사원이나 국세청에 의해 검토케 하여 그 결과를 감사의견 형식으로 표명하는 회계분야이다.

[3] 객관식

1. 조직이 추구하는 목적 달성을 위하여 최선의 의사결정을 내리고 이에 따라 인적 · 물적자원을 조직화하는 것을 경영(management)이라 한다. 다음 중 경영을 필요로 하는 조직을 고른다면?

① 비영리공익법인 ② 정부
③ 기업 ④ 이상 모두

2. 효과성(effectiveness, 유효성)과 관련이 없는 것은?

① 목적 달성의 정도
② 야구선수 김하성의 타율
③ 코로나백신 모더나의 예방효능
④ 자동차 영업사원의 연간 계약건수

3. 다음 중 회계정보의 특징으로 볼 수 없는 것은?

① 회계정보는 조직 전체의 경영활동 내용을 담고 있는 포괄적 정보이다.
② 회계정보는 구체적인 정보이다.
③ 회계정보는 요약된 정보이다.
④ 회계정보는 비계량적 정보이다.

4. 기업이 회계정보를 자발적으로 공시하는 가장 주된 이유는?

① 신기술 개발을 위하여 ② 법률에 의한 요구에 의하여
③ 경영활동을 위한 자원조달을 위하여 ④ 제조원가를 낮추기 위하여

5. 다음 중 기업의 핵심적 경영활동에 속하지 않는 것은?

① 투자자 관리활동(investor relations) ② 영업활동(operating activity)
③ 재무활동(financing activity) ④ 투자활동(investing activity)

6. 회계에 관한 다음 설명 중 옳은 것은?

① 회계의 목적은 경제실체에 관한 재무적 정보를 이해관계자집단에게 제공하는 것이다.
② 회계시스템이 그 존재의미를 가지기 위해서는 회계가 이루어지는 최우량기업을 고려하여야 한다.
③ 재무회계는 주로 기업의 경영자들을 대상으로 하여 재무적인 정보를 제공하는 회계시스템이다.
④ 회계기준의 개발에 대한 관심은 회계전문가들이나 정보의 규제기관에 한정된다.

7. 기업의 회계정보시스템에서 산출되는 회계정보는 다음 중 어느 것인가?

① 개별기업의 정보
② 개별기업과 산업의 정보
③ 개별기업과 산업 및 경제전반에 관한 정보
④ 개별기업과 산업, 경제전반 및 경제사회의 주요 구성원의 정보

8. 다음 중 타인의 주식투자 의사결정을 지원하거나 보조하는 역할을 담당하는 간접 이해관계자는?

① 미래의 주주 ② 현재의 채권자 ③ 종업원
④ 소비자 ⑤ 증권분석사

9. 회계담당자의 의사결정이나 판단을 필요로 하는 회계정보나 회계보고서에 해당되지 않는 것은?

① 공장가동률 ② 원가보고서 ③ 예산서
④ 급여정보 ⑤ 판매보고서

10. 기업의 회계정보이용자들 중에서 외부 이해관계자가 아닌 자는?

① 경영자 ② 채권자 ③ 정부 ④ 거래처

11. 경영책임 보고의무, 즉 회계책임을 다하기 위해서 경영자는 자원제공자들에게 회계정보를 전달해야 하는데, 이때 회계정보 전달 수단으로서 대표적인 것은?

① 재산보고서 ② 재무제표
③ 인적자원보고서 ④ 법인세 과세표준신고서

12. 회계의 정의로 가장 타당한 것은?

① 거래를 기록, 분류, 요약하고 그 결과를 해석하는 기술이다.
② 미래의 영업계획을 수치화한 것이다.
③ 기업의 영업내용을 화폐금액으로 표시하는 행위이다.
④ 정보이용자가 사정을 잘 알고서 판단이나 의사결정을 할 수 있도록 경제적 정보를 식별하고, 측정하며, 전달하는 과정이다.

13. 재무회계에 대한 설명 중 적절하지 않은 것은?

① 재무회계는 기업 외부에 존재하는 다양한 이해관계자의 경제적 의사결정에 유용한 재무정보를 제공할 목적으로 이루어지는, 외부보고 목적의 회계를 말한다.
② 재무회계는 다른 모든 회계의 기초가 되는 정보를 제공할 수 있다.
③ 재무회계는 사전에 정해진 기준 또는 법령의 규정에 의하여 준수가 요구되는 강제적인 회계제도이다.
④ 재무회계는 외부보고 목적의 회계이고, 외부보고의 주된 대상은 주주의 이해관계를 우선적으로 고려하여야 한다.

14. 다음은 재무회계와 관리회계를 비교한 것이다. 적절하지 않은 것은?

	재무회계	관리회계
① 보고대상	외부정보이용자	내부정보이용자
② 보고시기	정기보고	수시보고
③ 보고형식	일정한 형식	획일적 기준 없음
④ 보고내용	정해진 기준 없음	일정한 규정에 의함

코스닥 부실회계기업

올 들어 국내 코스닥 상장기업 중 회계처리가 엉망이어서 **회계법인**이 감사를 못하겠다고 '의견거절'의견을 내 상장폐지 위기에 몰린 기업이 28개에 이른다. 그중엔 시가총액 4,000억원이 넘는 중견기업도 있다. 작년부터 회계법인들이 예전보다 훨씬 깐깐하게 장부를 들여다보기 때문이다.

상장폐지 기업이 늘면 투자자들이 큰 피해를 볼 수 있다. 그렇다고 엉터리 회계를 적당히 봐주고 넘어가면 나중에 더 큰 재앙이 올 수 있다. 코스닥시장을 살리기 위해서도 기업회계부정과 조작에 대해선 일벌백계(一罰百戒)로 다스려야 한다.

조선일보(2010년 3월 28일자) 만물상의 "코스닥 不實회계기업" 중에서

Ⅳ. 해답(자습문제, 교과서 연습문제)

[1] 연결형

(1)

1. C **2.** D **3.** E **4.** G **5.** H **6.** F **7.** I
8. N **9.** O **10.** M **11.** P **12.** J **13.** K **14.** Q
15. L **16.** R **17.** T **18.** U **19.** S

(2)

1. A **2.** C **3.** F **4.** E **5.** B **6.** G **7.** D

[2] 진위형

1. T 경영의사결정이란 수많은 의사결정의 연속으로 이루어지는 특징을 갖고 있으며 "조직이 추구하는 목적달성을 위하여 최선의 의사결정을 내리기 위해 끊임없는 대안 간의 비교선택을 하는 일련의 과정"이라고 정의할 수 있다.

2. T

3. T

4. F 기업 내부의 경영자를 지원하기 위한 회계는 경영자가 당면한 의사결정에 유용한 특수목적의 보고서 형태로 이루어지는 것이 일반적이다. 이러한 기능을 담당하는 회계영역을 관리회계라고 부른다.

5. F 공인회계사는 기업의 재무제표를 작성해주는 사람이 아니다. 공인회계사는 기업이 작성한 재무제표에 대하여 그 적정성 여부를 판단하고 의견을 표명하는 사람이다. 비록 재무제표를 직접 작성하지는 않지만 감사과정에서 기업의 통제시스템을 직접 목격하고 회계자료 등 다양한 보고서를 접함으로써 누구보다도 기업에 대해서 많이 알게 되는 것은 사실이다.

6. F 비영리조직에서도 기업 못지 않게 회계정보를 중요시한다. 장·단기 경영계획 및 통제 관련 의사결정은 물론 비영리조직에 귀한 자원을 제공하고 조직의 효과성과 효율성에 관심을 갖는 다양한 이해관계자에게 보고해야 할 회계책임을 지는 것은 기업과 차이가 없다. 단지, 관심영역상 차이를 보일 뿐이다.

7. T

8. F 부기에 대한 설명이다.

9. T

10. F 재무회계정보의 이용자는 기업 외부에 존재하는 다양한 이해관계자들로서, 주주, 채권자를 비롯하여 종업원, 외부 공급업자, 소비자, 정부 등이 있다. 따라서 특정 이해관계자에게만 유리하게 회계처리해서는 절대 안 된다.

11. F 기본재무제표에는 재무상태표, 포괄손익계산서, 현금흐름표, 자본변동표로 구성되며, 주석을 포함한다.

12. T

13. T

14. F 감사원이나 국세청이 아니라 공인회계사 또는 공인회계사가 속한 회계법인이다.

[3] 객관식

1. ④ 경영은 한정된 자원을 효율적으로 활용하는 가운데 추구하는 목적을 달성하고자 하는 모든 조직에 필수적인 것이다.

2. ② 야구에서의 타율은 효율성(efficiency)에 관한 내용이다. 상대방보다 더 많은 득점을 올려 승리를 거두는 것이 야구팀의 목적인 점을 감안할 때 타율보다는 타점이 오히려 효과성에 가깝다.

3. ④ 회계정보는 대표적인 계량적 정보이다.

4. ③ 경영자는 주주·채권자·정부·공급업자 등의 외부 이해관계자들에게 회계정보를 전달함으로써 필요한 자원을 조달한다.

5. ① **6.** ① **7.** ① **8.** ⑤

9. ① **10.** ① **11.** ② **12.** ④ **13.** ④

14. ④ 재무회계는 외부 이해관계자들 간의 이해관계를 조정하는 역할을 담당하므로 일정한 기준(한국채택국제회계기준 등)에 준거하여 보고가 이루어진다.

교과서 연습문제 해답

[1] 빈칸 채우기

(1) 경영, management
(2) 최고경영자, CEO(Chief Executive Officer)
(3) 연차보고서, Annual report
(4) 대리인문제, Agent problem
(5) 회계책임 보고의무, accountability
(6) 국제회계기준, IFRS
(7) 재무회계, financial accounting
(8) 회계감사, Auditing
(9) 공인회계사, CPA(Certified Public Accountant)

[2] 인터넷을 이용한 회계 탐험

(1) http://dart.fss.or.kr → 회사명 찾기 → 보고서명

(2) http://cpa.fss.or.kr

(3) ① 한국공인회계사 자격을 획득하기 위한 요건
www.kicpa.or.kr → CPA 수험정보 → CPA 시험가이드

② 한국공인회계사의 주요 업무 www.kicpa.or.kr → KICPA소개 → 주요업무

[3] 회계윤리

(1) 경영진들이 회사보다는 자신들의 이익을 위해 사업을 벌여 이득을 취했다고 판단할 것이다. 이러한 엔론사 경영진들의 이익 부풀리기 행동은 일종의 도덕적 해이(moral hazard)에 해당한다.

(2) 2006년 1월의 대법원 판결에서는 "기업이 분식회계로 실적을 부풀린 상태에서 자발적으로 낸 지나치게 많은 세금은 취소돼야 한다"고 하였다. 그 이유로서 "세무서는 기업의 실질적인 상황을 조사해서 과세해야 할 의무가 있다"는 것이다. 이 판결로 OO전자는 233억 여원의 세금을 취소받게 되었다. 세무서는 OO전자의 실제 회계수치를 근거로 세금을 다시 부과해야 한다.

삼성전자의 IR 활동

삼성전자가 지난해 총 967회의 IR 활동을 실시했다. 그룹 미팅이 많아 실제 만난 기관수 기준으로는 1,200건을 넘는다. 매 분기마다 실시하는 실적발표회, 해외 로드쇼(지난해 11회 실시), 내방 투자자 미팅(지난해 277회 실시) 같은 전통적인 IR 활동 외에도 매년 애널리스트 데이 또는 테크포럼을 개최하고 있고 전 세계 대형 전시회에 참가해 투자자들을 만나고 있다. 특히 주주총회에 앞서 연 1회 주총 의안 설명을 위한 로드쇼도 별도로 실시했다.

또 제공하는 정보의 질을 높이고 신속하게 전달할 수 있도록 노력하고 있다. 프리젠테이션 자료 제공 시에는 사업부별 실적만이 아니라 시장전망 및 대응전략, 경쟁사와의 비교 등 다각적인 정보를 제공하고 있다. 또 이 자료들을 홈페이지에서 다운받을 수 있도록 해 지난해 각종 프리젠테이션 및 기타 재무자료 다운로드 건수만 월평균 1만 회에 달했다.

삼성전자는 시장의 의견을 듣고 반영하는 데도 적극적이다. 삼성전자 및 사업 관련 국내외 애널리스트들의 리포트는 주간 단위로 검토해 경영진에 보고되고 주요 현안 발생 시마다 기관투자자들의 의견을 종합해 경영진에게 신속하게 전달한다. 최고경영진들도 해외출장 시 해당 지역 투자자 및 업계 오피니어 리더와 만나 전문가 의견을 청취하고 있다. 소액 개인투자자들을 위한 전담직원도 배치해 전화 질의 시 신속하게 대응토록 하고 있다.

머니투데이(2010년 9월 28일) 기사 중 발췌 수정

제 02 장 | 재무제표의 이해

Ⅰ. 개 관

◉ 개 관

회계란 의사결정을 지원하는 정보생산과 커뮤니케이션 활동으로 정의할 수 있다. 이때 정보이용자들에게 제공할 회계정보를 담는 그릇에 해당하는 것이 재무제표이다. 본 장에서는 재무제표란 무엇이며 어떤 것들이 있는지 소개한다.

구체적으로 재무상태표란 무엇이며 어떠한 정보를 제공하는 보고서인가? 포괄손익계산서란 무엇이며 어떠한 정보를 제공하는가 등을 다룬다. 재무제표는 재무상태표, 포괄손익계산서, 자본변동표, 현금흐름표와 주석 다섯 가지로 구성된다. 본 장에서는 재무상태표와 포괄손익계산서를 중심으로 설명한다.

• 재무제표 작성 책임

재무제표의 작성 책임은 누구에게 있을까? 어느 조직에서나 회계부서 또는 경리부서가 존재하며, 이 부서에서 재무제표를 실무적으로 작성한다. 조직의 모든 활동의 집약체라 할 수 있는 재무제표의 작성 책임은 다음 중 누구에게 있을까?

〈답〉 2002년 미국에서는 엔론사태와 같은 대규모 기업 회계부정 사태가 잇따르자 기업투자자의 기업에 대한 신뢰도를 회복할 필요성이 제기되어, Sarbanes-Oxley법이 제정되었다. 이 법에 의하면 기업의 CEO와 CFO로 하여금 기업의 재무제표가 기업의 재무상태를 공정하게 보여주고 있다는 문서화된 인증서를 제출하도록 요구하고 있다. 우리나라의 〈기업회계기준〉에서도 재무제표의 작성과 표시에 대한 책임은 경영자에게 있음을 규정하고 있다.

Ⅱ. 본 장의 요약

제1절 재무보고와 재무제표

1. 재무보고란 무엇인가?

- 기업에 관한 정보를 조직 외부의 의사결정자들에게 제공하는 것 : **재무보고(financial reporting)**
- 재무보고는 기업의 현재 시점의 재무적 건강 상태 및 미래의 전망을 개괄적으로 보여주고 이를 통해 투자자 및 채권자들이 그들이 보유한 희소자원을 어디에 활용할 것인가와 같은 **의사결정에 유용**
- 재무보고의 목적을 한마디로 요약하면 '**의사결정에의 유용성**'(decision usefulness)

2. 재무제표

- 재무제표는 기업의 경영활동을 재무적(화폐적)으로 표현한 여러 회계보고서
- 현재 우리나라 「회계기준」에서는 재무제표에 **재무상태표, 포괄손익계산서, 현금흐름표, 자본변동표**와 이를 작성하는 데 기준이 된 중요한 회계정책의 요약 및 그 밖의 설명으로 구성되는 **주석**을 포함
- 재무상태표와 포괄손익계산서는 재무제표의 양대 산맥으로 서로 밀접하게 연계되어 있다는 점에서 마치 리모컨의 '볼륨'과 '채널'과 같은 존재

제2절 재무상태표

1. 재무상태표의 의의

- 재무상태표(statement of financial position)는 일정시점 현재 기업의 영업활동에 투자되어 있는 경제적 자원인 자산과 이러한 투자를 위해 조달된 자금의 원천을 부채와 자본으로 표시하여 **재무상태를 나타내주는 보고서**

2. 재무상태표의 특징과 유용성

- 재무상태란 자산, 부채, 자본의 상태를 총칭하는 말이며, 재무상태표에는 특정 시점을 나타내는 날짜와 재무상태표라는 보고서의 명칭, 회사명 및 금액단위가 표시됨
- 외부정보이용자들은 재무상태표를 통해 기업의 유동성, 성장성 및 위험 등을 평가

3. 재무상태표의 구조와 형식

- 재무상태표등식 : 자산=부채+자본 ⇒ 자산은 부채 및 자본을 통해 조달한 자금으로 투자된 것이기 때문에 결국 같을 수밖에 없다는 것을 의미
- 재무상태표의 왼쪽에는 기업이 특정 시점에 보유하고 있는 자원(resources)이 열거되고, 오른쪽에는 이 자원들이 어떤 경로를 통해 기업에 유입되었는지 그 원인(cause) 또는 자금의 조달원천이 열거되므로, 왼쪽은 결과 오른쪽은 원인

4. 자산의 의의 및 주요 항목

- 자산은 '과거 거래나 사건의 결과로서 현재 기업실체에 의해 지배되고 미래에 경제적 효익을 창출할 것으로 기대되는 자원'
- 즉, 자산이란 가치가 있는 물건 또는 권리
- 자산의 종류에는 현금, 금융자산, 매출채권, 받을어음, 미수금, 선급금, 선급비용, 미수수익, 상품, 제품, 토지, 건물, 기계장치, 비품 등

5. 유동자산과 비유동자산

- 자산은 크게 유동자산과 비유동자산으로 구분
- 유동자산(current assets)이란 정상영업주기나 1년을 기준으로 비교적 짧은 기간 안에 현금화할 수 있는 자산
- 비유동자산(non-current assets)이란 장기에 걸쳐서 현금 창출에 공헌하기 위해 영업인프라를 구축하는 자산

6. 부채의 의의 및 주요 항목

- 부채는 '과거의 거래나 사건의 결과로 현재 기업실체가 부담하고 있고 미래에 자원의

유출(또는 사용)이 예상되는 의무'
- 현금으로 갚거나 상품을 인도하거나 용역을 제공해야 할 의무, 즉 빚을 말함
- 부채의 종류에는 매입채무, 금융부채(사채, 차입금 등), 미지급금, 미지급비용 등

7. 유동부채와 비유동부채

- 1년 이내에 만기가 도래하는 부채는 **유동부채**
- 1년 이후에 만기가 도래하는 부채는 **비유동부채**

8. 자본의 의의

- 자본(owner's equity, capital)이란 자기가 출자한 금액과 영업활동을 통해 벌어들인 순이익을 합한 순수한 자기(주주) 돈
- 결국 기업의 주인인 주주가 자신이 출자한 **회사에 대한** '몫', '지분'

9. 자본등식

- 자본은 기업의 자산총액에서 부채총액을 차감하고 남은 잔여분 또는 순자산
  - 자산총액으로부터 자산에 대한 우선청구권이 있는 채권자 몫(타인자본)을 차감하고 난 이후의 잔여지분(residual equity)
- **자본등식 : 자산－부채＝자본**

  기초 자본등식(회계기간의 처음) : 기초자산－기초부채＝기초자본

  기말 자본등식(회계기간의 끝) : 기말자산－기말부채＝기말자본

  경영성과(당기순이익) : 기말자본－기초자본＝양(＋)의 금액

  경영성과(당기순손실) : 기말자본－기초자본＝음(－)의 금액
- 자본은 자산 평가액에서 부채를 차감한 잔액으로 계산한다는 의미에서 **잔여지분(殘餘持分, residual equity)**

10. 자본의 종류

- 자본은 간략히 **납입자본**과 **잉여금**으로 구분
  - 납입자본은 주식회사의 경우 주주들이 투자한 출자금(出資金)인 '주식발행자본금'을 의미
  - 잉여금은 당기순이익이 여러 해에 걸쳐 누적되어 있는 '이익잉여금'을 의미

11. 자산, 부채 및 자본의 중요성 : 이해관계자 관점

- 영업활동을 통해 이익을 가져다 줄 수 있는 역량과 잠재력이 있는지, 그리고 현금 창출능력이 있는지, 미래의 성장을 위한 원동력이 될 수 있는지를 평가하는 데 유용한 정보제공

제3절 포괄손익계산서

1. 포괄손익계산서의 의의

- 포괄손익계산서는 기업의 일정기간의 경영성과를 알려주는 보고서이므로 포괄손익계산서에는 기간을 나타내는 표시(~부터 ~까지)가 항상 기재됨
  - 기업의 경영성과란 경영활동을 전개한 기간 동안의 성과이기 때문에
  - 포괄손익계산서에는 보고서의 명칭, 회사명을 함께 기록

2. 총포괄손익

- 포괄손익계산서는 경상적이고 반복적으로 발생하는 당기 경영성과를 나타내주는 당기순이익뿐만 아니라 비경상적·비반복적으로 발생하는 기타포괄손익까지 포함(즉, 포괄)하여 최종 경영성과를 보여줌. 이를 '**총포괄손익**'이라고 하며, 이는 당기순이익보다 넓은 개념

3. 포괄손익계산서의 구조와 형식

- 포괄손익계산서에는 수익, 비용, 당기순손익(당기순이익 또는 당기순손실), 기타포괄손익의 네 가지 주요 정보가 표기

  당기순이익(수익 > 비용) = 수익 − 비용
  당기순손실(수익 < 비용) = 수익 − 비용

- 매출총이익은 매출액에서 판매된 상품의 원가(매출원가)를 차감하여 계산하며, 매출총이익은 상품이나 제품의 부가가치를 알려 주는 귀중한 정보

매출액－매출원가＝매출총이익

- 법인세비용차감전순이익은 당기순이익 산출의 바로 직전단계에서 법인세비용을 차감하기 전 상태의 영업성과
  - 기업의 경영성과인 당기순이익은 세금까지도 차감하고 난 다음 주주에게 귀속될 이익의 몫

법인세비용차감전순이익－법인세비용 ＝ 당기순이익

4. 수익의 의의와 종류

- 수익은 "자산의 유입과 증가(또는 부채의 감소)를 통하여 한 회계기간 동안 증가한 경제적 효익"
- 쉽게 생각하면, 기업이 특정 기간 동안 고객들에게 인도한 상품 혹은 제공한 용역의 총판매가액, 즉 영업실적
- 수익은 크게 매출액과 기타수익으로 나눌 수 있음
- 기타수익 : 이자수익, 배당금수익, 로열티수익, 임대료수익, 유형자산처분이익 등

5. 비용의 의의와 종류

- 비용은 '자산의 유출과 감소(또는 부채의 증가)를 통하여 한 회계기간 동안 감소한 경제적 효익'
- 비용의 종류 : 상품매입액, 상품의 변동(매출원가를 산출하는 데 필요한 기초상품재고와 기말상품재고의 차이), 종업원급여, 임차료비용, 감가상각비, 광고선전비, 소모품비, 보험료, 이자비용 등

6. 당기순이익과 포괄손익계산서

- 수익과 비용을 비교하면 기업의 경영성과를 파악할 수 있음
  - 수익이 비용보다 많으면 당기순이익(net income)
  - 수익이 비용보다 적으면 당기순손실(net loss)

Ⅲ. 자습문제

[1] 연결형 : 아래 각 문장은 박스 속의 어느 용어에 관한 것인지 답하시오.

A. 재무상태표	B. 포괄손익계산서	C. 현금흐름표
D. 자본변동표	E. 재무상태표등식	F. 주석
G. 유동자산	H. 유형자산(또는 비유동자산)	I. 영업이익

1. ______ 특정 시점의 재무상태(자산, 부채, 자본상태)를 알게 해주는 보고서

2. ______ 1년 이내에 현금화되는 자산

3. ______ [자산＝부채＋자본]이라는 등식

4. ______ 중요한 회계방침 내지 보조적 명세표를 담고 있는 부분

5. ______ 기업의 일정기간의 경영성과(수익, 비용)를 알려주는 보고서

6. ______ 기업 본연의 설립 목적에 따라 수행되는 영업활동의 수익성을 알려주는 이익

7. ______ 토지, 건물, 비품, 차량운반구 등을 총칭하는 용어

[2] 진위형 : 아래 문장이 옳으면 T(true, 眞)에, 틀리면 F(false, 僞)에 ○표를 하시오.

1. (T F) 기본재무제표에는 재무상태표, 포괄손익계산서, 이익잉여금처분계산서(결손금처리계산서), 현금흐름표의 네 가지가 있다.

2. (T F) 계정식 재무상태표에서 왼쪽의 자산은 기업이 보유하고 있는 자원의 구성과 투자된 내역을, 오른쪽의 부채와 자본은 자금의 조달구조를 알게 해준다.

3. (T F) 비유동자산은 두 가지, 즉 형체가 있는 유형자산과 형체가 없는 무형자산으로 분류된다.

4. (T F) 총포괄이익은 당기순이익보다 더 넓은 개념이다.

5. (T F) 구분식 포괄손익계산서에는 매출총이익, 영업이익, 경상이익, 법인세비용차감전순이익, 당기순이익의 순으로 이익이 기재된다.

6. (T F) 주석이란 재무제표 본문에 나타나는 금액이나 내역 또는 적용하고 있는 회계처리 방법 등을 상세히 설명하기 위한 보충적 수단을 말한다.

7. (T F) 예를 들어 "정액법을 사용하여 유형자산의 취득원가를 기간배분하였다"라는 설명문장은 재무제표 본문 밖에 기록되는 주석사항의 한 예이다.

[3] 객관식

1. 재무제표 본문 밖에 해당 계정과목의 내용이나 적용된 회계처리방법 등을 간결하게 설명한 문장이나 보조적인 명세표 등으로 보충하여 설명하는 부분을 무엇이라 하는가?

① 주석 ② 주기 ③ 각주 ④ 예시

2. 회계기준에서 규정하고 있는 기본 재무제표가 아닌 것은?

① 재무상태표 ② 포괄손익계산서 ③ 제조원가명세서
④ 현금흐름표 ⑤ 자본변동표

3. 재무상태표에 대한 설명 중 적절하지 않은 것은?

① 기업의 특정 시점의 재무상태를 알려주는 보고서이다.
② 자산, 부채, 자본에 대한 정보를 담고 있다.
③ 자산의 합계액은 부채 및 자본의 합계액과 항상 일치한다.
④ 재무상태표에 한하여 전년도와 이번년도를 비교하는 형식으로 작성하도록 규정하고 있다.

4. 다음은 재무상태표에 관한 내용이다. 옳은 것을 모두 고른다면?

a. 일정기간 동안의 재무상태를 알려주는 보고서이다.
b. 재무상태표등식은 자산=부채+자본이다.
c. 의사결정자에게 기업의 재무구조에 관한 정보를 제공해준다.
d. 재무상태표의 차변합계와 대변합계는 항상 일치한다.

① a, b, c, d ② a, b, c ③ b, c, d ④ b, c

5. **재무상태표등식은?**

① 자산＋비용＝부채＋자본＋수익　　② 자산＝부채＋자본
③ 자본＝자산－부채　　④ 자산＋수익＝부채＋자본＋비용

6. **오늘날 자산개념으로 널리 쓰이고 있는 것은?**

① 재산
② 미소멸된(즉, 아직 소멸되지 않고 남아 있는) 비용 · 원가
③ 미래 용역잠재력 또는 현금흐름을 가져다 줄 수 있는 자원
④ 선급비용

7. **다음은 자산에 관한 설명들이다. 옳은 것은?**

a. 자산은 과거의 거래나 사건의 결과로 특정 실체에 의해 획득된 미래의 용역잠재력이다.
b. 비유동자산은 투자자산, 유형자산, 무형자산, 기타 비유동자산으로 구분한다.
c. 건설회사가 판매 목적으로 건물을 신축했다면 이는 상품(또는 제품)으로 기록해야 한다.
d. 매출채권과 매입채무가 있을 경우 서로 상계한 잔액만을 재무상태표에 기록한다.

① a, b　　② a, b, c　　③ a, c　　④ a, b, c, d

8. **상품을 판매하고 대금을 받았을 때 받은 대금을 회계처리하는 계정은?**

① 자금　　② 현금　　③ 예금　　④ 화폐

9. **상품을 외상으로 판매하여 나중에 현금을 받을 권리를 처리하는 계정은?**

① 외상매출액　　② 매출액　　③ 매출채권　　④ 미수매출금

10. **현대오토는 매직클린에 상품 이외의 물건을 외상으로 판매하였다. 이때 현대오토가 지닌 수취채권과 매직클린이 부담해야 할 빚을 각각 무엇이라고 하는가?**

① 미수금, 미지급금　　② 미수수익, 미지급금
③ 미수수익, 미지급비용　　④ 미수금, 미지급비용

11. **현대오토는 매직클린으로부터 상품을 매입하기 위하여 계약금을 미리 지급하였다. 이때 현대오토가 지닌 채권과 매직클린이 부담해야 할 부채를 각각 무엇이라고 하는가?**

① 선급금, 선수금　　② 선금, 선수금
③ 선급비용, 선수비용　　④ 선급금, 선수비용

12. 영업활동에 사용할 목적으로 토지나 건물을 보유하는 경우에 회계처리하는 계정은?

① 투자자산 ② 유형자산
③ 선급금 ④ 부동산

13. 재무상태표에서 알 수 없는 내역은?

① 자산의 증감 ② 자본의 변동
③ 수익의 증감 ④ 부채비율(부채/자기자본)

14. 다음 중 비유동자산이 아닌 것은?

① 투자자산 ② 유형자산
③ 무형자산 ④ 이연자산

15. 다음은 재무상태표의 대변(오른쪽)항목에 관한 설명이다. 적절하지 않은 내용을 고르시오.

a. 일반적으로 부채는 1년을 기준으로 유동부채, 비유동부채로 구분된다.
b. 상품을 사고자 하는 사람으로부터 미리 받은 선금을 외상매입금(또는 매입채무)이라 한다.
c. 부채를 잔여지분 또는 타인자본이라고도 한다.
d. 자본에는 자본금과 이익잉여금이 포함된다.

① b, c ② b, c, d ③ c ④ a, b, c, d

16. 부채에 대한 설명 중 적절하지 않은 것은?

① 과거의 거래나 사건의 결과로 미래에 특정 실체가 다른 실체에게 자산이나 용역을 이전해야 하는 특정 실체의 의무이다.
② 유동부채와 비유동부채로 크게 구분할 수 있다.
③ 재무상태표의 왼쪽(차변)에 기록한다.
④ 부채의 항목배열은 유동성배열법에 따른다.

17. 다음은 포괄손익계산서에 관한 설명들이다. 올바르게 설명된 것만 고른다면?

a. 포괄손익계산서는 기업의 일정시점의 경영성과를 알려주는 보고서이다.
b. 포괄손익계산서의 당기순이익은 재무상태표의 이익잉여금을 구성하게 된다.
c. 매출총이익에서 판매비와관리비를 차감하면 경상이익이 된다.
d. 회계기준에서는 포괄손익계산서의 가장 마지막 항목으로 총포괄손익을 구할 것을 요구하고 있다.

① a ② b, d ③ c, d ④ a, b, d

18. **포괄손익계산서에 대한 설명 중 적절하지 않은 것은?**

① 포괄손익계산서는 기업의 일정기간의 경영성과를 알려주는 보고서이다.
② 매출총이익, 영업이익 등으로 구분하여 포괄손익계산서를 작성하도록 규정하고 있다.
③ 기업의 수익과 비용을 비교하는 보고서이다.
④ 포괄손익계산서는 일정기간의 현금흐름을 나타내는 보고서이다.

19. **구분식 포괄손익계산서의 배열순서가 적절한 것은?**

① 매출액 → 매출총이익 → 법인세비용차감전순이익 → 당기순이익
② 매출액 → 법인세비용차감전순이익 → 매출총이익 → 당기순이익
③ 영업이익 → 매출총이익→ 법인세비용차감전순이익 → 당기순이익
④ 영업이익 → 법인세비용차감전순이익 → 매출총이익 → 당기순이익

20. **다음 중 영업활동과 관련된 판매비와관리비에 해당하지 않는 것은?**

① 종업원들에 대한 급여　　② 임차료비용
③ 광고선전비　　④ 금융비용

21. **예금이나 대여금 등에 대하여 발생한 이자를 회계에서는 무엇이라 하는가?**

① 수입이자　　② 이자수익
③ 이자수입　　④ 수익이자

22. **수익을 얻기 위해 소비 또는 지출한 재화와 용역을 화폐액으로 표시한 것을 무엇이라 하는가?**

① 자산　　② 비용　　③ 자본　　④ 상각

23. **재무상태표와 포괄손익계산서 작성기준에 둘 다 포함되는 것은?**

① 총액표시 기준　　② 1년 기준
③ 유동성배열 기준　　④ 수익과 비용의 대응표시 기준

[4] 주관식

[문 1] 재무상태표 계정의 이해

다음은 (주)꽃샘의 20×1년도말 자료이다. 자산 합계액은 얼마이며, 미수금은 얼마인가?

받을어음	₩100,000	미 수 금	?	비　품	₩80,000
매입채무	160,000	선 수 금	40,000	자 본 금	90,000
이익잉여금	50,000				

[문 2] 직관에 의한 재무상태표, 포괄손익계산서 작성

다음은 택배사업을 하는 (주)한진택배의 6월 1일의 재무상태표이다.

재무상태표

현 금	60만원	단기차입금	50만원
매출채권	100만원	자 본 금	100만원
차량운반구	40만원	이익잉여금	50만원
자산합계	**200만원**	**부채와자본합계**	**200만원**

(주)한진택배의 6월중 발생한 거래는 다음과 같다.

① 택배서비스를 제공하고, 대금 50만원을 외상으로 하다.

② 현금 30만원을 은행에서 단기간 차입하다.

③ 매출채권(매출채권에 포함되어 있음) 중 50만원을 현금으로 회수하다.

④ 택배서비스에 사용하던 차량 1대(장부에는 20만원이라 기록되어 있음)를 현금 40만원을 받고 처분하다(참고 : 유형자산처분이익).

⑤ 종업원급여 60만원을 현금으로 지급하다.

〈물음〉

(1) 6월 30일의 재무상태표를 직관에 의하여 작성하시오.

(2) 6월 한 달 동안의 포괄손익계산서를 직관에 의하여 작성하시오.

[문 3] 재무상태표 작성

다음 자료로 이익잉여금을 구한 다음 (주)블루클린의 5월 31일 현재의 재무상태표를 작성하시오.

현금예금	20만원	금융자산	10만원	매출채권	30만원
단기대여금	10만원	미 수 금	15만원	건 물	100만원
비 품	20만원	차량운반구	50만원	매입채무	40만원
단기차입금	60만원	미지급금	10만원	자 본 금	120만원
이익잉여금	( )				

[문 4] 순자산비교법에 의한 당기순이익 계산

다음 각 물음에 답하시오.

(1) 기초자본은 80만원, 기말자본은 120만원이다. 당기순이익은 얼마인가?

(2) 기초자산은 100만원, 기초부채는 50만원, 기말자산은 200만원, 기말부채는 170만원이다. 당기순이익 또는 손실은 얼마인가?

(3) 기초자본은 150만원, 기중에 추가 출자한 금액은 50만원, 당기순이익은 70만원이다. 기말자본은 얼마인가?

(4) 기말자본은 100만원이고 기중에 추가 출자한 금액이 10만원이 있었다. 당기순이익은 40만원이었다면 과연 기초자본은 얼마이었을까?

(5) 기초자본은 150만원, 기말자본은 300만원, 당기순이익은 80만원이었다. 기중에 추가 출자한 금액은 얼마인가?

[문 5] 포괄손익계산서 작성

다음 자료로 (주)꽃샘의 월간(5월) 포괄손익계산서를 작성하고, 당기순이익을 구하시오.

매 출 액	120만원	임대료수익	15만원	이 자 수 익	10만원
유형자산처분이익	5만원	급 여	20만원	임차료비용	5만원
감 가 상 각 비	9만원	광고선전비	40만원	보 험 료	10만원
이 자 비 용	30만원	접 대 비	20만원		

[문 6] 이익 개념

다음의 자료로 매출원가, 영업이익, 영업외수익을 계산하시오(단, 영업이익은 매출액에서 매출원가를 차감하여 산출되는 매출총이익에서 판매비와관리비를 차감하여 계산하고, 당기순이익은 영업이익에 영업외수익(기타수익)을 가산하고 영업외비용(기타비용)을 차감하여 산출한다).

매출액	400만원	매출총이익	180만원	판매비와관리비	30만원
영업외비용(기타비용)	40만원	당기순이익	150만원		

[문 7] 순자산 비교법

미래기업의 자산액은 기초에는 ₩50,000이었는데 기말에는 ₩10,000이 증가하였다. 기말부채액은 ₩27,500인데 당기의 순이익은 ₩7,500이었다. 기초자본은 얼마인가?

[문 8] 기초부채의 추정

기말 장부에 따르면, 자산합계 ₩762,850, 부채합계 ₩389,740, 연도 중의 수익합계 ₩1,967,520, 비용합계 ₩2,012,890이었다. 기초의 자산합계가 ₩582,940이었다면 기초의 부채합계는?

[문 9] 기말자산의 추정

미래상사의 기초 자산·부채·자본은 다음과 같으며, 당기의 총수익은 ₩1,762,000, 총비용은 ₩1,363,000, 기말의 부채총액은 ₩320,000이었다. 기말의 자산총액을 구하시오.

현 금	₩180,000	금 융 자 산	₩120,000	매출채권	₩267,000
단기차입금	2,500	상 품	465,000	비 품	20,000
매 입 채 무	79,500	장기차입금	100,000	자 본 금	?
이익잉여금	250,000				

[문 10] 올바른 재무상태표의 작성

(주)현대오토는 아래와 같은 재무상태표를 작성하였다. 올바른 재무상태표를 작성하시오.

재무상태표

(주)현대오토　　20×1년 12월 31일　　(단위 : 천원)

현 금	₩10,900	매 출 채 권	₩70,800
건 물	48,000	매 입 채 무	60,800
자 본 금	40,000	소 모 품	1,400
차 량	10,500	미지급법인세	6,600
사 채*	20,000	대 여 금	1,000
이익잉여금	13,200	차 입 금	2,000
자산합계	**₩142,600**	**부채와자본합계**	**₩142,600**

* 사채는 회사가 자금조달을 위해 발행한 증서를 말하며 차입금과 함께 금융부채에 속한다.

재무상태표

(주)현대오토　　20×1년 12월 31일　　(단위 : 천원)

자 산	금 액	부채 및 자본	금 액

Ⅳ. 해답(자습문제, 교과서 연습문제)

[1] 연결형

1. A **2.** G **3.** E **4.** F **5.** B **6.** I **7.** H

[2] 진위형

1. F 재무상태표 · 포괄손익계산서 · 현금흐름표 · 자본변동표로 구성되며, 주석을 포함한다.
2. T
3. F 투자자산, 유형자산, 무형자산, 기타비유동자산으로 분류된다.
4. T
5. F 경상이익구분은 더이상 표시하지 않으며, 총포괄손익까지 표시한다.
6. T
7. T

[3] 객관식

1. ①
2. ③ 제조원가명세서는 기본 재무제표가 아닌 부속 재무제표이다.
3. ④ 비교가능성을 높이기 위해 비교식으로 표시하도록 하고 있다.
4. ③ 재무상태표는 '일정시점'의 재무상태를 알게 해주는 재무제표이다.
5. ②
6. ③
7. ② 비유동자산은 투자자산, 유형자산, 무형자산, 기타비유동자산으로 분류하고 있다.
총액표시 기준에 의해 서로 상계해서는 안 된다.
8. ② **9.** ③ **10.** ① **11.** ① **12.** ②
13. ③ 수익은 포괄손익계산서에서 파악할 수 있다.
14. ④ **15.** ① **16.** ③
17. ② a : '일정기간'의 ...... c : .....'영업이익'이 ..
18. ④ **19.** ① **20.** ④ **21.** ②
22. ② **23.** ①

[4] 주관식

[문 1] 재무상태표 계정의 이해

① 부채와 자본합계액 : 매입채무+선수금+자본금+이익잉여금=₩340,000
따라서 자산합계액도 ₩340,000

② 미수금=자산합계액−받을어음−비품=₩160,000

[문 2] 직관에 의한 재무상태표, 포괄손익계산서 작성

재무상태표

(주)한진택배 6월 1일 현재 (단위 : 만원)

차변	금액	대변	금액
현금	₩120	단기차입금	₩80
매출채권	100	자본금	100
차량운반구	20	이익잉여금	60
자산합계	₩240	부채와자본합계	₩240

포괄손익계산서

(주)한진택배 6월 1일 ~ 6월 30일 (단위 : 만원)

차변	금액	대변	금액
급여	₩60	매출	₩50
당기순이익	**10**	유형자산처분이익	20
합계	₩70	합계	₩70

[문 3] 재무상태표 작성

재무상태표

(주)블루클린 5월 31일 현재 (단위 : 만원)

차변	금액	대변	금액
현금예금	₩20	매입채무	₩40
금융자산	10	단기차입금	60
매출채권	30	미지급금	10
단기대여금	10	자본금	120
미수금	15		
건물	100		
비품	20		
차량운반구	50	**이익잉여금**	**25**
자산합계	₩255	부채와자본합계	₩255

[문 4] 순자산비교법에 의한 당기순이익 등 계산

(1) 당기순이익 40만원 (2) 당기순손실 20만원

(3) 기말자본 270만원 (4) 기초자본 50만원

(5) 추가출자액 70만원

[문 5] 포괄손익계산서 작성

포괄손익계산서

(주)꽃샘 5월 1일 ~ 5월 31일 (단위 : 만원)

차변	금액	대변	금액
급 여	₩20	매 출	₩120
임차료비용	5	임대료수익	15
감가상각비	9	이자수익	10
광고선전비	40	유형자산처분이익	5
보 험 료	10		
이자비용	30		
접 대 비	20		
당기순이익	**16**		
합 계	₩150	합 계	₩150

[문 6] 이익 개념

① 매출원가 220만원 ② 영업이익 150만원 ③ 영업외수익 40만원

[문 7] 순자산 비교법

① 기말자산=₩50,000+₩10,000=₩60,000
② 기말자본=기말자산-기말부채=₩60,000-₩27,500=₩32,500
③ 당기순이익=기말자본 ₩32,500-기초자본=₩7,500
따라서 기초자본=₩25,000

[문 8] 기초부채의 추정

① 기말자본=₩762,850-₩389,740=₩373,110
② 당기순손익=₩1,967,520-₩2,012,890=₩45,370 손실
③ 기말자본 ₩373,110-기초자본=당기순손익(-₩45,370 : 즉, 손실)
∴ 기초자본=₩418,480
④ 기초자산 ₩582,940-기초부채=기초자본 ₩418,480
∴ 기초부채=₩164,460

[문 9] 기말자산의 추정

① 기초자산=₩180,000+₩120,000+₩267,000+₩465,000+₩20,000
=₩1,052,000
② 기초자본=₩1,052,000-(₩79,500+₩100,000+₩2,500)=₩870,000
③ 기말자본 =기초자본 ₩870,000+당기순이익(₩1,762,000-₩1,363,000)
=₩1,269,000
④ 기말자산 : ₩320,000+₩1,269,000=₩1,589,000

[문 10] 올바른 재무상태표의 작성

① 자산, 부채, 자본의 구분
매출채권, 소모품, 대여금 : 자산
사채 : 부채(사채를 발행하여 자금을 빌린 것이므로)
이익잉여금 : 자본, 차입금 : 부채

② 계정과목의 명칭
현금 : 현금및현금성자산
차량 : 차량운반구

재무상태표

(주)현대오토 20×1년 12월 31일 (단위 : 천원)

자산	금액	부채와 자본	금액
현금및현금성자산	₩10,900	매입채무	₩60,800
매출채권	70,800	미지급법인세	6,600
대여금	1,000	차입금	2,000
건물	48,000	사채	20,000
차량운반구	10,500	자본금	40,000
소모품	1,400	이익잉여금	13,200
자산합계	**₩142,600**	**부채와자본합계**	**₩142,600**

교과서 연습문제 해답

[1] 재무제표의 이해

(1) 재무상태표, 포괄손익계산서, 현금흐름표, 자본변동표
(2) 재무상태표, statement of financial position
(3) 재무상태표 등식(회계등식)
(4) 자산, assets
(5) 금융자산
(6) 매출채권, 미수금
(7) 매입채무, 미지급금
(8) 재고자산(상품), 유형자산
(9) 부채, liabilities
(10) 자본, owner's equity
(11) 자본등식, 잔여지분
(12) 포괄손익계산서

[2] 재무상태표 작성

(주)매직클린 **재무상태표** (4월 1일 현재)

현 금	5만원	매 입 채 무	20만원
매 출 채 권	20	단 기 차 입 금	10
단 기 대 여 금	13	자 본 금	10
건 물	30	이 익 잉 여 금	30
비 품	2		
자 산 합 계	**70만원**	**부채와자본합계**	**70만원**

[3] 재무상태표와 경영성과

(1)

(주)신당동 **재무상태표** (3월 1일 현재)

현 금	1,500,000원	자 본 금	1,500,000원
자산합계	**1,500,000원**	**부채와자본합계**	**1,500,000원**

(2)

(주)신당동 **재무상태표** (3월 5일 현재)

현 금	500,000원	자 본 금	1,500,000원
재 료	200,000		
소 모 품	100,000		
비 품	300,000		
차량운반구	400,000		
자 산 합 계	**1,500,000원**	**부채와자본합계**	**1,500,000원**

(3)

(주)신당동 **재무상태표** (3월 31일)

현 금	900,000원	차 입 금	600,000원
재 료	400,000	자 본 금	1,500,000
소 모 품	200,000	이익잉여금	400,000
비 품	500,000		
차량운반구	500,000		
자 산 합 계	**2,500,000원**	**부채와자본합계**	**2,500,000원**

[4] 포괄손익계산서 작성

(주)블루클린 **포괄손익계산서** (3월 1일 ~ 3월 31일)

매 출 액		**80만원**
판매비와 관리비		
급 여	10만원	
감가상각비	20	
광고선전비	30	(60)
영 업 이 익		20만원
영 업 외 수 익		
임 대 료	6만원	
이 자 수익	14	20
당 기 순 이 익		**40만원**

[5] 순자산비교법에 의한 당기순이익 등 계산

(1) 당기순이익 40만원 (2) 당기순이익 110만원
(3) 기말자본 260만원 (4) 당기순이익 130만원 (5) 추가출자액 120만원

[6] 직관에 의한 재무상태표, 포괄손익계산서 작성

(주)매직헬프 **재무상태표** (4월 30일 현재)

현 금	110만원	단 기 차 입 금	60만원
매 출 채 권	60	자 본 금	220
차 량 운 반 구	150	이 익 잉 여 금	40
자 산 합 계	**320만원**	**부채와자본합계**	**320만원**

(주)매직헬프 **포괄손익계산서** (4월 1일 ~ 4월 30일)

매 출 액	40만원
판매비와 관리비	
급 여	10만원
영업이익(=당기순이익)	**30만원**

[7] 인터넷을 이용한 회계 탐험

(1) 현대자동차 http://dart.fss.or.kr → 회사명 찾기 → 현대자동차 → 재무제표
(2) 기아자동차 http://dart.fss.or.kr → 회사명 찾기 → 기아자동차 → 재무제표

제 02 부

회계정보의 산출 : 회계순환과정

제 3장 회계등식과 재무제표 작성원리
제 4장 회계거래의 기록
제 5장 원장계정잔액의 수정과 서비스업의 회계순환과정
제 6장 상품매매업의 회계순환과정과 재고자산
제 7장 재무보고와 재무회계의 기초이론

제 03 장 | 회계등식과 재무제표 작성원리

Ⅰ. 개 관

◉ 개 관

앞서 회계가 무엇인가와 회계의 최종산물인 재무제표란 무엇인가를 배웠다. 이제는 회계의 기록대상이 되는 경제적 사건을 지칭하는 거래를 어떻게 체계적으로 기록하여 재무제표를 작성하는가와 관련된 기술적인 측면을 배운다. 즉, 회계가 갖는 과학과 기술적 특성에서 장부기입의 부기적 측면을 다룬다.

제4장과 제5장에서 다루게 되는 **회계순환과정**을 보다 쉽게 이해할 수 있도록 회계등식을 이용한 기록 방식을 설명한다. 본 장에서의 훈련은 다음 장에서 다룰 **계정**을 이용한 회계기록과 재무제표 작성원리를 보다 쉽게 이해시키는 징검다리 역할을 할 것이다.

◦ 회계상 '거래'에 대한 궁금증

(물음)

회계학에서 **거래**를 인식할 때, 도난과 화재는 회계거래로 인식하지만 계약은 회계거래로 인식하지 않는다고 알고 있습니다. '도난'과 '화재'와 '자연재해로 인한 손실' 그리고 '대규모 수출계약'을 **회계상의 거래**와 아닌 것으로 나눌 수 있는 기준은 무엇인가요?

(답변)

통상의 **거래**라 하면 개인 간이나 회사 간의 특정한 계약을 목적으로 이루어지는 약정 등을 말하게 되나, 회계상에서의 거래는 회사의 재무상태와 경영성과(보다 구체적으로 말하면 재무제표의 구성요소인 자산, 부채, 자본, 수익, 비용)에 직접 영향을 미치거나, 증감을 가져오는 사건을 말합니다. 따라서 거래가 발생하면 이에 대한 교과서 본문에 설명한 '**바우처**'라고도 불리는 증빙이나 자료가 있는가, 해당 자료 중 회사의 재무상태와 경영성과에 변동을 초래하는 사항이 있는가에 따라 회계상의 거래 여부를 판단하면 됩니다.

Ⅱ. 본 장의 요약

제1절 회계상의 거래

1. 회계상의 거래의 정의

- 회계상 거래(transaction)란 자산, 부채, 자본에 변화를 가져오는 것이면서 동시에 변화의 크기를 금액으로 측정할 수 있는 사건. 따라서 장부기록의 대상이 되는 사건을 의미
- 거래의 의미를 이해하는 것이 중요한 이유는 기업경영에 유용한 정보제공 목적으로 회계를 수행할 때 제일 먼저 기업에서 발생하는 제반 활동 중에서 장부에 기록할 대상이 무엇인가를 식별해야 하기 때문

2. 거래의 이중성

- 모든 거래는 자산, 부채, 자본에 변화를 초래하는 **원인**(cause)과 그로 인한 **결과**(effect)라는 두 가지 속성을 함께 갖고 있음. 이 속성이 곧 복식부기의 기본
  뒤에서 배울 분개에서 동일한 금액이 최소한 두 측면(자산, 부채, 자본의 증가와 감소를 각각 별도의 측면으로 간주할 때, 이들 각 측면을 **거래요소**라고 함)에 기록되는 것은 이 때문
- 어떤 거래든 자산, 부채, 자본에 변화를 초래하는 원인과 결과라는 두 가지 속성이 함께 있다는 것을 의미하는 **거래의 이중성**에 따라 회계에서는 모든 거래를 원인과 결과로 나누어 이중으로 기록
  - 이처럼 하나의 거래를 이중으로 기록하는 기입방법이 **복식부기**(複式簿記, double-entry bookkeeping)
- 복식부기의 2대 특징은 (i) 특정 자산이나 부채의 발생 원인을 알게 해준다는 점 그리고 (ii) 자기검증기능을 갖는 것임

제2절 회계등식을 이용한 거래의 기록

■ 회계등식(=재무상태표등식 : accounting equation)이란 재무상태표 구성요소들 간의 상호관계를 나타내는 식을 의미

■ [회계등식=재무상태표등식] : 자산=부채+자본

■ 회계등식과 재무제표의 연계

(거래 1) 하나은행에서 회사명의로 현금 ₩1,500,000을 차입하였다.
[재무상태표 : 현금(자산) ₩1,500,000 증가, 차입금(부채) ₩1,500,000 증가]

(거래 2) 래미안아파트 입주자에게 이사용역을 제공하고, 현금 ₩4,000,000을 받았다.
[재무상태표 : 현금 ₩4,000,000 증가]
[포괄손익계산서: 용역매출(수익) ₩3,000,000 발생 → 당기순이익의 증가]

(거래 3) 종업원급여 ₩1,800,000을 현금으로 지급하였다.
[재무상태표 : 현금(자산) ₩1,800,000 감소]
[포괄손익계산서 : 종업원급여(비용) ₩1,800,000 발생 → 당기순이익의 감소]

(거래 5) 자이아파트 입주자에게 ₩3,000,000의 이사용역을 외상으로 제공하였다.
[재무상태표 : 매출채권(자산) ₩3,000,000 증가]
[포괄손익계산서 : 용역매출(수익) ₩3,000,000 발생 → 당기순이익의 증가]

(거래 6) ₩3,000,000 상당의 진공청소기(비품)를 외상으로 구입하였다.
[재무상태표 : 비품(자산) ₩3,000,000 증가, 미지급금(부채) ₩3,000,000 증가]

(거래 7) 외상으로 제공한 용역대금 중 ₩1,500,000을 현금으로 수취하다.
[재무상태표 : 현금(자산) ₩1,500,000 증가, 매출채권(자산) ₩1,500,000 감소]

Ⅲ. 자습문제

[1] 연결형 : 아래 각 문장은 박스 속의 어느 용어에 관한 것인지 답하시오.

A. 거래(transaction)	B. 거래의 이중성	C. 복식부기	D. 거래요소

1. ______ 어떤 거래든 자산·부채·자본에 변화를 초래하는 원인과 결과라는 두 가지 속성이 함께 들어 있다는 사실을 지칭하는 말

2. ______ 자산·부채·자본에 변화를 가져오는 것이면서 동시에 변화의 크기를 금액으로 측정할 수 있는 사건. 장부상 기록대상이 되는 사건

3. ______ 하나의 거래를 이중(차변/대변)으로 기록하는 방법

4. ______ 자산 증가 및 감소, 자본 증가 및 감소, 비용 및 수익의 발생과 같은 것

[2] 진위형 : 아래 문장이 옳으면 T(true, 眞)에, 틀리면 F(false, 僞)에 ○표를 하시오.

1. (T F) 계약의 체결이나 경영자의 교체 등의 사건도 회계거래로 볼 수 있다.

2. (T F) 기업 내부에서 발생했더라도 재무제표에 영향을 미치는 거래는 회계거래이다.

3. (T F) 회계거래가 회계시스템에 기록된 후에도 그 거래유형에 상관없이 항상 회계등식은 유지된다.

4. (T F) 회계거래 중 자본거래는 주주와의 거래(예를 들면, 주식을 추가로 발행하여 자본을 증가시키는 유상증자와 같은)를 통해 '자본'을 변동시키는 거래를 말한다.

5. (T F) 손익거래는 최종적으로 이익잉여금에 영향을 미치게 된다.

6. (T F) 수익은 항상 자산항목과 자본항목만을 증가시킨다.

7. (T F) 배당금의 지급은 이익잉여금을 감소시키므로 손익거래라고 할 수 있다.

[3] 객관식

1. 영업활동에 사용할 목적으로 운반용 트럭을 구입하고 현금 ₩3,000,000과 어음 ₩4,000,000을 발행하여 지급하였다. 이 거래의 결과를 올바르게 표현한 것은?

① 교환거래이다.
② 자본이 증가하였다.
③ 자산은 증가하고 부채는 감소하였다.
④ 손익거래이다.

2. 다음 중 부채의 감소와 수익의 발생으로 결합된 거래는?

① 건물의 임대계약을 맺고 1년분 임대료를 현금으로 받다.
② 받을어음에 대한 이자를 지급받았다.
③ 선금을 받은 적이 있는 세탁서비스 용역을 고객에게 제공하다.
④ 유가증권을 원가에 미달된 가액으로 처분하다.

3. 회계등식의 범주에 들지 못하는 것은?

① 자산＝타인자본(부채)＋자기자본(자본)
② 자산＝부채＋소유주지분(자본)
③ 자산＋소유주지분(자본)＝부채
④ 자산－부채＝소유주지분(자본)

4. 다음 중 회계상 거래에 속하지 않는 것은?

① 원료 ₩1,000,000을 구입하고 어음을 발행하다.
② 차입금에 대한 이자 ₩50,000을 수표로 지급하다.
③ 급여 ₩10,000이 발생하다.
④ 월 ₩200,000의 임차료비용으로 건물을 임차하기로 계약하다.
⑤ 보관 중인 상품이 화재로 소실되다.

5. 다음의 영업활동 중 회계상 거래로 보기 어려운 것은?

① 소모품을 구입
② 보유 중인 건물의 처분
③ 창고에 보관 중이던 재고자산의 도난
④ 유능한 경영자의 초빙

6. 회계상 거래로 인식되기 위한 필요조건으로 볼 수 없는 것은?

① 기업의 재무상태에 변동을 가져오는 경제적 사건이어야 한다.
② 자산의 증가 또는 감소가 모든 거래에 수반되어야 한다.
③ 거래로 인한 변동액이 객관적으로 측정가능해야 한다.
④ 실제로 회계상의 거래가 발생되었어야 한다.

7. 약간의 이익을 얻고 소유하고 있던 토지를 처분하였다. 이 거래로 인한 궁극적인 영향은?

① 자산과 부채의 감소　　② 자산의 증가와 자본의 증가
③ 자산과 부채의 증가　　④ 부채와 자본의 감소

8. 비용을 인식(=기록)할 때 회계담당자가 우선적으로 고려해야 할 것은?

① 비용이 실제로 회계기간 동안에 현금으로 지급되었는지의 여부
② 이익을 많게 나타내기 위해서 비용을 최소로 계상할 수 있는 회계방법의 선택
③ 법인세를 적게 내기 위해서 비용을 최대로 계상할 수 있는 회계방법의 선택
④ 비용이 그 기간에 인식된 수익과 관련이 있는지를 확인

9. 다음 중 거래를 기록하더라도 자산 · 부채 · 자본의 총액에는 변동이 없는 것은?

① 토지를 원가(장부금액)로 매각　　② 주주들에 의한 자본금의 불입
③ 현금 이외의 자산으로 부채를 상환　　④ 그러한 거래는 존재할 수 없다.

10. 다음 중 회계상 거래로 볼 수 없는 것은?

① 현금을 분실하였다.
② 홍수로 인하여 공장 일부가 파손되었다.
③ 원재료 매입계약을 체결하였다.
④ 금융기관으로부터 자금을 차입하였다.

[4] 주관식

[문 1] 거래의 결합관계(I)

다음 각 거래에 대하여 〈예시〉처럼 차변(왼편)요소와 대변(오른편)요소를 구분하여 결합관계를 분석하고, (　)에는 구체적인 계정과목 명칭을 표기하시오.

〈예시〉현금 ₩300,000과 건물 ₩500,000을 출자하여 고급인력 리쿠르팅사업 개시

(차) 자산(현금)의 증가 자산(건물)의 증가	(대) 자본(자본금)의 증가

① 추가로 자본금 ₩200,000을 현금으로 출자하다

(차)	(대)

② 건물에 대해 화재보험에 가입하고 보험료로 현금 ₩200,000을 지급하다.

(차)	(대)

③ ₩400,000 상당의 컴퓨터를 구입하고 현금을 지급하다.

(차)	(대)

④ 리쿠르팅서비스를 제공하고 대금 ₩200,000을 현금으로 받다.

(차)	(대)

⑤ 리쿠르팅서비스를 제공하였으나 대금 ₩300,000을 외상으로 하다.

(차)	(대)

⑥ 현금 ₩500,000을 거래처에 단기간 빌려주다.

(차)	(대)

⑦ 단기대여금 ₩500,000을 이자 ₩50,000과 함께 현금으로 회수하다.

(차)	(대)

⑧ 앞서 리쿠르팅서비스 제공에 대한 외상대금 ₩300,000을 현금으로 받다.

(차)	(대)

⑨ 사무보조원 인건비 ₩200,000을 현금으로 지급하다.

(차)	(대)

[문 2] 거래의 결합관계(Ⅱ)

다음 각 거래에 대해 차변요소와 대변요소를 구분하여 결합관계를 말하시오.
〈예시〉 (차) 자산(비품)의 증가 (대) 부채(차입금)의 증가

① 현금 ₩5,000,000을 출자하여 퀵서비스를 개시하다.

(차)	(대)

② 사업에 필요한 사무실을 월 ₩500,000에 임차하기로 계약하고 입주하다. 임차료비용은 매월 말에 지급할 예정이므로 계약시점에는 계약서 작성만 하였다.

(차)	(대)

③ 개업을 알리는 광고를 하고 현금 ₩100,000을 지급하다.

(차)	(대)

④ 사업에 필요한 오토바이 3대를 현금 ₩3,000,000을 지급하고 구입하다.

(차)	(대)

⑤ 현금 ₩1,000,000을 은행에서 단기간 차입하다.

(차)	(대)

⑥ 가구대리점에 배달서비스를 제공하고 대금 ₩400,000은 외상으로 하다.

(차)	(대)

⑦ 단기차입금 이자 ₩20,000을 현금으로 지급하다.

(차)	(대)

⑧ 가전제품 대리점에 배달서비스를 제공하고 대가 ₩500,000을 현금으로 받다.

(차)	(대)

⑨ 종업원에게 급여 ₩800,000을 현금으로 지급하다.

(차)	(대)

⑩ 앞서의 가구대리점에 대한 외상대금 중 ₩300,000을 현금으로 받다.

(차)	(대)

⑪ 단기차입금 중 ₩500,000을 현금으로 갚다.

(차)	(대)

⑫ 자동차부품 대리점에 배달서비스를 제공하고 대금 중 ₩200,000은 현금으로 받고 잔액은 외상으로 하다.

(차)	(대)

[문 3] 회계등식과 재무제표의 연계

(주)영구무빙은 4월초에 포장이사서비스 사업을 시작하면서 4월말까지 다음과 같은 거래들이 발생하였다. 이 거래들이 재무상태표와 포괄손익계산서에 반영될 경우 자산, 부채, 자본, 수익, 비용, 당기순이익에 어떤 영향이 초래되는지 다음 사례와 같이 분석하시오.

〈사례〉 주식을 발행하여 주주로부터 현금 ₩5,000,000을 자본금으로 투자받았다.
[재무상태표 : 현금(자산) ₩5,000,000 증가, 주식발행자본금(자본) ₩5,000,000 증가]

(거래 1) 하나은행에서 회사명의로 현금 ₩4,500,000을 차입하였다.

(거래 2) 월 ₩3,000,000의 사용료(리스료)를 지급하기로 하고, 차량운반구를 임차하였다.

(거래 3) 래미안아파트 입주자에게 이사용역을 제공하고, 현금 ₩6,000,000을 받았다.

(거래 4) 종업원급여 ₩3,200,000을 현금으로 지급하였다.

(거래 5) 자이아파트 입주자에게 ₩5,000,000의 이사용역을 외상으로 제공하였다.

(거래 6) ₩7,000,000 상당의 진공청소기(비품)를 외상으로 구입하였다.

(거래 7) 4월분 차량운반구 사용료(리스료) ₩1,600,000을 현금으로 지급하였다.

(거래 8) 4월분 사무실 관리비 및 공공요금 ₩540,000을 지급하라는 관리비명세서를 받았으나, 납입기일이 다음 달 10일이어서 아직 지급하지 않고 있다.

(거래 9) 외상으로 제공한 이사용역 대가 ₩4,000,000을 현금으로 회수하였다.

(거래 10) 하나은행의 대출금에 대한 4월분 이자 ₩40,000을 현금으로 지급하였다.

Ⅳ. 해답(자습문제, 교과서 연습문제)

[1] 연결형

1. B **2.** A **3.** C **4.** D

[2] 진위형

1. F 이들은 자산·부채·자본의 증감에 영향을 미치지 않거나 그 효과를 측정할 수 없는바, 회계의 기록대상, 즉 거래가 아니다.

2. T **3.** T

4. T 자본거래는 주주와의 거래를 통해 '자본'에 변동을 가져오는 거래이다.

5. T

6. F 수익이 발생하면 현금이나 매출채권과 같은 자산의 증가를 수반하는 것이 일반적이나, 때로는 그 대가로 부채를 갚는 경우도 있기 때문에 부채의 감소가 나타날 수도 있다.

7. F 배당금의 지급은 이익잉여금을 줄이는 자본거래에 해당한다.

[3] 객관식

1. ① **2.** ③ **3.** ③ **4.** ④ **5.** ④

6. ② 자산의 증감에 무관하게 부채 또는 자본의 변화를 가져와도 거래에 해당한다.

7. ② 토지처분 대가는 현금자산을 증가시키고 토지처분이익은 자본을 증가시킨다.

8. ④

9. ① 토지라는 자산이 줄어드는 반면, 동일금액의 현금이 늘어 자산총액은 일정하다.

10. ③

[4] 주관식

[문 1] 거래의 결합관계(Ⅰ)

①	(차) 자산(현금)의 증가	(대) 자본(자본금)의 증가
②	(차) 비용(보험료)의 발생	(대) 자산(현금)의 감소
③	(차) 자산(비품)의 증가	(대) 자산(현금)의 감소
④	(차) 자산(현금)의 증가	(대) 수익(매출)의 발생
⑤	(차) 자산(매출채권)의 증가	(대) 수익(매출)의 발생
⑥	(차) 자산(단기대여금)의 증가	(대) 자산(현금)의 감소
⑦	(차) 자산(현금)의 증가	(대) 자산(단기대여금)의 감소 수익(이자수익)의 발생
⑧	(차) 자산(현금)의 증가	(대) 자산(매출채권)의 감소
⑨	(차) 비용(급여)의 발생	(대) 자산(현금)의 감소

[문 2] 거래의 결합관계(Ⅱ)

① (차) 자산(현금)의 증가 (대) 자본(자본금)의 증가
② 거래에 해당되지 않음
③ (차) 비용(광고선전비)의 발생 (대) 자산(현금)의 감소
④ (차) 자산(차량운반구)의 증가 (대) 자산(현금)의 감소
⑤ (차) 자산(현금)의 증가 (대) 부채(단기차입금)의 증가
⑥ (차) 자산(매출채권)의 증가 (대) 수익(매출)의 발생
⑦ (차) 비용(이자비용)의 발생 (대) 자산(현금)의 감소
⑧ (차) 자산(현금)의 증가 (대) 수익(매출)의 발생
⑨ (차) 비용(급여)의 발생 (대) 자산(현금)의 감소
⑩ (차) 자산(현금)의 증가 (대) 자산(매출채권)의 감소
⑪ (차) 부채(단기차입금)의 감소 (대) 자산(현금)의 감소
⑫ (차) 자산(현금, 매출채권)의 증가 (대) 수익(매출)의 발생

[문 3] 회계등식과 재무제표

(거래 1) [재무상태표 : 현금(자산) ₩4,500,000 증가, 차입금(부채) ₩4,500,000 증가]

(거래 2) 과연 빌린 차량운반구가 (주)영구무빙이 투자하거나 소유한 자산이라고 할 수 없으므로 (주)영구무빙의 재무상태표에 영향을 미치지 않는다. 다만, 사용료(리스료)를 결산일이나 지급시점에 비용으로 인식하여 포괄손익계산서에 반영한다.

(거래 3) [재무상태표 : 현금 ₩6,000,000 증가]
[포괄손익계산서 : 용역매출(수익) ₩6,000,000 발생 → 당기순이익의 증가]

(거래 4) [재무상태표 : 현금(자산) ₩3,200,000 감소]
[포괄손익계산서 : 종업원급여(비용) ₩3,200,000 발생 → 당기순이익의 감소]

(거래 5) [재무상태표 : 매출채권(자산) ₩5,000,000 증가]
[포괄손익계산서 : 용역매출(수익) ₩5,000,000 발생 → 당기순이익의 증가]

(거래 6) [재무상태표 : 비품(자산) ₩7,000,000 증가, 미지급금(부채) ₩7,000,000 증가]

(거래 7) [재무상태표 : 현금(자산)₩1,600,000 감소]
[포괄손익계산서 : 사용료(비용) ₩1,600,000 증가 → 당기순이익의 감소]

(거래 8) [재무상태표 : 미지급비용(부채) ₩540,000 증가]
[포괄손익계산서 : 관리비 및 공공요금(비용) ₩540,000 발생 → 당기순이익의 감소]

(거래 9) [재무상태표 : 현금(자산) ₩4,000,000 증가, 매출채권(자산) ₩4,000,000 감소]

(거래 10) [재무상태표 : 현금(자산) ₩40,000 감소]
[포괄손익계산서 : 이자비용(비용) ₩40,000 발생 → 당기순이익의 감소]

교과서 연습문제 해답

[1] 빈칸 채우기

(1) 거래, transaction　　(2) 거래의 이중성

(3) 복식부기, double-entry bookkeeping　　(4) 당기순이익　　(5) 미지급금

[2] 회계상의 거래 : (3), (4)

[3] 회계등식을 이용한 거래의 기록(Ⅰ)

(1)	현금(자산)	₩1,000,000 증가	자본금(자본)	₩1,000,000 증가
(2)	광고선전비(비용)	₩100,000 발생	현금(자산)	₩100,000 감소
(3)	비품(자산)	₩200,000 증가	현금(자산)	₩200,000 감소
(4)	현금(자산)	₩300,000 증가	단기차입금(부채)	₩300,000 증가
(5)	매출채권(자산)	₩400,000 증가	매출(수익)	₩400,000 발생
(6)	단기차입금(부채)	₩200,000 감소	현금(자산)	₩210,000 감소
	이자비용(비용)	₩10,000 발생		
(7)	현금(자산)	₩500,000 증가	매출(수익)	₩500,000 발생
(8)	급여(비용)	₩100,000 발생	현금(자산)	₩100,000 감소
(9)	현금(자산)	₩300,000 증가	매출채권(자산)	₩300,000 감소
(10)	임차료(비용)	₩100,000 발생	현금(자산)	₩100,000 감소

[4] 회계등식을 이용한 거래의 기록(Ⅱ)

(단위 : 천원)

회 계 등 식											
번호	자 산					=	부 채		+	자 본	
	현금	토지	비품	설비	매출채권		차입금	미지급금		자본금	이익잉여금
①	+8,000					=				+8,000	
②	+2,000					=	+2,000				
③	-3,000	+3,000				=					
④			+400			=		+400			
⑤	-2,000			+2,000		=					
⑥	+2,100					=					+2,100(매출)
⑦					+200	=					+200(매출)
⑧	-300					=					-300(임차료비용)

[5] 회계등식을 이용한 재무제표 작성

회계등식	자산			= 부채	+ 자본	
	현금	매출채권	비품	차입금	자본금	이익잉여금
(1)	+2,000				+2,000	
(2)	+1,000			+1,000		
(3)	− 400		+ 400			
(4)	+ 100					+100 (매출)
(5)		+ 200				+200 (매출)
(6)	− 300					−300 (임차료비용)
(7)	+ 200	− 200				
(8)	− 800					−800 (급여)
(9)	− 505			− 500		− 5 (이자비용)
합계	1,295	0	400	500	2,000	−805

(주)한진택배 **포괄손익계산서** 9월 1일~9월 30일

비 용		수 익	
임차료비용	[300,000]	용역매출	[300,000]
급여	[800,000]	**당기순손실**	**[805,000]**
이자비용	[5,000]		
합계	[1,105,000]	합계	[1,105,000]

(주)한진택배 **재무상태표** 9월 30일 현재

자 산		부채와자본	
		부 채	
현금	[1,295,000]	차입금	[500,000]
매출채권	[0]	자 본	
비품	[400,000]	자본금	[2,000,000]
		이익잉여금	[−805,000]
		또는 이월결손금	**[805,000]**
자산총계	[1,695,000]	부채와자본총계	[1,695,000]

[6] 사례연습 : 회계등식을 이용한 재무상태표, 포괄손익계산서 작성

(1)

재무상태표

(주)쿠팡택배 20×1년 3월 1일 현재 (단위 : 천원)

현금	₩2,900	차입금	₩1,500
비품	3,300		
차량운반구	4,800	자본금	9,500
합계	₩11,000		₩11,000

(2)

재무상태표

20×1년 3월 31일

(주)쿠팡택배 (단위 : 천원)

현금		2,900	차입금	1,500
	+1,300	−440		+1,300
	+1,300	−160		−800
	−150	+500		2,000
	−1,200	−150	매입채무	+400
	+1,500	+1,100		
	−830	+1,020		
		6,690	미지급금	+4,600
비품		3,300	미지급비용	+50
소모품		+400		+300
매출채권		+600		350
		−500	자본금	9,500
		100		+1,500
차량운반구		4,800		11,000
		+4,600	당기순이익	540
		−1,200		
		8,200		
대여금		+1,200		
		−1,000		
		200		
합계		18,890		18,890

포괄손익계산서

20×1년 3월 1일부터 20×1년 3월 31일까지

(주)쿠팡택배 (단위 : 천원)

급료	+200	용역매출	+1,900
보험료	+240	이자수익	+20
광고선전비	+160		
임차료비용	+150		
유류비	+200		
수선비	+300		
처분손실	+100		
이자비용	+30		
당기순이익	540		
합계	1,920	합계	1,920

[7] 회계윤리

기업의 윤리의식, 윤리경영, 기업의 사회적 책임 등을 부각시켜 차분하게 설득한다.

제 04 장 | 회계거래의 기록

Ⅰ. 개 관

◉ 개 관

기업에서는 수많은 거래들이 끊임없이 발생하며, 회계는 우선 이들을 장부에 기록하고 재무제표로 요약하는 일을 한다. 올바른 재무제표의 작성을 위해서는 기중에 발생하는 수많은 거래들을 체계적으로 기록하고 정리해 두는 것이 매우 중요하다. 본 장에서는 복식부기 방법에 따른 체계적 기록과정 중 핵심적 활동에 해당하는 **계정기입**, **분개** 및 **전기**에 관해서 공부한다.

이러한 복식부기 과정은 이 책에서 전개할 모든 회계처리의 기초에 해당되며, 이런 의미에서 본 장은 가장 핵심적인 장이라고 할 수 있다. 회계를 처음 접하는 독자들의 편의상 서비스기업에서 발생하는 단순한 거래들을 기초로 분개와 전기를 공부한다.

◦ 회계순환과정

1980년대 후반, S대학교 대학원 입학시험에 출제되었던 문제 중 하나는 "**회계순환과정**에 대해 서술하라"는 것이었다. 그런데 답안지 중 너무나 흥미로운 것들이 있어 그 요지를 소개한다. 단, 이 답은 틀린 답이다.

"기업의 이익을 사회에 순환(환원)하여야 하며, 이를 수치화한 것이 회계순환과정이다."

"기업에서 이익을 창출하는 과정은 연구개발, 생산, 보관, 판매, 대금회수 등 일련의 순환과정을 이루게 되며, 이들을 수치화한 것이 회계순환과정이다."

위에 예시한 답이 **오답**이라면, 도대체 회계순환과정이란 무엇일까?

Ⅱ. 본 장의 요약

제1절 계 정

- 계정(account)은 자산, 부채, 자본, 수익, 비용에 속하는 여러 항목들을 각기 구분하여 기록하는 장소
  - 회계등식을 이용한 거래의 기록은 재무상태표에 미치는 영향을 파악할 수 있도록 해주지만, 개별 항목의 변화가 무엇 때문에 일어났는지를 일목요연하게 보여주지 못함
  - 이러한 문제를 해결하기 위하여 등장한 별도의 계산장소가 곧 계정
- 계정의 유용성은
  첫째, 회계기간 중에 발생하는 수많은 거래들을 체계적으로 기록하는 수단
  둘째, 특정 항목의 발생내역과 현재 잔액을 쉽게 파악 가능
- 각 계정들은 중앙의 선을 기준으로 하여 왼쪽과 오른쪽의 양편으로 나누어져 **왼쪽은 차변(debtor : Dr), 오른쪽은 대변(creditor : Cr)**
- 계정에 기입시 따라야 할 계정기입의 규칙 : 자산·부채·자본·수익·비용의 재무제표상의 원래 위치를 중심으로 판단하여, **원래 위치면 증가(+), 반대 위치면 감소(−)**
  ① 자산의 증가는 왼쪽(=차변)에, 자산의 감소는 오른쪽(=대변)에
  ② 부채의 증가는 오른쪽(=대변)에, 부채의 감소는 왼쪽(=차변)에
  ③ 자본의 증가는 오른쪽(=대변)에, 자본의 감소는 왼쪽(=차변)에
  ④ 비용의 발생은 왼쪽(=차변)에
  ⑤ 수익의 발생은 오른쪽(=대변)에

제2절 회계순환과정

- **회계순환과정(accounting cycle)** : 일정기간 동안 발생한 거래를 기록하고 요약하여 재무제표를 작성하는 과정이며 크게 두 단계로 구분
  ① 회계기간 중의 회계처리 : 분개→전기

② 회계기간 말의 결산작업 : 시산표→정산표→재무제표→계정마감

- **결산(closing)** : 회계기간 말에 이르러 그간의 기록을 요약하여 재무제표를 작성하는 것을 의미
  - 결산을 위해서는 결산시점에서 기업의 재무상태와 경영성과를 올바르게 나타내기 위하여 필요한 수정사항을 모아 놓은 일종의 목록표(lists)인 결산정리사항목록(inventory sheet : 일명, 재고조사표)을 이용

제3절 분 개

- **분개(journalizing)** : 거래에 내재된 원인과 결과를 서로 구분하여 차변과 대변에 따로 따로 기록하는 행위

〈분개상 필요한 세 가지 판단〉

① 어떤 계정에?

② 얼마의 금액으로?

③ 어느 쪽(차변 또는 대변)에?

- 아무리 복잡한 거래라 할지라도 반드시 왼쪽의 한 개 이상의 거래요소와 오른쪽의 한 개 이상의 거래요소가 인과관계로 결합
- **분개장(分介帳, journal)** : 분개를 기록하는 회계장부

제4절 전 기

- **전기(轉記, posting)** : 분개장의 거래기록을 해당 계정에 옮겨 적는 것
  - 이는 특정 시점의 계정 잔액을 파악하기 위한 목적으로 수행
- **전기의 규칙** : 분개의 왼편(차변)은 해당 계정의 왼편(차변)에, 분개의 오른편(대변)은 해당 계정의 오른편(대변)에
- **총계정원장(general ledger)** : 각 계정을 모아 놓은 두꺼운 장부

제5절 시산표

1. 시산표의 종류

■ 시산표는 모든 계정의 금액을 집계하여 작성
  - 집계방법에 따라 합계시산표, 잔액시산표, 합계잔액시산표로 구분

2. 시산표 기능의 한계

■ 시산표는 오류의 존재 유무만을 알려줄 뿐, 그 오류가 구체적으로 어느 계정에서 발생한 것인지는 알려주지 못함
  - 따라서 시산표를 통해 오류의 존재가 확인된 경우에는 그 오류가 어디에서 발생한 것인지를 찾아야 함

■ 시산표의 양변 합계액이 일치한다고 해서 계정기록에 오류가 전혀 없다는 것을 의미하는 것은 아님
  - 예컨대 현금계정 차변에 기록해야 할 것을 매출채권계정 차변에 기록했다면 이는 분명히 오류이지만 이런 오류는 시산표에서 파악되지 않음

∘ 계정이란?

"Go to the bank and open a new 'account'!"

필자가 미국 유학시절 학교(텍사스주 오스틴 소재)에 도착한 후 제일 먼저 한 일은 은행에 가서 통장을 개설하는 것이었다. 그만큼 수표를 이용한 결제가 일상적으로 자리잡았기 때문이다. 이때 'account'는 곧 우리말의 계좌 혹은 통장에 해당한다.

통장의 특징은 입금과 출금을 구분 기록하는 것이다. 물론 잔액은 자동적으로 구해진다. 기업경영에서도 모든 거래가 발생하면 특정 자산이나 부채 또는 수익이나 비용 등이 증가 또는 감소한다. 이처럼 증가 또는 감소를 체계적으로 기록하기 위한 수단이 곧 **계정**이다.

쉽게 **계정**이란 회계정보이용자들이 기업 실상을 쉽게 알아보도록 재무제표 구성 요소별로 깨끗한 그릇에 담음과 동시에 봉투마다 깔끔하게 이름을 기재한 것으로 이해하면 된다. 상세한 구분이 필요하면 세부 계정(가령, 매출채권계정을 세분화해 외상매출금과 받을어음계정으로 세분함)을 이용하면 된다.

참고로 수익 및 비용계정은 1년 동안 경영성과 파악을 위해 사용되었다가 결산후 사라지는 점에서 **임시계정**으로 그리고 재무상태표에 등장하는 계정은 통장 잔액처럼 계속해서 남기 때문에 **영구계정**이라고 부른다.

Ⅲ. 자습문제

[1] 연결형 : 아래 각 문장은 박스 속의 어느 용어에 관한 것인지 답하시오.

A. 계정(account)	B. 분개	C. 전기	D. 회계순환과정(accounting cycle)
E. 결산(closing)	F. 분개장(journal)	G. 전표(slip)	H. 총계정원장

1. ______ 자산·부채·자본·수익·비용에 속하는 여러 항목들을 각기 구분하여 기록하는 장소

2. ______ 거래를 기록·요약하여 재무제표를 작성하는 과정이 매 회계기간마다 순환적으로 반복된다는 뜻에서 붙여진 용어

3. ______ 분개장의 거래 기록을 각 해당 계정에 옮겨 적는 과정

4. ______ 거래에 내재된 원인과 결과를 서로 구분하여 차변과 대변에 따로 따로 기록하는 것

5. ______ 분개장 대신 기업이 장부정리와 승인절차를 나타내기 위해 사용하는 간단한 양식

6. ______ 자산·부채·자본·수익·비용에 속하는 계정들을 모아 놓은 두꺼운 장부

7. ______ 회계기간 말에 이르러 그간의 기록을 요약하여 최종적으로 재무제표를 작성하는 일

8. ______ 거래를 발생 순서대로 기록하는 장부

[2] 진위형 : 아래 문장이 옳으면 T(true, 眞)에, 틀리면 F(false, 僞)에 ○표를 하시오.

1. (T F) 회계순환과정의 모든 단계는 회계 기말에만 이루어진다.

2. (T F) 어떤 계정이든지 왼쪽은 대변이라고 한다.

3. (T F) 수익·부채·자본계정의 증가는 차변에 기록된다.

4. (T F) 차변기입(일명, 차기 : 借記)이라는 말은 계정에 따라 증가를 의미하기도 하고 감소를 의미하기도 한다.

5. (T F) 분개장에 차변기입된 금액은 총계정원장의 해당 계정의 차변에 동일 금액이 기입된다.

6. (T F) 회계거래는 항상 두 개 이상의 상이한 총계정원장 계정에 기입된다.

7. (T F) 부채의 증가, 자본의 증가, 수익의 증가, 비용의 감소는 모두 대변기입된다.

8. (T F) 비용을 인식하면 자본이 감소되며, 따라서 차변에 기입된다.

9. (T F) 수익을 인식하면 자본이 증가하며, 따라서 대변에 기입된다.

10. (T F) 회계거래가 분개장과 총계정원장에 올바로 기록되면, 총계정원장의 차변금액 합계액과 대변금액 합계액은 항상 일치한다.

11. (T F) 회계거래는 총계정원장에 전기되기 전에 반드시 분개장에 분개되어야 한다.

[3] 객관식

1. 차변과 대변에의 기입원칙과 관련한 다음 보기 중 옳은 것은?

① 차변은 증가를, 그리고 대변은 감소를 의미한다.
② 자산, 비용의 증가와 자본의 감소(가령, 자본금 인출)는 차변에 기록한다.
③ 부채, 수익의 증가와 자본의 감소는 대변에 기록한다.
④ 자산, 부채 및 비용의 감소는 대변에 기록한다.

2. 분개장에 기록된 자료를 총계정원장에 옮기는 회계절차를 무엇이라고 하는가?

① 분개　　② 전기
③ 대체　　④ 마감

3. 다음과 같이 기록되는 거래는?

매출채권

	5/13 매입채무	300,000

① 상품 ₩300,000을 매출하고 어음을 받다.
② 매출채권 ₩300,000을 타인발행 어음으로 회수하다.
③ 상품 ₩300,000을 외상매입하고, 동시에 외상으로 판매하였다.
④ 매출채권 ₩300,000을 현금으로 받은 대신, 매입채무를 갚는 것으로 대신하였다.

4. 다음 중 총계정원장에 전기할 때 필요없는 절차는?

① 거래일자를 기록한다.
② 분면(분개상의 해당 페이지 번호)을 기록한다.
③ 원면(총계정원장에 표시되는 계정의 번호)을 기록한다.
④ 거래에 대한 설명을 기록한다.

5. 거래를 최초로 기록하는 공식적인 회계장부는?

① 계정 ② 분개장 ③ 총계정원장 ④ 시산표

6. 원장에의 전기에 대하여 가장 적절한 설명은?

① 원시기입장에 대한 거래의 기입을 말한다.
② 분개장의 차변과 대변금액을 총계정원장으로 옮겨 적는 것을 말한다.
③ 원장의 차변과 대변잔액의 일치 여부를 검증하는 것을 말한다.
④ 개별 원장계정의 잔액을 결정하는 것을 말한다.

7. 분개장에 거래를 최초로 기록할 때 회계담당자가 판단해야 할 사항이 아닌 것은?

① 어느 계정에 기입할 것인가
② 차변 혹은 대변 어느 쪽에 기입할 것인가
③ 계정과목별 금액은 얼마로 할 것인가
④ 계정번호는 무엇인가

8. 계정기입의 규칙을 설명한 것으로서 적절하지 않은 것은?

① 수익의 발생은 오른쪽 대변에 ② 자산의 감소는 오른쪽 대변에
③ 부채의 감소는 왼쪽 차변에 ④ 자본의 증가는 왼쪽 차변에

9. 다음 중 회계순환과정(accounting cycle)의 순서를 올바르게 나열한 것은?

a. 재무제표 작성	b. 시산표 작성	c. 분개
d. 계정마감	e. 정산표 작성	f. 전기

① a − b − c − d − e − f ② c − f − b − e − a − d
③ c − f − e − b − a − d ④ f − c − b − e − a − d

10. 다음 중 분개가 올바르지 못한 것은?

① 현금 ₩10,000을 장기간 대여하다.
(차) 장기대여금 10,000 (대) 현 금 10,000

② 현금 ₩100,000과 토지 ₩200,000을 출자하여 사업을 시작하다.
(차) 자본금 100,000 (대) 토 지 200,000
현 금 100,000

③ 상품 ₩50,000을 매출하기로 A와 계약하다.
(차) 분개 없음 (대) 분개 없음

④ 이자비용 ₩3,000을 현금으로 지급하다.
(차) 이자비용 3,000 (대) 현 금 3,000

11. 다음의 현금계정을 토대로 각 거래일자의 분개를 추론한 것 중 올바르지 않은 것은? (복수응답 가능)

현 금

8/1 자 본 금	1,000	8/1 임 차 료	600
8/5 매 출	200	8/15 단기대여금	300
8/10 단기차입금	500	8/30 제 좌	405
8/20 매출채권	300	8/31 급 여	300

① 8/1 (차) 현 금 400 (대) 자 본 금 1,000
임 차 료 600

② 8/5 (차) 현 금 200 (대) 매 출 200

③ 8/20 (차) 현 금 300 (대) 매출채권 300

④ 8/31 (차) 현 금 300 (대) 급 여 300

12. 시산표에 대한 설명 중 적절하지 않은 것은?

① 계정기록의 정확성 여부를 점검하기 위하여 작성하는 표이다.
② 결산을 위한 준비작업에 해당된다.
③ 차변 합계액이 대변 합계액과 일치하면 계정기록에 오류가 전혀 없을 것이다.
④ 차변 합계액과 대변 합계액이 일치하지 않으면 오류가 발생되었음이 확실하다.

13. 다음은 시산표에 대한 설명이다. 옳게 설명된 내용을 모두 고른 것은?

a. 시산표는 오류의 존재 유무만을 알려줄 뿐, 그 오류가 구체적으로 어느 계정에서 발생한 것인지는 알려주지 못한다.
b. 시산표의 양변 합계액이 일치한다고 해서 계정기록에 오류가 전혀 없다는 것을 의미하지는 않는다.
c. 시산표는 대차평형의 원리에 근거하여 계정기록의 정확성을 점검한다.
d. 시산표는 계정잔액과 결산정리사항을 통합하는 과정을 수행한다.

① a, b, c, d ② a, b, c
③ a, b ④ a, c, d

[4] 주관식

[문 1] 분개와 전기(Ⅰ)

(주)삼일컨설팅의 다음 각 거래를 분개하고 각 계정에 전기하시오.

① 현금 ₩1,000,000을 출자하여 회계자문 사업을 개시하다.
② 개업을 알리는 광고를 하고 현금 ₩100,000을 지출하다.
③ 비품 ₩200,000을 구입하고 현금을 지급하다.
④ 현금 ₩300,000을 은행에서 단기간 차입하다.
⑤ 회계자문을 제공하고 대금 ₩400,000은 외상으로 하다.
⑥ 단기차입금 중 원금 ₩200,000과 이자 ₩10,000을 현금으로 지급하다.
⑦ 회계자문을 제공하고 현금 ₩500,000을 받다.
⑧ 종업원에게 급여 ₩100,000을 현금으로 지급하다.
⑨ 앞서의 회계자문 외상대금 중 ₩300,000을 현금으로 받다.
⑩ 사무실 임차료비용 ₩100,000을 현금으로 지급하다.

[문 2] 분개와 전기(Ⅱ)

다음 각 거래를 분개하고 각 계정에 전기하시오.

① 현금 ₩300,000과 건물 ₩500,000을 출자하여 고급인력 리크루팅사업(head hunting business)을 개시하다.
② 건물을 보험에 가입하고 보험료로 현금 ₩200,000을 지급하다.
③ 비품 ₩100,000을 구입하고 현금을 지급하다.
④ IT기업에 CEO를 추천해주고 대금 ₩600,000을 현금으로 받다.
⑤ 물류기업에 영업담당이사를 추천해주고 대금 ₩300,000은 외상으로 하다.
⑥ 현금 ₩300,000을 거래처에 단기간 빌려주다.
⑦ 단기대여금 중 원금 ₩300,000과 이자 ₩30,000을 현금으로 회수하다.
⑧ 앞서의 영업담당이사 추천에 대한 외상대금 중 ₩100,000을 현금으로 받다.

⑨ 광고비 ₩200,000을 현금으로 지급하다.
⑩ 추가로 자본금 ₩300,000을 현금으로 출자하다.

[문 3] 계정과목의 올바른 이해

아래 분개에는 차변에 오류가 포함되어 있다. 이를 바로 잡으시오.

① 용역서비스 ₩100,000을 제공하고, 대금은 상대방이 발행한 당좌수표로 받다.
(차) 당 좌 예 금 100,000 (대) 용 역 매 출 100,000

② 설계사무소에서 설계용역 ₩500,000을 외상으로 제공하다.
(차) 미 수 금 500,000 (대) 매 출 500,000

③ 회사의 사무실에 비치하기 위하여 ₩600,000 상당의 TV를 현금으로 구입하다.
(차) 상 품 600,000 (대) 현 금 600,000

④ 비품의 외상구입대금 ₩700,000을 현금으로 갚다.
(차) 매 입 채 무 700,000 (대) 현 금 700,000

⑤ 비품 ₩100,000을 외상으로 구입하다.
(차) 비 품 100,000 (대) 매 입 채 무 100,000

⑥ 현금 ₩200,000을 단기간 빌리고, 어음을 발행하여 건네주었다.
(차) 현 금 200,000 (대) 지 급 어 음 200,000

⑦ 설계자문서비스를 받고자하는 의뢰인으로부터 대금의 일부인 ₩300,000을 현금으로 미리 받다.
(차) 현 금 300,000 (대) 선 수 수 익 300,000

[문 4] 거래의 추정(Ⅰ)

다음의 분개를 토대로, 어떤 거래가 발생하였는지 추정해보시오.

	차변	금액	대변	금액
①	(차) 현 금	10,000	(대) 단기차입금	10,000
②	(차) 현 금	20,000	(대) 매 출 채 권	20,000
③	(차) 현 금	30,000	(대) 이 자 수 익	30,000
④	(차) 비 품	40,000	(대) 현 금	40,000
⑤	(차) 매 입 채 무	50,000	(대) 현 금	50,000

[문 5] 거래의 추정(Ⅱ)

다음의 분개를 토대로 어떤 거래가 발생하였는지 추정해보시오.

	차변	금액	대변	금액
①	(차) 현 금	100,000	(대) 자 본 금	300,000
	건 물	200,000		
②	(차) 단기차입금	100,000	(대) 현 금	110,000
	이 자 비 용	10,000		

③ (차) 토 지 300,000 (대) 현 금 200,000
미지급금 100,000

[문 6] 분개의 추정

다음 약식 현금 원장기록을 토대로 날짜 순으로 분개를 추정해보시오.

현금계정

날짜	계정	금액	날짜	계정	금액
1/1	자 본 금	1,000,000	1/1	임 차 료	100,000
1/5	용역매출	200,000	1/15	단기대여금	400,000
1/10	단기차입금	300,000	1/31	급 여	600,000
1/20	매출채권	500,000			

아웃라이어(outlier)

본체에서 분리되어 있거나 따로 분류되어 있는 물건으로 사전에서 정의되는 아웃라이어는 한 분야에서 뛰어난 성과를 일구어낸 사람을 지칭한다. 그러나 동명의 저서에서 경영사상가 말콤 글래드웰은 성공은 그냥 저절로 얻어지는 것이 아니라 창의적인 특징은 물론, 1만 시간의 반복 훈련이 함께 이루어져야 가능하며 특히 주위의 지원이 필수적이라고 지적한다. 자수성가란 어불성설이라고 믿는 그는 다음과 같이 주장한다.

"성공은 집합적인 산물이다. 또 환경의 함수다. 세대와 시간, 장소와 운(運), 기타 한 사람을 둘러싼 여러 조력들이 합쳐진 것이다. 나는 어떤 개인의 특별한 노력 이외의 나머지 요소들을 강조하고 싶다."

Ⅳ. 해답(자습문제, 교과서 연습문제)

[1] 연결형

1. A　**2.** D　**3.** C　**4.** B　**5.** G　**6.** H　**7.** E　**8.** F

[2] 진위형

1. F　분개와 전기는 기중에 이루어진다.
2. F　왼쪽은 차변이라고 한다.
3. F　대변(오른쪽)에 기록된다.
4. T　자산의 경우 차변은 증가를, 부채와 자본의 경우는 감소를 의미한다.
5. T　**6.** T　**7.** T　**8.** T　**9.** T　**10.** T
11. T　분개장에 기록되어야 후일 거래의 발생원인 파악과 분석이 가능하다. 다만, 컴퓨터를 이용할 경우 분개장에의 기입을 생략할 수도 있다.

[3] 객관식

1. ②　**2.** ②　**3.** ④
4. ③　원면은 총계정원장상의 계정번호를, 분면은 분개장 면을 각각 지칭한다.
5. ②　**6.** ②　**7.** ④　**8.** ④　**9.** ②　**10.** ②
11. ① : ①의 올바른 분개는

(차)	현 금	1,000	(대) 자 본 금	1,000
	임차료비용	600	현 금	600

④ : ④의 올바른 분개는

(차)	급 여	300	(대) 현 금	300

12. ③　**13.** ②

[4] 주관식

[문 1] 분개와 전기(I)

〈분개〉

①	(차) 현 금	1,000,000	(대) 자 본 금	1,000,000
②	(차) 광고선전비	100,000	(대) 현 금	100,000
③	(차) 비 품	200,000	(대) 현 금	200,000
④	(차) 현 금	300,000	(대) 단기차입금	300,000
⑤	(차) 매 출 채 권	400,000	(대) 용 역 매 출	400,000

	차변	금액	대변	금액
⑥	(차) 단기차입금	200,000	(대) 현 금	210,000
	이 자 비 용	10,000		
⑦	(차) 현 금	500,000	(대) 용 역 매 출	500,000
⑧	(차) 급 여	100,000	(대) 현 금	100,000
⑨	(차) 현 금	300,000	(대) 매 출 채 권	300,000
⑩	(차) 임차료비용	100,000	(대) 현 금	100,000

〈전기〉 (단위 : 천원)

현 금

차변		대변	
① 자본금	1,000	② 광고선전비	100
④ 단기차입금	300	③ 비 품	200
⑦ 용역매출	500	⑥ 제 좌	210
⑨ 매출채권	300	⑧ 급 여	100
		⑩ 임차료비용	100

자본금

차변		대변	
		① 현 금	1,000

광고선전비

차변		대변	
② 현 금	100		

비 품

차변		대변	
③ 현 금	200		

단기차입금

차변		대변	
⑥ 현 금	200	④ 현 금	300

매출채권

차변		대변	
⑤ 매 출	400	⑨ 현 금	300

용역매출

차변		대변	
		⑤ 매출채권	400
		⑦ 현 금	500

이자비용

차변		대변	
⑥ 현 금	10		

급 여

차변		대변	
⑧ 현 금	100		

임차료비용

차변		대변	
⑩ 현 금	100		

[문 2] 분개와 전기(Ⅱ)

	차변	금액	대변	금액
①	(차) 현 금	300,000	(대) 자 본 금	800,000
	건 물	500,000		
②	(차) 보 험 료	200,000	(대) 현 금	200,000
③	(차) 비 품	100,000	(대) 현 금	100,000
④	(차) 현 금	600,000	(대) 용 역 매 출	600,000
⑤	(차) 매 출 채 권	300,000	(대) 용 역 매 출	300,000
⑥	(차) 단기대여금	300,000	(대) 현 금	300,000
⑦	(차) 현 금	330,000	(대) 단기대여금	300,000
			이 자 수 익	30,000
⑧	(차) 현 금	100,000	(대) 매출 채권	100,000
⑨	(차) 광고선전비	200,000	(대) 현 금	200,000

⑩ (차) 현 금	300,000	(대) 자 본 금	300,000

〈전기는 생략〉 [문 1] 해답 참조

[문 3] 계정과목의 올바른 이해 : 분개 오류의 수정

① (차) 현 금	100,000	(대) 용역매출	100,000
② (차) 매출채권	500,000	(대) 용역매출	500,000
③ (차) 비 품	600,000	(대) 현 금	600,000
④ (차) 미지급금	700,000	(대) 현 금	700,000
⑤ (차) 비 품	100,000	(대) 미지급금	100,000
⑥ (차) 현 금	200,000	(대) 단기차입금	200,000
⑦ (차) 현 금	300,000	(대) 선 수 금	300,000

|힌트|

① 현금 : 당좌수표를 받은 경우 '현금'으로 회계처리한다.

② 매출 : 서비스를 제공한 경우에는 '용역매출'로 회계처리한다.

④ 미지급금 : 일반적 상거래(즉, 판매를 목적으로 재고자산을 구입 하는 경우 등)가 아닌 비유동자산을 외상으로 구입하는 경우에는 '미지급금'으로 회계처리한다.

⑥ 단기차입금 : 자금을 차입하기 위하여 어음을 발행하여 건네준 경우에는 해당금액을 상환하여야 할 채무를 나타내기 위하여 '단기차입금' 또는 '장기차입금'으로 회계처리한다.

⑦ 선수금 : 일반적 상거래(즉, 주된 영업활동을 위하여)에서 판매를 목적으로 재화나 서비스를 제공하기로 하고, 미리 수취한 대가를 '선수금'이라는 유동부채로 회계처리한다.

[문 4] 거래의 추정(Ⅰ)

① 현금 ₩10,000을 단기간 차입하다.

② 매출채권 ₩20,000을 회수하다.

③ 이자 ₩30,000을 현금으로 받다.

④ 비품 ₩40,000을 현금으로 구입하다.

⑤ 매입채무 ₩50,000을 현금으로 상환하다.

[문 5] 거래의 추정(Ⅱ)

① 현금 ₩100,000과 건물 ₩200,000을 출자하여 사업을 개시하다.

② 단기차입금 ₩100,000을 이자 ₩10,000과 함께 현금으로 지급하다.

③ 토지를 구입하면서 현금 ₩200,000을 지급하고 나머지는 외상으로 하다.

[문 6] 분개의 추정

1/1	(차) 현 금	1,000,000	(대) 자 본 금	1,000,000
1/1	(차) 임차료비용	100,000	(대) 현 금	100,000
1/5	(차) 현 금	200,000	(대) 용역 매출	200,000
1/10	(차) 현 금	300,000	(대) 단기차입금	300,000
1/15	(차) 단기대여금	400,000	(대) 현 금	400,000
1/20	(차) 현 금	500,000	(대) 매출 채권	500,000
1/31	(차) 급 여	600,000	(대) 현 금	600,000

교과서 연습문제 해답

[1] 빈칸 채우기

(1) 회계순환과정, accounting cycle (2) 계정, account (3) 대변, credit
(4) 분개, journalizing, 분개장, journal (5) 전기, posting
(6) 시산표, trial-balance (7) 대차평형의 원리

[2] 거래의 분개와 전기

① 분개

1/1	(차) 현 금	660,000	(대) 자 본 금	900,000
	건 물	240,000		
1/2	(차) 임차료비용	6,000	(대) 현 금	6,000
1/4	(차) 비 품	132,000	(대) 현 금	132,000
1/6	(차) 차량운반구	280,000	(대) 현 금	150,000
			미 지 급 금	130,000
1/12	(차) 보 험 료	800	(대) 현 금	800
1/15	(차) 수도광열비	960	(대) 현 금	960
1/17	(차) 현 금	1,800	(대) 용 역 매 출	1,800
1/20	(차) 차량연료비	180	(대) 미지급비용	180
1/23	(차) 차량운반구	108,000	(대) 현 금	108,000
1/25	(차) 현 금	2,880	(대) 용 역 매 출	2,880
1/27	(차) 비 품	3,600	(대) 현 금	3,600
1/28	(차) 급 여	8,400	(대) 현 금	8,400
1/29	(차) 매 출 채 권	11,400	(대) 용 역 매 출	11,400
1/30	(차) 수 선 비	1,120	(대) 현 금	1,120

② 전기

현 금

일자	과목	금액	일자	과목	금액
1/1	자본금	660,000	1/2	임차료비용	6,000
1/17	용역매출	1,800	1/4	비 품	132,000
1/25	용역매출	2,880	1/6	차량운반구	150,000
			1/12	보험료	800
			1/15	수도광열비	960
			1/23	차량운반구	108,000
			1/27	비 품	3,600
			1/31	급 여	8,400
			1/31	수선비	1,120

매출채권

일자	과목	금액	일자	과목	금액
1/29	용역매출	11,400			

차량운반구

일자	과목	금액	일자	과목	금액
1/6	제 좌	280,000			
1/23	현 금	108,000			

건 물

일자	과목	금액	일자	과목	금액
1/1	자본금	240,000			

비 품

일자	과목	금액	일자	과목	금액
1/4	현 금	132,000			
1/27	현 금	3,600			

미지급금

일자	과목	금액	일자	과목	금액
			1/6	차량운반구	130,000

미지급비용

일자	과목	금액	일자	과목	금액
			1/20	차량연료비	180

자 본 금

일자	과목	금액	일자	과목	금액
			1/1	제 좌*	900,000

용역매출

일자	과목	금액	일자	과목	금액
			1/17	현 금	1,800
			1/25	현 금	2,880
			1/29	매출채권	11,400

차량연료비

일자	과목	금액	일자	과목	금액
1/20	미지급비용	180			

급 여

일자	과목	금액	일자	과목	금액
1/28	현 금	8,400			

수도광열비

일자	과목	금액	일자	과목	금액
1/15	현 금	960			

보 험 료

일자	과목	금액	일자	과목	금액
1/12	현 금	800			

임차료비용

일자	과목	금액	일자	과목	금액
1/2	현 금	6,000			

수 선 비

일자	과목	금액	일자	과목	금액
1/30	현 금	1,120			

* '제좌'는 상대계정과목이 2개 이상인 경우 사용하는 약식명칭이다.

[3] 소모품 - 소모품비, 이익잉여금 - 배당금의 회계처리

(1) (차) 소모품	25,000	(대) 현 금	25,000
(2) (차) 이익잉여금	20,000	(대) 현 금	20,000
(3) (차) 소모품비	79,000	(대) 소모품	79,000

(계정잔액) 현금 ₩455,000 소모품 ₩6,000 이익잉여금 ₩30,000

[4] 거래의 추정(Ⅰ)

(1) 주주들로부터 ₩70,000 현금출자받았다.
(차) 현 금 70,000 (대) 자본금 70,000

(2) 은행에서 현금 ₩12,000 차입하였다.
(차) 현 금 12,000 (대) 차입금 12,000

(3) 업무용 토지와 건물을 현금 ₩40,000을 지급하고 나머지 잔액은 외상으로 하였다.
(차) 토 지 60,000 (대) 현 금 40,000
건 물 30,000 미지급금 50,000

(4) 사무용비품 ₩6,000 어치를 외상으로 구매하였다.
(차) 사무용비품 6,000 (대) 미지급금 6,000

(5) 업무용 건물 ₩5,000을 외상으로 구입하였다.
(차) 건 물 5,000 (대) 미지급금 5,000

(6) (4)에서 구매한 사무용비품 중 일부(₩600)를 반품하였다.
(차) 미지급금 600 (대) 사무용품 600

(7) 미지급금 ₩3,000을 현금으로 갚았다.
(차) 미지급금 3,000 (대) 현 금 3,000

[5] 거래의 추정(Ⅱ)

(1) 현금 ₩500,000과 토지 ₩300,000을 출자하여 사업을 개시하다.
(2) 단기차입금 ₩400,000을 이자 ₩10,000과 함께 현금으로 지급하다.
(3) 건물 ₩900,000을 구입하면서 현금 ₩200,000을 지급하고 잔액은 외상으로 하다.

[6] 분개와 전기, T계정 잔액

4/1	(차) 현 금	1,000,000	(대) 자본금	400,000
			차입금	600,000
4/2	(차) 현 금	538,000	(대) 용역매출	758,000
	매출채권	220,000		
4/3	(차) 현 금	418,000	(대) 용역매출	418,000

4/4	(차) 현　　금	438,000	(대) 용역매출	658,000
	매출채권	220,000		
4/5	(차) 소 모 품	240,000	(대) 현　　금	100,000
			매입채무	140,000
4/6	(차) 대 여 금	300,000	(대) 현　　금	300,000
4/7	(차) 현　　금	400,000	(대) 매출채권	400,000
4/8	(차) 매입채무	20,000	(대) 현　　금	20,000
4/9	(차) 급　　여	200,000	(대) 현　　금	200,000
4/10	(차) 매입채무	20,000	(대) 소 모 품	20,000
4/11	(차) 매출채권	415,000	(대) 용역매출	415,000
4/12	(차) 비　　품	540,000	(대) 미지급금	540,000
4/13	(차) 소 모 품	410,000	(대) 현　　금	240,000
			매입채무	170,000
4/15	(차) 급　　여	200,000	(대) 미지급비용	200,000
4/16	(차) 비　　품	200,000	(대) 용역매출	512,000
	매출채권	312,000		
4/17	(차) 현　　금	160,000	(대) 대 여 금	150,000
			이자수익	10,000
4/18	(차) 광고선전비	15,000	(대) 소 모 품	15,000
4/20	(차) 현　　금	200,000	(대) 자 본 금	200,000
4/21	(차) 차 입 금	300,000	(대) 현　　금	320,000
	이자비용	20,000		
4/30	(차) 수도광열비	40,000	(대) 미지급비용	40,000
4/30	(차) 차량유지비	110,000	(대) 미지급비용	110,000

현금

4/1	1,000,000	4/5	100,000
4/2	538,000	4/6	300,000
4/3	418,000	4/8	20,000
4/4	438,000	4/9	200,000
4/7	400,000	4/13	240,000
4/17	160,000	4/21	320,000
4/20	200,000		
	3,154,000		1,180,000
	1,974,000		

매출채권

4/2	220,000	4/7	400,000
4/4	220,000		
4/11	415,000		
4/16	312,000		
	1,167,000		400,000
	767,000		

자본금

		4/1	400,000
		4/20	200,000
			600,000

미지급금

		4/12	540,000
			540,000

비품

4/12	540,000		
4/16	200,000		
	740,000		

소모품

4/5	240,000	4/10	20,000
4/13	410,000	4/18	15,000
	650,000		35,000
	615,000		

대여금

4/6	300,000	4/17	150,000
	150,000		

매입채무

4/8	20,000	4/5	140,000
4/10	20,000	4/13	170,000
	40,000		310,000
			270,000

미지급비용

		4/15	200,000
		4/30	40,000
		4/30	110,000
			350,000

차입금

4/21	300,000	4/1	600,000
			300,000

용역매출

		4/2	758,000
		4/3	418,000
		4/4	658,000
		4/11	415,000
		4/16	512,000
			2,761,000

이자수익

		4/17	10,000
			10,000

급여

4/9	200,000		
4/15	200,000		
	400,000		

이자비용

4/21	20,000		
	20,000		

차량유지비

4/30	110,000		
	110,000		

광고선전비

4/18	15,000		
	15,000		

수도광열비

4/30	40,000		
	40,000		

재무상태표

(주)영구클린 4월 30일 (단위 : 원)

현금	₩1,974,000	매입채무	₩270,000
매출채권	767,000	미지급비용	350,000
비품	740,000	차입금	300,000
소모품	615,000	미지급금	540,000
대여금	150,000	자본금	600,000
		이익잉여금(당기순이익)	2,186,000
합계	₩4,246,000	합계	₩4,246,000

포괄손익계산서

(주)영구클린 4월 1일부터 4월 30일까지 (단위 : 원)

이자비용	₩20,000	용역매출	₩2,761,000
광고선전비	15,000	이자수익	10,000
급여	400,000		
차량유지비	110,000		
수도광열비	40,000		
당기순이익	2,186,000		
합계	₩2,771,000	합계	₩2,771,000

[7] 사례연습 : 분개, 전기, T계정 잔액을 이용한 재무상태표, 포괄손익계산서 작성

(1) 자본금

재무상태표

(주)블루클린 3월 1일 (단위 : 원)

현금	₩1,500,000	매입채무	₩280,000
매출채권	1,200,000	차입금	1,300,000
차량운반구	1,800,000	미지급금	1,000,000
비품	860,000	미지급비용	500,000
대여금	1,350,000	**자본금**	**(3,260,000)**
소모품	430,000	이익잉여금	800,000
합계	₩7,140,000	합계	₩7,140,000

(2) 분개 및 전기

일자	차변	금액	대변	금액
3/1	(차) 현 금	1,300,000	(대) 용역매출	3,900,000
	매출채권	2,600,000		
3/2	(차) 소 모 품	400,000	(대) 매입채무	400,000
3/3	(차) 급 여	200,000	(대) 현 금	440,000
	보 험 료	240,000		
3/4	(차) 현 금	1,300,000	(대) 차 입 금	1,300,000
3/7	(차) 광고선전비	140,000	(대) 소 모 품	140,000
3/12	(차) 임차료비용	150,000	(대) 현 금	150,000
3/13	(차) 차량운반구	4,600,000	(대) 미지급금	4,600,000
3/14	(차) 현 금	500,000	(대) 매출채권	500,000
3/15	(차) 대 여 금	1,200,000	(대) 현 금	1,200,000
3/16	(차) 소 모 품	2,400,000	(대) 용역매출	2,400,000
3/21	(차) 유 류 비	200,000	(대) 현 금	150,000
			미지급비용	50,000
3/22	(차) 통 신 비	300,000	(대) 미지급비용	300,000
3/23	(차) 현 금	1,500,000	(대) 자 본 금	1,500,000
3/24	(차) 현 금	1,250,000	(대) 차량운반구	1,200,000
			처분이익	50,000
3/25	(차) 차 입 금	800,000	(대) 현 금	830,000
	이자비용	30,000		
3/26	(차) 현 금	520,000	(대) 대 여 금	500,000
			이자수익	20,000
3/27	(차) 이익잉여금	500,000	(대) 현 금	500,000
3/31	(차) 소모품비	3,058,000	(대) 소 모 품	3,058,000

• 이익잉여금의 회계처리

이익잉여금 중의 일부를 배당금으로 주주들에게 현금 ₩500,000 지급하는 경우 (차) 배당금 500,000 (대) 현금 500,000으로 분개하면, 차변기입한 '배당금'을 비용의 발생이나 지급으로 잘못처리할 가능성이 있다. 따라서 배당금을 이익잉여금의 처분으로 직접 표시하는 (차) 이익잉여금 500,000 (대) 현금 500,000 분개가 간편하다. 만약 (차) 배당금 500,000 (대) 현금 500,000 으로 분개하는 경우에는

(차) 이익잉여금 500,000 (대) 배당금 500,000의 마감분개를 추가하면 된다.

(3) 계정잔액과 재무제표 작성

현금

기초	1,500,000	3/3	440,000
3/1	1,300,000	3/12	150,000
3/4	1,300,000	3/15	1,200,000
3/14	500,000	3/21	150,000
3/23	1,500,000	3/25	830,000
3/24	1,250,000	3/27	500,000
3/26	520,000		
	7,870,000		3,270,000
	4,600,000		

매출채권

기초	1,200,000	3/14	500,000
3/1	2,600,000		
	3,800,000		500,000
	3,300,000		

차량운반구

기초	1,800,000	3/24	1,200,000
3/13	4,600,000		
	6,400,000		1,200,000
	5,200,000		

비품

기초	860,000		
	860,000		

소모품

기초	430,000	3/7	140,000
3/2	400,000	3/31	3,058,000
3/16	2,400,000		
	3,230,000		3,198,000
기말	32,000		

대여금

기초	1,350,000	3/26	500,000
3/15	1,200,000		
	2,550,000		500,000
	2,050,000		

매입채무

		기초	280,000
		3/2	400,000
			680,000

차입금

3/25	800,000	기초	1,300,000
		3/4	1,300,000
	800,000		2,600,000
			1,800,000

미지급금

		기초	1,000,000
		3/13	4,600,000
			5,600,000

미지급비용

		기초	500,000
		3/21	50,000
		3/22	300,000
			850,000

자본금

		기초	3,260,000
		3/23	1,500,000
			4,760,000

용역매출

		3/1	3,900,000
		3/16	2,400,000
			6,300,000

이자수익

		3/26	20,000
			20,000

이자비용

3/25	30,000		
	30,000		

급여

3/3	200,000		
	200,000		

보험료

3/3	240,000		
	240,000		

광고선전비

3/7	140,000		
	140,000		

임차료비용

3/12	150,000		
	150,000		

유류비

3/21	200,000		
	200,000		

통신비

3/22	300,000		
	300,000		

소모품비

차변		대변	
3/31	3,058,000		
	3,058,000		

(차량운반구)처분이익

차변		대변	
		3/24	50,000
			50,000

이익잉여금

차변		대변	
3/27	500,000	기초	800,000
		당기순이익	2,052,000
			2,352,000

재무상태표

(주)블루클린 3월 31일 현재 (단위 : 원)

현금	₩4,600,000	매입채무	₩680,000
매출채권	3,300,000	차입금	1,800,000
차량운반구	5,200,000	미지급금	5,600,000
비품	860,000	미지급비용	850,000
소모품	32,000	**이익잉여금**	**2,352,000** ← 계산근거
대여금	2,050,000		800,000
			+2,052,000
			−500,000
		자본금	4,760,000
합계	₩16,042,000	합계	₩16,042,000

포괄손익계산서

(주)블루클린 3월 1일부터 3월 31일까지 (단위 : 원)

급여	₩200,000	용역매출	₩6,300,000
보험료	240,000	이자수익	20,000
이자비용	30,000	(차량운반구)처분이익	50,000
임차료비용	150,000		
유류비	200,000		
통신비	300,000		
광고선전비	140,000		
소모품비	3,058,000		
당기순이익	**2,052,000**		
합계	₩6,370,000	합계	₩6,370,000

[8] 실제사례 : 기사읽기와 팀프로젝트

〈모범답안〉

첫째, 우정사업본부는 우정사업 경영혁신을 꾀하고자 2000년에 설립됐고 원래 정보통신부 산하로 돼 있었다. 그러나 현 정부 출범과 더불어 정통부가 해체되면서 지식경제부 산하로 이관됐다. 그렇지 않아도 업무영역이 넓은 지경부가 인력이 44,000명에 이르고, 연간 예산이 6조 5,000억원을 넘는 거대 조직을 효율적으로 관리하는 것은 무리다. 정부의 산하 기관 관리 부실이 이번 분식회계의 주요 원인인 셈이다.

둘째, 성과주의와 무분별한 경쟁의식이 빚어낸 구조적 문제이기도 하다. 우정사업본부는 분식으로 경영수지는 흑자를 기록하고 있었기 때문에 경영평가를 좋게 받아 성과급을 많이 받기 위해서는 매출액을 늘리려는 유혹을 받을 수밖에 없었다.

셋째, '단식부기 · 현금주의'로 돼 있는 현행 국가회계시스템도 문제다. '복식부기 · 발생주의'로 조속히 이행하지 않는 한 회계부정을 근본적으로 막을 수 없다. 감사원은 이번 일에 대해 우정사업본부장에게 주의를 촉구했다. 공소시효인 2년이 지나 더 이상 징계를 요구할 수 없다고 하지만, 늑장 감사를 한 감사원도 책임에서 자유로울 수 없다. 회계감사를 한 회계법인을 포함해 보다 엄중한 문책이 요구된다.

• 회계처리에 경영자가 관여?

대부분의 회사들은 모든 사실이 완전하게 드러나는 것을 싫어한다. 일반적으로 나쁜 내용은 될 수 있으면 감추거나 적어도 중요하지 않은 것처럼 보이게 한다. 가끔은 경영자가 관여해서 현재보다(자신 또는 기업에) 유리한 회계처리 방침을 적용한 수치를 재무제표에 담는다.

과거 재무보고 공시에서 시장에서 필요로 하는 정보 중 자사에 불리한 정보를 자발적으로 공시하는 경우는(적어도 기준제정에 의해 강제되기 전까지는) 거의 없었다는 것이 이를 잘 뒷받침한다.

오래전의 영화 **〈폭로(disclosure)〉**나 비교적 최근 상영된 **〈마진콜(Margin Call)〉**을 보면 단기 재무성과나 M&A 성사 여부(또는 자신들의 의사결정에 따라 주가폭락이 예상되는 주식시장의 가격추이)에 의해 좌우될 커미션이나 주식처분 손실 규모에 CEO(혹은 임원)들이 어떠한 반응을 보이거나 행동을 취할지는 쉽게 예상할 수 있다.

제 05 장 | 원장계정잔액의 수정과 서비스업의 회계순환과정

Ⅰ. 개 관

◉ 개 관

본 장에서는 회계순환과정 중 회계기간 말에 수행하는 결산에 대하여 살펴본다. 본장을 공부하고 나면 회계순환과정에 대한 전체 윤곽을 알 수 있게 된다. 앞 장에서와 마찬가지로 서비스업의 경우를 설명한다.

∘ 가슴이 아픈 교수님들(?)

특히 회계원리 과목에 대하여 매학기 중간고사와 기말고사 답안지를 채점하다 보면 가슴 아픈 일이 종종 발생하곤 한다. 계정과목에 대하여 낯설은 학생들이 또는 회계학을 눈으로만 공부한 학생들이 매우 독창적이거나 있지도 않은 용어들을 심심찮게 구사하기 때문이다. 그 대표적 예가 이자비용, 이자수익, 감가상각누계액 등에 관한 것이다.

이자비용, 비용이자, 지급이자, 이자지급 등이 동일하다고, 그리고 이자수익, 수익이자, 수입이자, 이자수입 등이 동일하다고 느끼는 학생들! 비단 이것뿐만 아니다. 아픈 가슴을 누르고 부득이 감점을 하는 사항들을 더 열거하면 다음과 같다.

- 매출채권과 미수금을 혼동하는 것
- 받을어음과 미수금을 혼동하는 것
- 외상매입금(또는 매입채무)과 미지급금을 혼동하는 것
- 지급어음과 미지급금을 혼동하는 것
- 선급금과 선급비용(선급보험료 등)을 혼동하는 것
- 미수금과 미수수익(미수이자 등)을 혼동하는 것
- 선수금과 선수수익(선수임대료 등)을 혼동하는 것

〈생각해보기〉 회계용어는 하나의 약속이다. 따라서 그 약속을 지켜야 한다. 그렇다면 학생들은 이 약속을 어디에서 확인해야 하는가? 교과서나 '회계기준'에서 찾을 수 있다. 어떤 명칭이 우리들의 약속인지 꼭 확인해 두기 바란다.

Ⅱ. 본 장의 요약

제1절 결산의 의의와 절차

1. 결산의 정의와 중요성

- 결산(closing) : 회계기간 전체에 걸쳐 계속적으로 발생한 자산, 부채, 자본의 변동내용 및 그 변동들로 인한 결과를 종합하여 단 몇 페이지의 의미있는 재무제표로 일목요연하게 요약하는 과정
- 결산절차를 통하여 비로소 정보이용자들에게 제공할 의미있는 회계보고서가 산출되기 때문에 회계에서 매우 중요

2. 결산절차

- 수정작업을 오류없이 체계적으로 전개하기 위하여 기업들은 정산표를 이용
- 결산절차는 시산표의 작성에서 출발하여 정산표 작성을 거쳐 최종적으로 재무제표를 작성하고 계정을 마감하는 것으로 완료

수정전 시산표 작성 (준비과정)
↓
원장계정 잔액의 수정
(수정분개 및 전기)
↓
정산표 작성
(결산정리 통합과정)
↓
재무제표 작성
↓
계정의 마감

3. 시산표

- 계정기록의 정확성 여부를 점검해보는 과정
- 결산을 위한 준비과정

4. 정산표

- 계정잔액과 결산정리사항을 통합하는 과정
- 복잡한 결산결과를 쉽고 정확하게 수행하기 위한 연습장 작업
- 재무상태표, 포괄손익계산서 작성의 완성단계

제2절 원장계정잔액의 수정과 결산정리분개

1. 결산정리분개의 필요성과 목적

- 일상의 거래기록과정에서 단순히 현금의 수입과 지출을 토대로 기록한 수익・비용 항목을 가지고 재무제표를 작성하게 되면 발생기준에 따른 경영성과를 제대로 나타내주지 못하는 경우가 발생
- 결산정리분개로 인하여 재무상태표에 기말의 자산 및 부채가, 포괄손익계산서에 당기의 수익과 비용이 올바른 금액으로 나타나도록 함

2. 발생기준

- 수익・비용의 발생기준(發生基準, accrual basis) : 일정기간의 수익과 비용의 금액을 그 발생 여부를 기준으로 하여 확정하는 것
  - 발생기준은 현금의 수입이나 지출 여부를 기준으로 하는 현금기준(現金基準, cash basis)과 대비되는 기준

3. 수익・비용의 대응원칙

- 수익・비용의 대응원칙(對應原則, matching principle)이란 어떤 경영활동의 결과로 나타나는 각각의 수익에 대하여 그것을 획득하는 데 소요된 비용을 대비시키는 것
  - 구체적으로 비용은 수익이 기록되는 기간과 동일한 기간에 기록
- 대응의 형태에는 수익과의 직접적인 인과관계 또는 관련성을 확인할 수 있는 경우에 적용되는 개별적 대응과 그렇지 못한 경우에 적용되는 기간적 대응

4. 결산정리분개

※ 매월 결산을 한다고 가정하는 경우(즉, 1월 31일이 결산일인 경우)

■ 미지급비용(unpaid expense)

– 결산정리사항 : 1월분 이자비용 ₩1,000을 아직 지급하지 않았다.

(차) 이자비용 1,000 (대) 미지급비용 1,000

■ 미수수익(accrued revenue)

– 결산정리사항 : 1월분 이자수익 ₩1,000을 아직 받지 못하였다.

(차) 미수수익 1,000 (대) 이자수익 1,000

■ 선급비용(prepaid expense)

– 결산정리사항 : 1월 1일에 향후 6개월분 이자비용 ₩6,000을 현금으로 지급하고 이를 전액 이자비용으로 인식하였다. 그러나 이 중 ₩1,000만이 1월분이다.

(차) 선급비용 5,000 (대) 이자비용 5,000

– 결산정리사항 : 1월 1일에 향후 6개월분 이자비용 ₩6,000을 현금으로 지급하고 이를 전액 선급비용으로 인식하였다. 그러나 이 중 ₩1,000만이 1월분이다.

(차) 이자비용 1,000 (대) 선급비용 1,000

■ 선수수익(deferred revenue)

– 결산정리사항 : 대여금에 대하여 향후 6개월분 이자수익 ₩6,000을 1월 1일 현금으로 수취하고 이를 전액 이자수익으로 인식하였다. 그러나 이 중 ₩1,000만이 1월분 이자수익이다.

(차) 이자수익 5,000 (대) 선수수익 5,000

– 결산정리사항 : 대여금에 대하여 향후 6개월분 이자수익 ₩6,000을 1월 1일 현금으로 수취하고 이를 전액 선수수익으로 인식하였다. 그러나 이 중 ₩1,000만이 1월분 이자수익이다.

(차) 선수수익 1,000 (대) 이자수익 1,000

■ 선급금

건설경기의 활황으로 시멘트구입이 어렵게 되자 건설회사들이 물량을 확보하기 위하여 시멘트회사에 선금 ₩100,000을 현금으로 지급하고 이를 전액 선급금으로 인식한 경우 시멘트 입고시점의 수정분개 :

(차) 재고자산 100,000 (대) 선급금 100,000

■ 선수금

자동차에 부과되던 특별소비세가 내수경기회복을 위하여 한시적으로 인하된 상황에서 인하혜택을 기간 내에 받기 위해서 소비자들이 차를 출고하기 전에 대금 ₩100,000을 미리 지급하고, 대리점은 이를 전액 선수금으로 처리한 경우 자동차 출고시점의 수정분개 :

(차) 선수금 100,000 (대) 매 출 100,000

■ 소모품

1월중에 소모품 ₩100,000을 현금으로 구입하여 영업활동에 사용하던 중 재무제표 작성시점인 1월말에 실사를 한 결과 재고가 ₩30,000만큼 남아 있으나

구입시 **소모품계정**으로 회계처리한 경우 :

(차) 소모품비 70,000 (대) 소모품 70,000

구입시 **소모품비계정**으로 회계처리한 경우 :

(차) 소모품 30,000 (대) 소모품비 30,000

– 어느 경우에나 결과적으로 포괄손익계산서상에 소모품비가 ₩70,000, 소모품(재고자산)이 재무상태표에 ₩30,000만큼 나타나도록 하여야 한다.

■ 유형자산

– 결산정리사항 : 1월 1일에 컴퓨터를 ₩720,000에 구입했다. 5년간 사용할 수 있으며, 잔존가액은 없다고 추정하였을 경우 5년이라는 기간 동안 사용되어 취득원가를 배분해서 비용으로 인식해야 할 부분은 ₩720,000÷60개월=₩12,000

(차) 감가상각비 12,000 (대) 감가상각누계액 12,000

제3절 회계순환과정과 정산표

1. 정산표의 작성 절차

- 1단계 : 잔액시산표의 작성
- 2단계 : 결산정리분개의 기입
- 3단계 : 수정후시산표의 작성
- 4단계 : 수정후시산표 잔액을 포괄손익계산서와 재무상태표에 옮겨 적음
- 5단계 : 포괄손익계산서에서 당기순이익을 계산
- 6단계 : 재무상태표에서 당기순이익을 계산
- 7단계 : 당기순이익의 기록

계정과목	잔액시산표		결산정리분개		수정후시산표		포괄손익계산서		재무상태표	
	차변	대변	차변	대변	차변	대변	차변	대변	차변	대변
현 금										
외상매출금										
……										
합 계	×××	×××								
……			×××	×××	×××	×××				
합 계										
당기순이익										
합 계							×××	×××	×××	×××

제4절 이익처분과 재무제표 작성

1. 배당금의 지급

- 당기순이익을 이익잉여금으로 대체 분개
  - (주)신&브라더스의 20×1년 당기순이익이 ₩4,242,000이다.

    (차) 당기순이익 4,242,000 (대) 이익잉여금 4,242,000
- 배당금의 지급
  - (주)신&브라더스는 20×1년 당기순이익 중에서 ₩200,000을 배당금으로 지급한다.

    (차) 이익잉여금 200,000 (대) 현 금 200,000

∘ 왜 자산 증가는 차변에 그리고 부채 증가는 대변(우측)에?

악수는 고대 로마의 줄리어스 시저 시대에 생긴 관습이라고 한다. 시저는 오른손으로만 악수를 하게 했다. 오른손끼리 맞잡으면 상대 공격을 걱정하지 않아도 된다. 그러나 왼손잡이는 왼손으로 칼을 쓴다. 오른손으로 악수를 하면서 왼손으로 칼을 휘두를 수 있어 믿지 못할 상대로 취급됐다. 그래서 라틴어는 '왼손잡이'를 '불길하다'는 뜻을 가진 'sinister'라고 불렀다.

오른손잡이가 많아진 것은 칼이 만들어지기 시작한 청동기시대라고 한다. 적이 휘두르는 칼은 방패로 막아야 하는데 오른손잡이라야 왼손에 든 방패로 심장을 막을 수 있다. 그래서 오른손잡이의 생존율이 높았다는 것이다. 오른손잡이가 우세해진 것은 아기를 안고 일을 하는 여자들이 아기를 왼손으로 안아야 했기 때문이라는 설도 있다. 그래야 아기가 엄마 심장박동 소리를 듣고 안심한다는 것이다.

조선일보(2007년 8월 13일) 만물상 "세계 왼손잡이의 날" 기사 중에서

Ⅲ. 자습문제

[1] 연결형 : 아래 각 문장은 박스 속의 어느 용어에 관한 것인지 답하시오.

A. 결산	B. 시산표	C. 대차평형의 원리	D. 결산정리
E. 결산정리사항 목록 또는 재고조사표		F. 미지급비용	G. 미수수익
H. 선급비용	I. 선수수익	J. 정산표	K. 감가상각비
L. 감가상각누계액	M. 손익계정		

1. _______ 기중 계정기록의 정확성 여부를 점검하기 위한 표

2. _______ 잔액시산표 계정잔액과 결산정리사항을 한 페이지에서 통합하는 표

3. _______ 결산정리사항들을 집계한 목록

4. _______ 기말결산시점에서 계정잔액을 수정하는 것

5. _______ 결산시점에서 아직 지급하지 않은 비용

6. _______ 결산시점에서 파악한 미리 지급한 비용

7. _______ 결산시점에서 파악한 미리 현금으로 받은 수익

8. _______ 결산시점에서 아직 현금으로 받지 못한 수익

9. _______ 수익계정 및 비용계정을 마감하기 위해서 기말에 설정하는 계정

10. _______ 유형자산의 취득원가를 매 기간에 배분한 비용

11. _______ 유형자산의 취득시점부터 당기 결산시점까지 매년도 감가상각비를 누계한 금액으로 재무상태표의 해당 자산에서 차감하는 형식으로 표시

[2] 진위형 : 아래 문장이 옳으면 T(true, 眞)에, 틀리면 F(false, 僞)에 ○표를 하시오.

1. (T___F) 결산과정은 시산표 작성, 정산표 작성, 결산정리분개 실행, 재무제표 작성 등의 순으로 이루어진다.

2. (T F) 당기순이익이 발생하는 경우 시산표의 차변합계가 대변합계보다 크다.

3. (T F) 시산표등식은 〈자산=부채+자본〉이다.

4. (T F) 현금계정 차변에 분개된 금액을 매출채권계정 차변에 전기하였다면 시산표상에서 이러한 오류를 발견할 수 있다.

5. (T F) 미지급비용, 미수수익, 선급비용, 선수수익 등에 관한 결산정리 분개는 회계기간의 가정 및 발생주의 기준을 적용하기 때문에 나타나는 것이다.

6. (T F) 정산표는 그 작성이 회계기준에 규정되어 있는 기본 재무제표이다.

7. (T F) 정산표에서 포괄손익계산서 란의 당기순이익과 재무상태표 란의 당기순이익은 항상 일치하여야 한다.

8. (T F) 건물이나 비품 등 장기성 자산은 취득원가를 수명 기간에 걸쳐 나누어 조금씩 비용화하는 회계처리를 해야 한다.

9. (T F) 재무상태표 계정을 먼저 마감한 후 포괄손익계산서 계정을 마감한다.

[3] 객관식

1. 발생기준 회계에 대한 설명으로 옳지 않은 것은?

① 발생기준 회계는 일차적으로 기업의 현금수입과 지출에 관심을 가진다.
② 발생기준 회계는 특정기간의 구매, 생산, 판매 등의 기업활동과 동일 기간의 현금의 수지가 일치하지 않는다는 사실을 인정한다.
③ 발생기준 회계는 기업의 거래내용과 현금흐름에 영향을 주는 상황들에 대한 재무적 효과를 보고한다.
④ 발생기준을 채택하는 경우 회계기간의 가정은 발생(accruals) 및 이연(deferrals)의 개념과 관계된다.

2. 재무회계에서 당기에 발생한 원가 중 일부를 차기로 이연하는 이유는?

① 표현충실성　　② 중요성 원칙의 적용
③ 수익·비용의 대응　　④ 역사적원가의 적용

3. **다음 중 수익과 직접 관련된 비용을 직접 대응시켜 인식해야 한다는 비용인식의 기준을 매출수익에 적용할 경우 가장 적절한 항목은?**

① 보험료 ② 매출원가
③ 비유동자산의 감가상각비 ④ 사무원 급여

4. **라이프아파트 부녀회의 사업연도와 회계기간은 매년 1월 1일부터 12월 31일까지이며, 부녀회장의 임기 역시 1년 단임이라고 한다. 20×0년 7월 1일 김신영 회장은 매주 금요일 오전 직거래장터를 1년간 개설해주기로 약속하고 ₩1,200,000의 사용료를 현금으로 수취하였다. 이 거래에 대해 현금기준과 발생기준을 적용하여 회계처리할 경우 타당하지 않은 설명은?**

① 발생기준에 따른다면 ₩1,200,000의 사용료수익 중 7월 1일부터 12월 31일까지 6개월분에 해당하는 ₩600,000이 김신영 회장의 사업성과인 수익으로 표시되고, 나머지 ₩600,000은 차기회장의 사업연도에 귀속되어야 한다.
② 발생기준에 따른다면 자산(현금) ₩1,200,000 증가 → 수익 ₩600,000 발생+부채(선수수익) ₩600,000 증가로 기록된다. 왜냐하면 20×0년 12월 31일 현재 앞으로도 6개월간 더 직거래장터를 개설해주어야 할 의무가 있기 때문이다.
③ 현금기준에 따른다면 현금으로 수취한 7월 1일에 ₩1,200,000 전액을 김신영 회장의 사업성과인 수익으로 표시한다.
④ 현금기준에 따르더라도 차기 부녀회장의 입장에서는 1월부터 6월말까지 6개월간은 직거래장터를 개설해주어야 할 의무가 있기 때문에 이를 부채(선수수익)로 계상해야 한다.

5. **위의 라이프아파트 부녀회에서는 20×0년 10월 1일 현금으로 ₩180,000을 지급하고 1년간 '주부생활'을 정기구독하였다. 이 거래에 대해 현금기준과 발생기준을 적용하여 회계처리할 경우 타당하지 않은 설명은?**

① 발생기준에 따른다면 3개월분 ₩45,000의 구독료만이 20×0년도의 비용으로 표시되고 나머지 ₩135,000은 차기 회장의 사업연도에 귀속되어야 한다.
② 발생기준에 따른다면 자산(현금) ₩180,000 감소 → 비용 ₩45,000 발생(3개월분 구독료)+자산(선급비용) ₩135,000 증가로 기록된다. 왜냐하면 20×0년 12월 31일 현재 앞으로도 9개월간 월간지를 받아볼 수 있는 권리가 남아 있기 때문이다.
③ 차기 부녀회장은 구독료를 현금으로 지출한 사실이 없기 때문에 현금기준이나 발생기준 모두 비용으로 인식해야 할 금액은 없다.
④ 현금기준에 따른다면 김신영 회장이 재임하는 기간 동안 10월호, 11월호, 12월호의 3권만을 받아볼 수 있는데도 불구하고 연간 구독료 ₩180,000 전액을 20×0년도의 비용으로 계상하게 되므로 형평성은 물론 연간 사업성과에도 부정적인 영향을 미치게 될 것이다.

6. 위의 라이프아파트 부녀회에서는 20×0년 9월 1일 부녀회의 활동에 소요되는 문구 및 다과류를 구입하고 현금 ₩400,000을 지급하였다(이들을 일단 '소모품'이라고 하자). 사업연도 종료일인 12월 31일 현재 ₩120,000 상당의 재고가 남아 있다. 이 거래에 대해 발생기준에 의한 비용을 인식하기 위한 회계처리로 타당하지 않은 설명은?

① 소모품(자산)을 ₩400,000 구입하여 ₩280,000 상당을 사용하고 ₩120,000이 남아 있는 상태이다.

② ₩400,000의 현금지출로 소모품(자산)을 구입하고 구입한 소모품 중 ₩280,000을 사업활동이나 수익을 얻기 위하여 사용하였기 때문에 소모품비(비용)가 발생된 것이다.

③ 소모품비는 직접적인 현금의 지출 대신 소모품의 감소로 발생된 것이며 결국은 그 소모품 역시 현금지출로 구입된 것이므로 소모품비를 현금으로 지출한 경제적 실질과 동일하다.

④ 미사용된 ₩120,000은 그대로 소모품(자산)으로 남아 있더라도 ₩400,000의 현금 지출이 이미 이루어졌다면 ₩400,000의 비용이 발생한 결과와 동일하다.

7. 기계장치에 대한 당기 감가상각비가 ₩300,000인 경우의 가장 적절한 결산정리분개는?

① (차) 감가상각비	300,000	(대) 유형자산	300,000
② (차) 감가상각비	300,000	(대) 감가상각누계액	300,000
③ (차) 감가상각비	300,000	(대) 감가상각충당금	300,000
④ (차) 감가상각비	300,000	(대) 감가충당금	300,000

8. 차입금에 대한 이자가 발생하였으나 결산시점까지 지급하지 않았을 때 가장 올바른 분개는?

① (차) 이자비용	×××	(대) 미지급이자(미지급비용)	×××
② (차) 이자비용	×××	(대) 미지급금	×××
③ (차) 지급이자	×××	(대) 매입채무	×××
④ (차) 지급이자	×××	(대) 미지급이자(미지급비용)	×××

9. 당기에 대여금에 대한 이자가 발생하였으나 결산시점까지 아직 받지 못했을 때 이에 대한 결산정리분개로 올바른 것은?

① (차) 미수금	×××	(대) 이자수익	×××
② (차) 미수이자(미수수익)	×××	(대) 이자수익	×××
③ (차) 미수금	×××	(대) 수입이자	×××
④ (차) 미수이자(미수수익)	×××	(대) 선수이자	×××

10. 8월 1일에 사무실을 임차하고 12개월분 임차료 ₩12,000을 한꺼번에 현금으로 지급하면서 〈(차) 임차료비용 12,000 (대) 현금 12,000〉으로 분개하였다면 12월 31일 결산시점에서 필요한 결산 정리분개는?

① (차) 선급임차료(선급비용) 5,000 (대) 임차료비용 5,000
② (차) 선급금 5,000 (대) 임차료비용 5,000
③ (차) 선급임차료(선급비용) 7,000 (대) 임차료비용 7,000
④ (차) 선급금 7,000 (대) 임차료비용 7,000

11. 8월 1일에 사무실을 임대하고 12개월분 임대료 ₩12,000을 한꺼번에 현금으로 받으면서 〈(차) 현금 12,000 (대) 임대료수익 12,000〉으로 분개하였다면 12월 31일 결산 시점에서 필요한 결산 정리분개는?

① (차) 임대료수익 5,000 (대) 선 수 금 5,000
② (차) 선 수 금 7,000 (대) 임대료수익 7,000
③ (차) 임대료수익 5,000 (대) 선수임대료(선수수익) 5,000
④ (차) 임대료수익 7,000 (대) 선수임대료(선수수익) 7,000

12. 아래의 분개 중 올바른 것은?

① 기말 현재 단기차입금에 대한 이자 ₩1,000이 미지급된 상태이다.
(차) 이 자 비 용 1,000 (대) 미지급금 1,000
② 기말 현재 임대료 선수액 ₩1,000이 있다.
(차) 임대료수익 1,000 (대) 선 수 금 1,000
③ 기말 현재 종업원의 급여 ₩2,000이 지급되지 않았다.
(차) 급 여 2,000 (대) 미지급급여(미지급비용) 2,000
④ 소모품(재고자산)의 기말잔액에 비하여 재고실사이후의 가액이 ₩2,000 작다.
(차) 소모품(재고자산) 2,000 (대) 소모품(재고자산)평가이익 2,000

13. 정산표에 대한 다음의 설명 중 적절하지 않은 것은?

① 계정잔액과 결산정리사항을 통합하기 위하여 작성하는 표이다.
② 복잡한 결산과정을 쉽고 정확하게 수행하기 위한 연습장이다.
③ 정산표가 완성되면 재무상태표와 포괄손익계산서의 대부분이 완성된다.
④ 외부정보이용자들에게 널리 공표해야 하는 보고서의 하나이다.

[4] 주관식

[문 1] 기중에 향후 1년분 임차료 ₩10,000을 현금으로 지급하면서 다음과 같이 분개했었다.

(차) 임차료비용 10,000 (대) 현 금 10,000

이 중 당기분 임차료비용은 ₩7,000이고 나머지 ₩3,000은 차기분이라고 할 때 기말의 결산정리분개를 하시오.

(차)	(대)

[문 2] 기중에 향후 1년분 임차료 ₩10,000을 현금으로 지급하면서 다음과 같이 분개했었다.

(차) 선급임차료 10,000 (대) 현 금 10,000

이 중 당기분 임차료비용은 ₩7,000이고 나머지 ₩3,000은 차기분이라고 할 때 기말의 결산정리분개를 하시오.

(차)	(대)

[문 3] 기중에 사무용 소모품 ₩30,000을 현금으로 구입하면서 다음과 같이 분개했었다.

(차) 소 모 품 비 30,000 (대) 현 금 30,000

이렇게 소모품비라는 비용계정으로 분개한 이유는 당기중에 전부 소비될 것이라고 보았기 때문이다. 그러나 기말 현재 ₩10,000의 소모품이 아직 남아 있다고 할 때 결산정리분개를 하시오.

(차)	(대)

[문 4] 기중에 사무용 소모품 ₩30,000을 현금으로 구입하면서 다음과 같이 분개했었다.

(차) 소 모 품 30,000 (대) 현 금 30,000

이렇게 소모품이라는 자산으로 회계처리한 이유는 당기중에 전부 소비되지는 않을 것이라고 보았기 때문이다. 기말 현재 남아 있는 소모품이 ₩10,000이라고 할 때 결산정리분개를 하시오.

(차)	(대)

[문 5] 결산정리분개의 오류

다음의 회계처리 중 오류가 포함된 분개를 바로 잡으시오.

① 기말 현재 보험료 ₩300,000이 선급된 상태이다.

(차) 선 급 금 300,000 (대) 보 험 료 300,000

② 기말 현재 건물의 임대료 ₩200,000이 미수된 상태이다.

(차) 미 수 금	200,000	(대) 임대료수익	200,000

③ 기말 현재 기계장치를 대여하고 임대료 ₩400,000을 미리 받은 상태이다.

(차) 임대료수익	400,000	(대) 선 수 금	400,000

④ 기말 현재 단기차입금에 대한 이자 ₩300,000이 미지급된 상태이다.

(차) 이 자 비 용	300,000	(대) 미 지 급 금	300,000

[문 6] 결산정리분개

아래 결산정리사항에 대한 결산정리분개를 하시오.

① 12월말 현재 12월분 임차료비용 미지급액 ₩100,000

(차)	(대)

② 12월말 현재 대여금에 대한 이자 미수액 ₩200,000

(차)	(대)

③ 12월말 현재 보험료 선급액 ₩600,000(7월 1일 보험료 ₩1,200,000 지급시 보험료 계정에 분개했었음)

(차)	(대)

④ 12월말 현재 임대료 선수액 ₩300,000(12월 1일 현금 ₩500,000 수취시 선수임대료 계정에 분개했었음)

(차)	(대)

⑤ 12월말 현재 급여 미지급액 ₩400,000

(차)	(대)

[문 7] 정산표 작성

아래의 결산정리사항을 반영하여 (주)꽃샘아트의 10칸식 정산표를 완성하고, 재무상태표와 포괄손익계산서를 작성하시오.

〈결산정리사항〉

① 기말 현재 급여비용이 발생하였으나 미지급액은 ₩40,000이다.

(차) (대)

② 기말 현재 보험료에 대하여 선급한 부분은 ₩100,000이다.

(차) (대)

③ 기말 현재 임차료비용에 대하여 선급한 부분은 ₩20,000이다.
(차) (대)

④ 기말 현재 임대료수익이 발생하였으나 미수액은 ₩30,000이다.
(차) (대)

⑤ 기말 현재 이자비용이 발생하였으나 미지급액은 ₩50,000이다.
(차) (대)

⑥ 기말 현재 이자수익이 발생하였으나 미계상액은 ₩10,000이다.
(차) (대)

(주)꽃샘아트 **정 산 표** (단위 : 천원)

계정과목	잔액시산표		결산정리분개		수정후시산표		포괄손익계산서		재무상태표	
	차변	대변	차변	대변	차변	대변	차변	대변	차변	대변
현 금	690									
매 출 채 권	100									
비 품	200									
단기차입금		200								
자 본 금		800								
용 역 매 출		700								
급 여	100									
임차료비용	200									
보 험 료	300									
광고선전비	100									
이 자 비 용	10									
합 계	1,700	1,700								
합 계										
당기순이익										
합 계										

(주)꽃샘아트 **재무상태표** (단위 : 천원)

자 산		부 채	
1. 현 금	[ ]	1. 단기차입금	[ ]
2. 매 출 채 권	[ ]	2. 미지급비용	[ ]
3. 비 품	[ ]	자 본	
4. 미 수 수 익	[ ]	1. 자 본 금	[ ]
5. 선 급 비 용	[ ]	2. 이익잉여금	[ ]
자 산 합 계	[ ]	부채와자본합계	[ ]

(주)꽃샘아트 **포괄손익계산서** (단위 : 천원)

비 용		수 익	
1. 판매비와관리비	[ ]	1. 매 출	[ ]
• 급 여	( )	2. 영업외수익(기타수익)	[ ]
• 임차료비용	( )	• 이자수익	( )
• 보험료	( )	• 임대료수익	( )
• 광고선전비	( )		
2. 영업외비용(기타비용)	[ ]		
• 이자비용	( )		
3. 당기순이익	[ ]		
합 계	[ ]	합 계	[ ]

[문 8] 정산표 작성

다음 자료를 토대로 결산정리분개를 하고 정산표를 완성한 후 재무제표를 작성하시오.

(주)현대오토 **정 산 표** (단위 : 천원)

계정과목	잔액시산표		결산정리분개		포괄손익계산서		재무상태표	
	차변	대변	차변	대변	차변	대변	차변	대변
현 금	400							
금 융 자 산	800							
건 물	700							
(감가상각누계액)		200						
자 본 금		300						
이 익 잉 여 금		600						
매 출		1,600						
이 자 수 익		100						
임 대 료 수 익		400						
급 여	500							
보 험 료	800							
합 계	3,200	3,200						
합 계								
당 기 순 이 익								
합 계								

〈결산정리사항〉

① 당기분 이자비용 ₩200,000이 발생하였으나 미지급 상태이다.

(차) (대)

② 당기분 임대료수익 ₩700,000이 발생하였으나 ₩400,000만 수취한 상태이다.

(차) (대)

③ 당기분 급여 ₩600,000이 발생하였으나 실제 ₩500,000만 지급한 상태이다.

(차) (대)

④ 당기분 보험료는 ₩200,000이나 보험계약시점에 ₩800,000을 지급하고, 전액 보험료로 회계처리한 상태이다.

(차) (대)

⑤ 기말 현재 금융자산으로 보유하고 있는 주식 중 ₩100,000 상당액을 ₩200,000의 현금을 수취하고 처분하였다.

(차) (대)

⑥ 당기분 건물 감가상각비는 ₩100,000이다.

(차) (대)

(주)현대오토 **재무상태표** (단위 : 천원)

자 산		부 채	
1. 현 금	[ ]	1. 미지급이자	[ ]
2. 금 융 자 산	[ ]	2. 미지급급여	[ ]
3. 건 물	[ ]	자 본	
△ 감가상각누계액	( )	1. 자 본 금	[ ]
4. 미수임대료	[ ]	2. 이익잉여금	[ ]
5. 선급보험료	[ ]	• 기초이익잉여금	( )
		• 당기순이익	( )
자산합계	₩ [ ]	부채와자본합계	₩ [ ]

(주)현대오토 **포괄손익계산서** (단위 : 천원)

1. 판매비와관리비	[ ]	1. 매출	[ ]
• 급여	( )	2. 영업외수익(기타수익)	[ ]
• 보험료	( )	• 이자수익	( )
• 감가상각비	( )	• 금융자산처분이익	( )
2. 영업외비용(기타비용)	[ ]	• 임대료수익	( )
• 이자비용	( )		
3. 당기순이익	**[ ]**		
합 계	₩ [ ]	합 계	₩ [ ]

[문 9] 비용의 정확한 측정

(주)매직클린은 4월 1일 현재 ₩8,000의 급여를 지불하지 못하고 있었고, 이것은 미지급급여계정 대변에 기록되어 있었다. 4월 20일에 (주)매직클린은 급여로 현금 ₩60,000을 지불하였다. 4월 30일 현재 급여 미지급액은 ₩13,000이다. 4월의 포괄손익계산서에 급여로 기록해야 할 금액은 얼마이며, 4월 20일과 4월 30일에 필요한 분개를 하고 계정에의 전기내역을 나타내보이시오.

(1) 급여로 기록되어야 하는 금액

(2) 분 개

① 4/20 (차)	(대)
② 4/30 (차)	(대)

(3) 전 기

급 여		미지급급여(미지급비용)	

[문 10] 비용의 정확한 측정

(주)현대오토는 4월 1일 현재 ₩6,000의 보험료를 선급한 상태에 있었고, 이것은 선급보험료 계정 차변에 기록되어 있었다. 4월 10일에 (주)현대오토는 보험료로 현금 ₩90,000을 지불했다. 4월 30일 현재 보험료 선급액은 ₩30,000이다. 4월의 포괄손익계산서에 보험료로 기록해야 할 금액은 얼마이며, 4월 10일과 4월 30일에 필요한 분개를 하고 계정에의 전기 내역을 나타내보이시오.

(1) 보험료로 기록되어야 하는 금액

(2) 분 개

① 4/10 (차)	(대)
② 4/30 (차)	(대)

(3) 전 기

보 험 료		선급보험료	

Ⅳ. 해답(자습문제, 교과서 연습문제)

[1] 연결형

1. B **2.** J **3.** E **4.** D **5.** F **6.** H **7.** I
8. G **9.** M **10.** K **11.** L

[2] 진위형

1. F 정산표 작성과 결산정리분개 실행이 바뀌어 있다.
2. F 차·대변이 같은 금액으로 분개된 결과가 집계되므로 차변합계와 대변합계는 당기순이익이 발생하더라도 일치된다.
3. F 시산표등식은 〈자산+비용=부채+자본+수익〉이다.
4. F 시산표의 양변 합계액이 일치한다고 해서 오류가 전혀 없는 것은 아님을 다시 한 번 기억해 둘 것.
5. T
6. F 정산표는 반드시 작성하여야 하는 정식 회계보고서가 아닌, 일종의 작업내용 정리장이다.
7. T
8. T
9. F 포괄손익계산서 계정의 마감이 먼저이다.

[3] 객관식

1. ① **2.** ③ **3.** ②
4. ④ 현금기준에 의할 경우 7월 1일에 현금으로 수취한 사용료 전액을 수익으로 계상하므로 부채(선수금)를 계상할 필요가 없다.
5. ③ 차기 부녀회장의 입장에서는 현금으로 구독료를 지출한바 없지만, 실제로 여성지를 매달 받아보게 되므로, 발생기준에 의할 경우 매월 ₩15,000씩 비용을 인식하여야 한다.
6. ④ ₩400,000의 현금지출로 ₩120,000의 소모품(자산) 구입과 ₩280,000의 소모품비(비용)가 사용된 경제적 실질로 볼 수 있다.
7. ② **8.** ① **9.** ② **10.** ③ **11.** ④ **12.** ③ **13.** ④

[4] 주관식

[문 1]

(차) 선급비용(선급임차료)	3,000	(대) 임차료비용	3,000

이 분개로 인해 당기 임차료가 ₩7,000으로 적절히 조정되는 한편, 다음 회계기간에 사

용되거나 소모될 ₩3,000이 선급비용(선급임차료)이라는 자산으로 기재된다.

[문 2]

(차) 임차료비용	7,000	(대) 선급비용(선급임차료)	7,000

이 분개로 인해 선급임차료계정은 차기분 선급액인 ₩3,000으로 적절히 조정되는 한편, 당기분 ₩7,000이 임차료비용이라는 계정으로 포괄손익계산서에 기재된다.

[문 3]

(차) 소모품	10,000	(대) 소모품비	10,000

이 분개로 인해 당기 소모품비가 ₩20,000으로 적절히 조정되는 한편, 미사용분 ₩10,000이 소모품이라는 자산으로 기재된다.

[문 4]

(차) 소모품비	20,000	(대) 소모품	20,000

이 분개로 인해 소모품계정은 기말의 자산금액인 ₩10,000으로 적절히 조정되는 한편, 당기분 사용액 ₩20,000이 소모품비계정으로 포괄손익계산서에 기재된다.

[문 5] 결산정리분개의 오류

① 차변의 선급금 → 선급보험료(또는 선급비용)
② 차변의 미수금 → 미수임대료(또는 미수수익)
③ 대변의 선수금 → 선수임대료(또는 선수수익)
④ 대변의 미지급금 → 미지급이자(또는 미지급비용)

[문 6] 결산정리분개

	차변	금액	대변	금액
①	(차) 임차료비용	100,000	(대) 미지급임차료 (또는 미지급비용)	100,000
②	(차) 미수이자 (또는 미수수익)	200,000	(대) 이 자 수 익	200,000
③	(차) 선급보험료 (또는 선급비용)	600,000	(대) 보 험 료	600,000
④	(차) 선수임대료 (또는 선수수익)	200,000	(대) 임대료수익	200,000
⑤	(차) 급 여	400,000	(대) 미지급급여 (또는 미지급비용)	400,000

[문 7] 정산표 작성

① (차) 급　　여	40,000	(대) 미지급급여	40,000
② (차) 선급보험료	100,000	(대) 보 험 료	100,000
③ (차) 선급임차료	20,000	(대) 임차료비용	20,000
④ (차) 미수임대료	30,000	(대) 임대료수익	30,000
⑤ (차) 이 자 비 용	50,000	(대) 미지급이자	50,000
⑥ (차) 미 수 이 자	10,000	(대) 이 자 수 익	10,000

(주)꽃샘아트　　**정 산 표**　　(단위 : 천원)

계정과목	잔액시산표		결산정리분개		수정후시산표		포괄손익계산서		재무상태표	
	차변	대변	차변	대변	차변	대변	차변	대변	차변	대변
현　　금	690				690				690	
매 출 채 권	100				100				100	
비　　품	200				200				200	
단기차입금		200				200				200
자 본 금		800				800				800
용 역 매 출		700				700		700		
급　　여	100		40		140		140			
임차료비용	200			20	180		180			
보 험 료	300			100	200		200			
광고선전비	100				100		100			
이 자 비 용	10		50		60		60			
합　　계	1,700	1,700								
미지급급여				40		40				40
선급보험료			100		100				100	
선급임차료			20		20				20	
미수임대료			30		30				30	
임대료수익				30		30		30		
미지급이자				50		50				50
미 수 이 자			10		10				10	
이 자 수 익				10		10		10		
합　　계			250	250	1,830	1,830	680	740	1,150	1,090
당기순이익							**60**			**60**
합　　계							740	740	1,150	1,150

(주)꽃샘아트 **재무상태표** (단위 : 천원)

자 산		부 채	
1. 현 금	₩690	1. 단기차입금	₩200
2. 매 출 채 권	100	2. 미지급비용	90
3. 비 품	200	자 본	
4. 미 수 수 익	40	1. 자 본 금	800
5. 선 급 비 용	120	2. 이익잉여금	60
자산합계	₩1,150	부채와자본합계	₩1,150

* 미수수익 = 미수임대료 ₩30 + 미수이자 ₩10 = ₩40
선급비용 = 선급보험료 ₩100 + 선급임차료 ₩20 = ₩120
미지급비용 = 미지급급여 ₩40 + 미지급이자 ₩50 = ₩90

(주)꽃샘아트 **포괄손익계산서** (단위 : 천원)

1. 매 출		₩700
2. 판매비와관리비		
급 여	₩140	
임차료비용	180	
보 험 료	200	
광고선전비	100	(620)
3. 영 업 이 익	₩80	
4. 영 업 외 수 익		
이 자 수 익	₩ 10	
임대료수익	30	40
5. 영 업 외 비 용		
이 자 비 용	₩ 60	(60)
6. 당 기 순 이 익		**₩60**

[문 8] 정산표 작성

〈결산정리분개〉

① (차) 이 자 비 용	200,000	(대) 미지급이자 (또는 미지급비용)	200,000
② (차) 미수임대료 (또는 미수수익)	300,000	(대) 임대료수익	300,000
③ (차) 급 여	100,000	(대) 미지급급여 (또는 미지급비용)	100,000
④ (차) 선급보험료 (또는 선급비용)	600,000	(대) 보 험 료	600,000
⑤ (차) 현 금	200,000	(대) 금 융 자 산 금융자산처분이익	100,000 100,000

⑥ (차) 감가상각비 100,000 (대) 감가상각누계액 100,000

〈정산표는 다음 페이지에〉

(주)현대오토 **재무상태표** (단위 : 천원)

자 산		부 채	
1. 현 금	₩600	1. 미지급비용	₩300
2. 금 융 자 산	700	자 본	
3. 미 수 수 익	300	1. 자 본 금	300
4. 선 급 비 용	600	2. 이익잉여금	2,000
5. 건 물	400		
자산합계	₩2,600	부채와자본합계	₩2,600

(주)현대오토 **정 산 표** (단위 : 천원)

계정과목	잔액시산표		결산정리분개		포괄손익계산서		재무상태표	
	차변	대변	차변	대변	차변	대변	차변	대변
현 금	400		200				600	
금 융 자 산	800			100			700	
건 물	700						700	
(감가상각누계액)		200		100				300
자 본 금		300						300
이 익 잉 여 금		600						600
매 출		1,600				1,600		
이 자 수 익		100				100		
임 대 료 수 익		400		300		700		
급 여	500		100		600			
보 험 료	800			600	200			
합 계	3,200	3,200						
이 자 비 용			200		200			
미 지 급 이 자				200				200
미 수 임 대 료			300				300	
미 지 급 급 여				100				100
선 급 보 험 료			600				600	
금융자산처분이익				100		100		
감 가 상 각 비			100		100			
합 계			1,500	1,500	1,100	2,500	2,900	1,500
당 기 순 이 익					**1,400**			**1,400**
합 계					2,500	2,500	2,900	2,900

(주)현대오토 **포괄손익계산서** (단위 : 천원)

1. 매 출		₩1,600
2. 판매비와관리비		
급 여	₩600	
보 험 료	200	
감가상각비	100	(900)
3. 영 업 이 익		₩700
4. 영 업 외 수 익(기타수익)		
이 자 수 익	₩100	
금융자산처분이익	100	
임대료수익	700	900
5. 영 업 외 비 용(기타비용)		
이 자 비 용	₩200	(200)
6. 당 기 순 이 익		**₩1,400**

재무상태표

(주)현대오토 (단위 : 천원)

자 산		부채와자본	
현금	[600]	부 채	
금융자산	[700]	미지급이자(미지급비용)	[200]
건물	[700]	미지급급여(미지급비용)	[100]
감가상각누계액	(300)	자 본	
미수임대료(미수수익)	[300]	자본금	[300]
선급보험료(선급비용)	[600]	이익잉여금	[600]
		당기순이익	**[1,400]**
자산총계	[2,600]	부채와자본총계	[2,600]

[문 9] 비용의 정확한 측정

(1) 4월의 정확한 급여비용 : ₩60,000 − ₩8,000 + ₩13,000 = ₩65,000

(2) 분 개

① 4/20	(차) 미지급급여	8,000	(대) 현 금	60,000
	급 여	52,000		
② 4/30	(차) 급 여	13,000	(대) 미지급급여	13,000

(3) 전 기

급 여

차변	대변
① 현 금 52,000	
② 미지급급여 13,000	

미지급급여(미지급비용)

차변	대변
① 현 금 8,000	기 초 8,000
	② 급 여 13,000

[문 10] 비용의 정확한 측정

(1) 4월의 정확한 보험료비용 : ₩6,000 + ₩90,000 − ₩30,000 = ₩66,000

(2) 분 개

① 4/10	(차) 선급보험료	90,000	(대) 현 금	90,000
② 4/30	(차) 보 험 료	66,000	(대) 선급보험료	66,000

(3) 전 기

보 험 료

차변	대변
② 선급보험료 66,000	

선급보험료(선급비용)

차변	대변
기 초 6,000	② 보험료 66,000
① 현 금 90,000	

교과서 연습문제 해답

[1] 기말결산과 재무제표의 이해

(1) 결산, closing
(2) 발생기준, accrual basis, 현금기준, cash basis
(3) 대응기준, matching principle
(4) 결산정리
(5) 미지급비용
(6) 미수수익
(7) 선급비용, 선수수익
(8) 정산표, worksheet
(9) 임차료비용, 임대료수익
(10) 감가상각비

[2] 정산표 작성

〈결산정리분개〉

(1)	(차) 미 수 수 익	200,000	(대) 이 자 수 익	200,000
(2)	(차) 임대료수익	300,000	(대) 선 수 수 익	300,000
(3)	(차) 선 급 비 용	100,000	(대) 급 여	100,000
(4)	(차) 보 험 료	200,000	(대) 미지급비용	200,000
(5)	(차) 감가상각비	100,000	(대) 감가상각누계액	100,000

(주)꽃샘 **정 산 표** (단위 : 천원)

계정과목	잔액시산표		결산정리분개		포괄손익계산서		재무상태표	
	차변	대변	차변	대변	차변	대변	차변	대변
현 금	400						400	
금 융 자 산	800						800	
건 물	700						700	
△감가상각누계액		200		100				300
자 본 금		300						300
이 익 잉 여 금		600						600
매 출		1,000				1,000		
이 자 수 익		100		200		300		
임 대 료 수 익		400	300			100		
급 여	500			100	400			
보 험 료	200		200		400			
합 계	2,600	2,600						
미 수 수 익			200				200	
선 수 수 익				300				300
선 급 비 용			100				100	
미 지 급 비 용				200				200
감 가 상 각 비			100		100			
합 계			900	900	900	1,400	2,200	1,700
당 기 순 이 익					**500**			**500**
합 계					1,400	1,400	2,200	2,200

(주)꽃샘 **재무상태표** (단위 : 천원)

자산		부채	
1. 현 금	₩ 400	1. 미지급비용	₩ 200
2. 금 융 자 산	800	2. 선 수 수 익	300
3. 미 수 수 익	200	자본	
4. 선 급 비 용	100	1. 자 본 금	300
5. 건 물	700	2. 이익잉여금	1,100
△감가상각누계액	(300)		
자산합계	₩1,900	부채와자본합계	₩1,900

(주)꽃샘 **포괄손익계산서** (단위 : 천원)

1. 매 출		₩1,000
2. 판매비와관리비		
급 여	₩ 400	
감가상각비	100	
보 험 료	400	(900)
3. 영 업 이 익		₩ 100
4. 영 업 외 수 익(기타수익)		
이 자 수 익	₩ 300	
임대료수익	100	400
5. 영 업 외 비 용(기타비용)		
6. 당 기 순 이 익		**₩ 500**

[3] 수정분개연습(Ⅰ)

(1) 선급보험료	(차) 보험료	180,000	(대) 선급비용	180,000
(2) 소모품	(차) 소모품비	290,000	(대) 소모품	290,000
(3) 비품	(차) 감가상각비	100,000	(대) 비품 감가상각누계액	100,000
(4) 선수금	(차) 선수금	350,000	(대) 용역매출	350,000

[4] 수정분개연습(Ⅱ)

(1)	(차) 선 급 비 용	1,650,000	(대) 보 험 료	1,650,000
(2)	(차) 보 험 료	150,000	(대) 선 급 비 용	150,000
(3)	(차) 소 모 품	250,000	(대) 소 모 품 비	250,000
(4)	(차) 소 모 품 비	1,050,000	(대) 소 모 품	1,050,000
(5)	(차) 감가상각비	40,000	(대) 감가상각누계액(비품)	40,000
(6)	(차) 감가상각비	40,000	(대) 비 품	40,000
(7)	(차) 이 자 비 용	50,000	(대) 미지급비용	50,000
(8)	(차) 수도광열비	200,000	(대) 미지급비용	200,000
(9)	(차) 미수수익	15,000	(대) 이자수익	15,000
(10)	(차) 용역매출	200,000	(대) 선 수 금	200,000
(11)	(차) 선 수 금	800,000	(대) 용역매출	800,000
(12)	(차) 임차료비용	100,000	(대) 선급비용	100,000
(13)	(차) 선급비용	1,100,000	(대) 임차료비용	1,100,000
(14)	(차) 선수수익	400,000	(대) 임대료수익	400,000
(15)	(차) 수입임대료	2,000,000	(대) 선수수익	2,000,000

[5] 재무제표의 작성

〈거래의 분개〉

인아의 투자 :	(차) 현　　금	1,000,000	(대) 자 본 금	1,000,000
현금 매출액 :	(차) 현　　금	4,000,000	(대) 용 역 매 출	4,000,000
친척 차입금 :	(차) 현　　금	1,000,000	(대) 단기차입금	1,000,000
가게 임차료 :	(차) 임차료비용	1,500,000	(대) 현　　금	1,500,000
아르바이트 수당 :	(차) 급　　여	800,000	(대) 현　　금	800,000
소모품 구입 :	(차) 소 모 품	500,000	(대) 현　　금	500,000
수도광열비 :	(차) 수도광열비	300,000	(대) 현　　금	300,000

〈수정분개〉

①	(차) 매 출 채 권	500,000	(대) 용 역 매 출	500,000
②	(차) 광고선전비	200,000	(대) 미지급비용	200,000
③	(차) 소 모 품 비	400,000	(대) 소 모 품	400,000
④	(차) 임차료비용	100,000	(대) 미지급비용	100,000
⑤	(차) 이 자 비 용	50,000	(대) 미지급비용	50,000

〈재무제표의 작성〉

인아　**재무상태표**　(8월 31일 현재)

현　　금	₩2,900,000	단기차입금	₩1,000,000
매 출 채 권	500,000	미지급비용	350,000
소 모 품	100,000	자 본 금	1,000,000
		당기순이익	**1,150,000**
합　　계	₩3,500,000	합　　계	₩3,500,000

인아　**포괄손익계산서**　(7월 1일 ~ 8월 31일)

급　　여	₩800,000	용 역 매 출	₩4,500,000
임차료비용	1,600,000		
수도광열비	300,000		
광고선전비	200,000		
소 모 품 비	400,000		
이 자 비 용	50,000		
당기순이익	**1,150,000**		
합　　계	₩4,500,000	합　　계	₩4,500,000

[6] 결산정리분개의 추정

수정전 잔액시산표와 재무상태표를 비교하여 차이나는 항목을 중심으로 결산정리분개를 추정한다.

〈결산정리분개의 추정〉

(차) 감가상각비	200,000	(대) 감가상각누계액	200,000
(차) 급 여	100,000	(대) 미지급비용	100,000

〈계정식 포괄손익계산서의 작성〉

(주)매직클린 **포괄손익계산서**

급 여	₩600,000	용역매출	₩1,000,000
감가상각비	200,000		
당기순이익	**200,000**		
합 계	₩1,000,000	합 계	₩1,000,000

[7] 사례연습 : 원장계정잔액의 수정과 서비스업의 회계순환과정 종합

재무상태표

(주)한진택배 5월 1일 (단위 : 원)

현 금	₩1,500,000	차입금	₩1,300,000
매출채권	1,200,000	미지급금	1,000,000
차량운반구	1,800,000	미지급비용	180,000
소모품	860,000	선수수익	240,000
대여금	1,350,000	자본금	4,160,000
선급비용	600,000	이익잉여금	430,000
합 계	₩7,310,000	합 계	₩7,310,000

〈분개〉

5/1	(차) 현 금	3,300,000	(대) 용역매출	4,900,000
	매출채권	1,600,000		
5/2	(차) 차량운반구	4,600,000	(대) 미지급금	4,600,000
5/3	분개 없음			
5/4	(차) 소 모 품	2,200,000	(대) 용역매출	2,200,000
5/5	(차) 차량유지비	200,000	(대) 현 금	150,000
			미지급비용	50,000
5/6	(차) 이자 비용	30,000	(대) 미지급비용	30,000

5/7	(차) 현 금	850,000	(대) 차량운반구	1,000,000
	차량운반구처분손실	150,000		
5/8	(차) 감가상각비	100,000	(대) 차량운반구	100,000

↑ 수정분개

기초 1,800,000
\+ 4,600,000
− 1,000,000
5,400,000
− 400,000 (잔존가액)
5,000,000 ÷ 50개월 = 100,000

5/9	(차) 미수수익	20,000	(대) 이자수익	20,000
5/10	(차) 소모품비	2,820,000	(대) 소 모 품	2,820,000
5/11	(차) 보 험 료	120,000	(대) 선급비용	120,000
5/12	(차) 선수수익	40,000	(대) 임대료수익	40,000
5/30	(차) 미수수익	200,000	(대) 임대료수익	200,000
6/1	(차) 이익잉여금	200,000	(대) 현 금	200,000

현금

기초	1,500,000	5/5	150,000
5/1	3,300,000	6/1	200,000
5/7	850,000		
	5,650,000		350,000
	[5,300,000]		

매출채권

기초	1,200,000		
5/1	1,600,000		
	[2,800,000]		

차량운반구

기초	1,800,000	5/7	1,000,000
5/2	4,600,000	5/8	100,000
	6,400,000		1,100,000
	[5,300,000]		

소모품

기초	860,000		2,820,000
5/4	2,200,000		
	3,060,000		2,820,000
	[240,000]		

대여금

기초	1,350,000		
	[1,350,000]		

선급비용

기초	600,000	5/11	120,000
	[480,000]		

차입금

		기초	1,300,000
			[1,300,000]

미지급금

		기초	1,000,000
		5/2	4,600,000
			[5,600,000]

미지급비용

		기초	180,000
		5/5	50,000
		5/6	30,000
			[260,000]

선수수익

5/12	40,000	기초	240,000
			[200,000]

자본금

		기초	4,160,000
			[4,160,000]

용역매출

		5/1	4,900,000
		5/4	2,200,000
			[7,100,000]

이자수익

		5/9	20,000
			20,000

임대료수익

		5/12	40,000
		5/30	200,000
			240,000

차량유지비

5/5	200,000		
	200,000		

소모품비

5/10	2,820,000		
	2,820,000		

차량운반구처분손실

5/7	150,000		
	150,000		

감가상각비

5/8	100,000		
	100,000		

보험료

5/11	120,000		
	120,000		

미수수익

5/9	20,000		
5/30	200,000		
	220,000		

이익잉여금

6/1	200,000	기초	430,000
		5/31	3,940,000
			4,170,000

이자비용

5/6	30,000		
	30,000		

재무상태표

(주)한진택배 6월 1일 (단위 : 원)

현 금	₩5,300,000	차입금	₩1,300,000
매출채권	2,800,000	미지급금	5,600,000
차량운반구	5,300,000	미지급비용	260,000
소모품	240,000	선수수익	200,000
대여금	1,350,000	자본금	4,160,000
선급비용	480,000	이익잉여금(기말)	4,170,000
미수수익	220,000	**(당기순이익 : 3,940,000)**	
합 계	₩15,690,000	합 계	₩15,690,000

포괄손익계산서

(주)한진택배 5월 1일부터 5월 31일까지 (단위 : 원)

차량유지비	₩200,000	용역매출	₩7,100,000
소모품비	2,820,000	이자수익	20,000
차량운반구처분손실	150,000	임대료수익	240,000
감가상각비	100,000		
보험료	120,000		
이자비용	30,000		
당기순이익	**3,940,000**		
합 계	₩7,360,000	합 계	₩7,360,000

[8] 기사읽기와 팀프로렉트

- 2011년 12월 6일(매일경제) : “분식회계 신텍 … 삼성重, 인수 안해”
  지난 3년간의 분식회계로 신뢰성이 무너졌기 때문에 양사 합의하에 계약을 백지화하였다.
- 개인투자자 피해 눈덩이 … 책임론 거세질 듯 : 국내 굴지의 대기업 계열사인 삼성중공업의 피인수 호재와 기업분석이 주임무인 증권사 리서치센터의 호평 일색 보고서에 별다른 의심없이 주식을 샀던 개인투자자들은 마른 하늘에 날벼락을 맞은 셈이다. 특히 신텍은 개인투자자 지분비율이 45%에 달할 정도로 소액주주 비중이 높고, 돈을 빌려 주식을 사는 신용대출 금액도 100억원에 이르고 있어 사태는 더욱 심각한 상태다.

JYP 연습생은 비용. YG 연습생은 자산

JYP 등 엔터업계 연습생 투자비는 비용 처리, 소속 연예인이 쓰는 돈은 자산(선급금) 계상 하지만, YG는 연습생도 자산(개발비)으로 대우 ‘독특’

SM, YG, JYP 등 3대 기획사에 소속된 연습생 · 연예인의 회계 방식에 대해 알아봤다. 음악적 색깔만큼이나 회계처리 방식도 달랐다. 대개 연습생이 쓰는 돈은 ‘비용’으로, 아이돌이 쓰는 돈은 ‘자산’(선급금)으로 처리하고 있었다. 하지만 YG는 연습생도 무형자산(개발비)으로 ‘대접’해주고 있었다. JYP는 신인 캐스팅과 연습생 훈련에 들어가는 돈을 비용으로 처리하고 있다. 회계상 계정은 ‘신인연구개발 비용’. 이는 엔터테인먼트 업계의 전반적인 회계처리 방식이다. 자산은 미래에 수익을 가져다줄 가능성이 높아야 하는데, 연습생이 스타 되기는 ‘하늘에 별 따기’이므로…

하지만 연습생이 일단 스타가 되면 대우가 확 달라진다. 회계적으론 비용에서 자산이 된다. 우선 소속사와 재계약을 맺을 때 유리한 조건으로 전속계약을 맺는다. 연예인에 지급한 전속계약금을 기획사는 무형자산으로 처리해, 소속 연예인을 ‘자산화’한다. 전속계약금은 계약기간에 걸쳐 상각하는데 이미 YG는 45억원을, SM 136억원을 상각을 통해 비용으로 처리했다. JYP는 전속계약금을 2013년 말까지 전액 상각 처리해, 현재 0원이다.

2015년 2월 10일 비즈워치 안준형 기자의 기사 중에서

제 06 장 | 상품매매업의 회계순환과정과 재고자산

Ⅰ. 개 관

◉ 개 관

상품매매를 주된 영업활동으로 하는 기업을 상품매매업 또는 간단히 상기업이라 한다. 상기업의 회계순환과정도 서비스업의 경우와 근본적인 차이는 없다. 다만, 서비스업에 비하여 상품매매라는 영업활동이 추가되는 관계로 이에 관한 회계처리가 추가될 뿐이다.

본 장에서는 상품의 기말재고량 파악을 위해 실지재고조사법을 사용하는 경우의 상기업 회계순환과정을 살펴본다. 그리고 제조업의 회계순환과정과 매출원가 산정의 또 다른 방법은 부록에서 설명한다.

• '이익'은 '친절과 고객만족'에서 부수되는 열매

1962년, 조그만 소매점으로 출발했던 월마트. 1970년 뉴욕증시 상장, 1993년 국제영업 개시, 1999년 현재 한국을 포함한 8개국에 걸쳐 3,425개의 점포와 83만 5천명의 종업원을 거느리고 매주 9천만명의 고객을 상대하는 세계 최대 유통업체.

성공의 비결은 창업자 샘월튼의 경영이념. "고객을 항상 최우선으로 생각하라." "고객은 항상 옳다", "혹시 고객이 옳지 않다고 해도 고객은 항상 옳다고 생각하시오"라고 그는 회사 중역들에게 초창기부터 강조해 왔다.

최근 한국에서도 "우리는 고객이 월급을 주시는 거라고 생각한다"는 기업이 등장했다. 고객에게 최선의 서비스를 제공하겠다는 이념의 한 표현이다.

Ⅱ. 본 장의 요약

제1절 유통업의 재고자산과 상품거래의 기록

1. 상품매매회사의 분개

- 상품매매회사에서 가장 중요한 것은 상품에 대한 회계처리와 매출원가
- 매입한 상품 가운데 기말 현재 아직 판매되지 않고 창고에 남아 있는 상품은 기말재고, 그 수량은 기말재고량
- 계속기록법과 실지재고조사법 중 어느 것으로 기말재고량을 파악하는가에 따라 기중의 상품매매에 대한 분개방법이 다름

2. 계속기록법(perpetual inventory method)

- 기말재고량을 장부에서 파악하는 방법

– 상품의 매입 분개			
(차) 상품(또는 재고자산)	×××	(대) 현금(또는 매입채무)	×××

– 상품의 매출 분개(2개)			
(차) 현금(또는 매출채권)	×××	(대) 매출	×××
매출원가	×××	상품(또는 재고자산)	×××

- 상품계정 차변잔액은 곧 특정 시점(가령, 기말시점)의 상품재고액(원가)
- 계속기록법을 사용하면 매출원가계정이 존재하기 때문에 기말에 이 계정 차변 합계를 구하면 곧바로 당기매출원가를 산출할 수 있음
- 취급상품별로 상품재고장에서 상품의 입고와 출고를 기록

상품(계속기록법)

기초상품 원가 (=기초재고액)	당기매출상품 원가 (=매출원가)
당기매입상품 원가 (=당기매입액)	기말상품 원가 (=기말재고액)

3. 실지재고조사법(physical inventory method)

- 기말재고량을 창고에서 직접 실사하여 파악하는 방법

상품의 매입 분개			
(차) 매 입	×××	(대) 현금(또는 매입채무)	×××

상품의 매출 분개(1개뿐)			
(차) 현금(또는 매출채권)	×××	(대) 매 출	×××

- 실지재고조사법에서는 매출원가를 기중에는 기록하지 않기 때문에 추후 기말 결산시점에서 기록(결산정리분개가 필요)
- 상품계정은 기초상품재고액
- 장부상으로는 기말상품재고액과 매출원가를 수정분개 이후에 알 수 있음
- 실지재고조사법은 매출이 이루어질 때마다 그 수량과 매출원가를 장부에 일일이 기록할 필요가 없다는 점에서 간편

4. 계속기록법과 실지재고조사법의 예제

[자료]

① 상품 ₩300,000을 외상으로 매입하다.

② 위 상품 전부를 ₩500,000에 외상으로 매출하다.

[물음]

(1) 계속기록법을 사용할 때의 분개를 하시오.

(2) 실지재고조사법을 사용할 때의 분개를 하시오.

[풀이]

(1) 계속기록법 사용시

①	(차) 상 품	300,000	(대) 매입채무	300,000
②	(차) 매출채권	500,000	(대) 매 출	500,000
	매출원가	300,000	상 품	300,000

(2) 실지재고조사법 사용시

①	(차) 매 입	300,000	(대) 매입채무	300,000
②	(차) 매출채권	500,000	(대) 매 출	500,000

* 추후 매입계정잔액에서 매출원가가 산출되도록 수정분개가 필요

제2절 상품매매업의 회계기록

1. 상품매매회사의 회계기록 절차

- 거래에 대한 분개
- 각 계정으로의 전기
- 시산표 작성
- 결산정리사항을 반영한 정산표를 작성
- 재무상태표와 포괄손익계산서를 작성

제3절 상품매매업의 결산과 재무제표 작성

1. 실지재고조사법 사용시 상품계정에 대한 결산정리분개가 필요한 이유

- 첫째, 기말 현재 상품계정 금액이 기말상품재고액을 나타내지 못하고 기초상품재고액을 나타내며(기중에 상품의 입고·출고 내역이 반영되지 않기 때문에)
- 둘째, 상품의 매출원가라는 비용항목을 포괄손익계산서에 기재해야 하는데 장부에는 상품계정, 매입계정을 통하여 매출원가를 알 수 있게 해주어야 하므로

2. 상품의 결산정리분개

- 다음의 논리를 적용하여 결산정리분개
  기초상품재고액 + 당기상품매입액 = 판매가능액
  매출원가 = 판매가능액 − 기말상품재고액

따라서 매입계정잔액에서 매출원가가 산출되도록 해주는 결산정리분개는 기초상품, 기말상품에 대한 2개 한 세트로 구성

기초상품 :	(차) 매입	xxx	(대) 상품(또는 재고자산)	xxx
기말상품 :	(차) 상품(또는 재고자산)	xxx	(대) 매입	xxx

3. 서비스업과 상품매매업의 비교

- 상품매매업의 '매출원가'를 표시하는 손익계산서에는 매출액 외에 매출원가와 매출총이익이 기재된다는 점이 서비스업과 다름
- 그 밖에 판매비와관리비, 영업외수익(기타수익), 영업외비용(기타비용) 등은 서비스업에서와 동일하게 기재

제4절 상품매매업의 기타 회계처리

1. 상품매매에 따른 운임

- 판매자와 구매자는 상품매매계약을 체결할 때 누가 상품의 운송책임과 운송비를 부담할 것인가를 결정
- 선적지인도조건(F.O.B. : free on board) : 구매자가 운임을 부담(운송비 등은 상품의 취득원가에 포함)
- 도착지인도조건(F.O.B. destination) : 판매자가 운임을 부담(판매비와관리비로 처리)

2. 매출환입(매입환출)과 매출에누리(매입에누리) : 매출과 매입에서 차감

- 상품의 결함 등으로 구입한 상품을 판매자에게 되돌려보낼 경우
  ⇒ 판매자 : 매출환입 구매자 : 매입환출
- 상품의 결함이 경미한 경우 구매자는 적당한 에누리를 받는 조건으로 상품을 그대로 인수할 경우
  ⇒ 판매자 : 매출에누리 구매자 : 매입에누리

3. 현금할인 : 매출과 매입에서 차감

- 판매자가 외상판매시 대금회수의 촉진을 위해 신용기간보다 짧은 할인기간(discount period)을 제시하고 구매자가 이 기간 내에 대금을 지급하면 송장가격에서 일정액을 공제해주는 경우, 그 할인액이 현금할인
  ⇒ 판매자 : 매출할인 구매자 : 매입할인

〈예〉 2/10, n/30 신용조건 : 고객이 총 30일의 신용기간중 10일 이내에 대금을 지급하면 2%의 할인을 받을 수 있다는 의미

제5절 기말상품재고액의 결정

1. 기말상품재고액의 결정

- 기말상품재고액 = 기말재고수량 × 단가

2. 기말상품재고의 단가결정 – 선입선출법

- 선입선출법(先入先出法, first-in, first-out method : FIFO)의 가정은 먼저 구입된 상품이 먼저 매출된다는 가정
  - 선입선출법에 의하면, 매출원가는 과거 시점의 구입가격으로 계산되는 반면, 기말재고상품은 최근의 구입가격으로 계산
- 물가상승기에는 ‘선입선출법의 매출원가 < 후입선출법의 매출원가’로 계산됨
  - 매출원가는 비용항목이기 때문에 매출원가가 작게 계산된다는 것은 당기순이익이 크게 계산된다는 것을 의미

3. 기말상품재고의 단가결정 – 후입선출법(일반기업회계기준에서 허용)

- 후입선출법(後入先出法, last-in, first-out method : LIFO)의 가정은 나중에 구입된 상품이 먼저 매출된다는 가정
  - 후입선출법에 의하면 매출원가는 최근의 구입가격으로 계산되는 반면, 기말재고상품은 과거 시점의 구입가격으로 계산

4. 기말상품재고의 단가결정 – 이동평균법

- 이동평균법(移動平均法, moving average method)의 가정은 특정 시점에서 매출되는 상품은 그 시점에 기업이 보유하고 있는 상품이므로, 동일한 상품인 한 동일한 원가로 평가되어야 한다는 가정

- 이동평균법에서는 상품의 **구입시점마다** 이번 매입액과 직전 잔고란 금액을 합하여 그 시점의 매입원가 총액을 구한 다음, 이 금액을 이번 매입량과 직전 잔고량의 합계수량으로 나누어 이동평균단가를 계산

5. 기말상품재고의 단가결정 – 총평균법

- **총평균법**(總平均法, gross average method)의 가정은 일정기간에 매출되는 상품은 동일한 원가로 평가되어야 한다는 논리
- 총평균법에서는 **기말시점**에서 기초상품재고액과 당기상품매입액을 합한 판매가능원가 전체를 구한 다음, 이를 그 기간의 판매가능수량 전체로 나누어 총평균단가를 계산
  - 따라서 총평균법에 의하면 기중에는 상품의 단가를 알 수 없는 한계

6. 기말상품재고의 단가결정 – 개별법

- **개별법**은 매입되는 상품마다 구입원가표(cost tag)를 붙여 놓음으로써 기말에 개별적으로 구입원가표를 이용하여 기말상품의 단가를 파악하는 방법
- 이 방법은 앞의 네 가지 방법과 달리 **원가흐름 가정에 의하는 방법은 아님**
  - 이 방법은 상품의 거래수량이 많은 경우에는 거의 사용할 수 없는 방법이지만, 거래수량이 적고 비교적 고가인 시계・보석류 등에 적용가능

재고자산 평가방법의 다양성

기업은 각종 다양한 사업을 전개함에 따라 한 가지 이상의 재고자산 평가방법을 사용하기 마련이다. 예를 들면, 미국의 시어즈로벅 회사는 국내 사업에는 후입선출법(LIFO)을, 푸에르토리코 등 해외사업에는 선입선출법(FIFO)을 사용한다. 한편, 버밍햄 회사는 철강 제품에는 선입선출법, 볼트너트 제품에는 후입선출법을 사용한다. 그리고, 최근에 퀘이커 오츠회사는 재고자산 중 53%에 대해서는 후입선출법을, 35%에 대해서는 평균법을 그리고 12%에 대해서는 선입선출법을 사용한다.

비록 단일 회사가 한 가지 이상의 재고자산 평가방법을 사용할 수는 있지만, 각각의 재고자산 종류별로는 매년 동일한 방법을 계속적으로 적용해야 하며, 정당한 사유 없이 이를 변경해서는 안 된다.

〈생각해보기〉 만일 한 종류의 재고자산에 대한 평가방법을 기업이 정당한 사유없이 임의로 변경한다면, 이 기업에 대하여 어떤 조치를 취할 수 있을까?

부록 A 매출원가 산정의 또 다른 방법

1. 매출원가계정을 이용한 결산정리분개

- 다음 3개의 결산정리 분개가 필요

기초상품	(차) 매출원가	×××	(대) 상 품	×××
당기매입	(차) 매출원가	×××	(대) 매 입	×××
기말상품	(차) 상 품	×××	(대) 매출원가	×××

매출원가계정을 이용한 결산정리분개

① 기초재고액을 매출원가계정 차변으로 옮기면서 상품계정 잔액을 ₩0으로 만든다.

(차) 매출원가	300,000	(대) 상 품	300,000

② 매입계정을 매출원가계정 차변으로 옮긴다.

(차) 매출원가	1,000,000	(대) 매 입	1,000,000

③ 기말재고액을 매출원가계정 대변으로 옮기면서 상품계정 잔액을 기말재고액으로 만든다.

(차) 상 품	500,000	(대) 매출원가	500,000

부록 B 제조업의 회계순환과정과 재무제표

1. 유통업과 제조업의 차이점

- 제조업은 원재료를 가공하여 제품을 제조한 후 그 제품을 외부에 판매하기 때문에 기업 외부에서 상품을 매입한 후 그 상품을 소비자에게 판매하는 유통업의 재무제표에 비해 당기제품제조원가와 제품 등의 계정이 추가됨
- 유통업과 제조업의 포괄손익계산서상에서 가장 큰 차이를 보이는 것은 매출원가
  - 매출원가를 구하는 과정에서 상품은 제품으로, 매입액은 제조원가로 대체
  - 제조기업은 제조원가명세서라는 별도의 보고서를 통해 **당기제품제조원가**를 구하고, 이는 포괄손익계산서상에 총액으로 표시

상품매매업의 포괄손익계산서	제조업의 포괄손익계산서
Ⅰ. 매출액	Ⅰ. 매출액
Ⅱ. 매출원가	Ⅱ. 매출원가
1) 기초상품재고액	1) 기초제품재고액
2) 당기상품매입액(+)	2) **당기제품제조원가**(+)
3) 기말상품재고액(−)	3) 기말제품재고액(−)
Ⅲ. 매출총이익	Ⅲ. 매출총이익
Ⅳ. 판매비와관리비	Ⅳ. 판매비와관리비
Ⅴ. 영업이익	Ⅴ. 영업이익

2. 제조원가명세서

- 제조업의 당기제품제조원가는 포괄손익계산서상에 총액으로 표시하며, 이에 대한 자세한 구성내역은 **제조원가명세서**라는 별도의 보고서에 보고

Ⅰ. 직접재료비		
1) 기초재료재고액	₩2,000	
2) 당기재료매입액(+)	13,000	
3) 기말재료재고액(−)	4,000	₩11,000
Ⅱ. 직접노무비		9,000
Ⅲ. 제조간접비		
1) 간접재료비	₩1,000	
2) 간접노무지	2,000	
3) 기계수선유지비	3,000	
4) 공장감가상각비	4,000	
5) 공장수도광열비 등	500	10,500
Ⅳ. 당기신규투입원가(Ⅰ+Ⅱ+Ⅲ)		₩30,500
Ⅴ. 기초재공품원가(+)		12,000
Ⅵ. 기말재공품원가(−)		8,000
Ⅶ. **당기제품제조원가(Ⅳ+Ⅴ−Ⅵ)**		**₩34,500**

3. 제조업의 원가흐름

① 제조 공정에 투입된 당기의 제조원가 계산

당기총제조원가 = 직접재료비+직접노무비+제조간접비

② 당기에 완성된 제품의 원가 계산

당기제품제조원가 = 기초재공품재고액+당기총제조원가−기말재공품재고액

③ 당기에 판매한 제품의 원가 계산(=매출원가)

■ 매출원가 = 기초제품재고액 + 당기제품제조원가 − 기말제품재고액

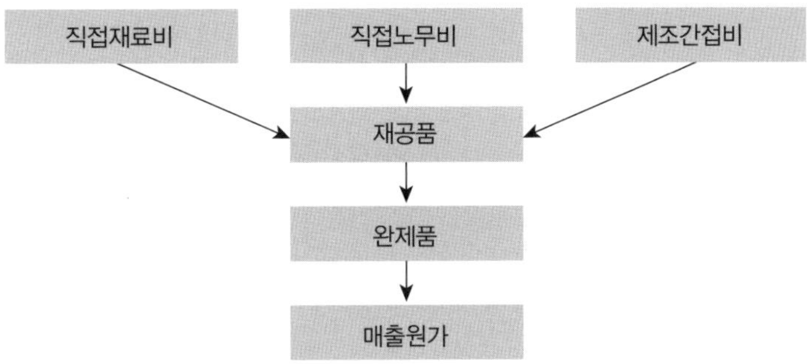

■ 원가, 자산, 비용 간의 관계(재무제표 관점)

<table>
<tr><th rowspan="2">구입시 다양한 원가(cost) 발생</th><th rowspan="2">구입시점</th><th colspan="2">재무제표상 표시</th><th rowspan="2"></th></tr>
<tr><th>일정기간 사용분</th><th>회계기말시점</th></tr>
<tr><td rowspan="2">Case 1.
상품 구입</td><td rowspan="2">상품(또는 매입) 계정으로 처리</td><td>사용부분(판매)</td><td>포괄손익계산서에 비용처리; 매출원가계정</td><td>소멸부분 (expired)</td></tr>
<tr><td>미사용부분(재고)</td><td>재무상태표에 자산으로 표시; 재고자산계정</td><td>미소멸부분 (unexpired)</td></tr>
<tr><td rowspan="2">Case 2.
사무실용 건물 구입</td><td rowspan="2">건물(유형자산) 계정으로 처리</td><td>사용부분(마모)</td><td>포괄손익계산서에 비용처리; 감가상각비계정</td><td>소멸부분</td></tr>
<tr><td>미사용부분(순액)</td><td>재무상태표에 자산으로 표시; 건물계정</td><td>미소멸부분</td></tr>
<tr><td>Case 3.
외부로부터 전력 또는 가스 구입</td><td>구입원가 발생 그 즉시 비용(expense)으로 처리</td><td>전력이나 가스는 구입과 동시에 사용을 가정하므로
구입대가 = 사용한 비용</td><td>포괄손익계산서에 전액비용처리; 전력용수비계정(판매관리비) 또는 제조업의 경우 제조경비*</td><td>소멸부분 (100%)</td></tr>
</table>

* 인적자원의 경우에도 Case 3과 동일하며, 구입과 동시에 소비된다고 가정하여 급여 또는 노무비(제조업)로 처리

Ⅲ. 자습문제

[1] 연결형 : 아래 각 문장은 박스 속의 어느 용어에 관한 것인지 답하시오.

A. 계속기록법	B. 실지재고조사법	C. 선입선출법	D. 후입선출법
E. 이동평균법	F. 총평균법	G. 개별법	

1. ________ 기말상품재고량을 창고에서 파악하는 방법

2. ________ 매출원가는 최근의 구입가격으로 계산되는 반면, 기말재고상품은 과거 시점의 구입가격으로 계산되는 방법

3. ________ 매입되는 상품마다 구입원가표(cost tag)를 붙여 놓음으로써 기말에 개별적으로 구입원가표를 이용하여 기말상품의 단가를 파악하는 방법

4. ________ 기말에 기초상품재고액과 당기상품매입액을 합한 판매가능금액 전체를 구한 다음, 이를 그 기간의 판매가능수량 전체로 나누어 단가를 계산하는 방법

5. ________ 매출원가는 과거 시점의 구입가격으로 계산되는 반면, 기말재고상품은 최근의 구입가격으로 계산되는 방법

6. ________ 상품의 구입시점마다 금번 매입액과 직전 잔고란 금액을 합하여 그 시점의 매입원가 총액을 구한 다음, 이 금액을 금번 매입량과 직전 잔고량의 합계 수량으로 나누어 단가를 계산하는 방법

[2] 진위형 : 아래 문장이 옳으면 T(true, 眞)에, 틀리면 F(false, 僞)에 ○표를 하시오.

1. (T F) 실지재고조사법은 기중에 꾸준히 매입수량 및 매출수량을 장부에 기록해 둠으로써 장부에서 기말재고량을 파악하는 방법이다.

2. (T F) 계속기록법과 실지재고조사법 중 어느 것으로 기말재고량을 파악하는가에 관계없이 기중의 상품매매에 대한 분개방법은 동일할 수밖에 없다.

3. (T F) 계속기록법을 사용하는 경우, 상품계정의 차변잔액은 곧 특정 시점(가령, 기말시점)의 상품재고액(원가)을 나타낸다.

4. (T F) 계속기록법에서든 실지재고조사법에서든 기중에 매출원가를 파악할 수 있다.

5. (T F) 실지재고조사법에서는 상품의 매입을 매입계정 차변에 분개한다.

6. (T F) 계속기록법에서는 기말에 결산정리분개가 필요 없지만, 실지재고조사법에서는 필요하다.

7. (T F) 실지재고조사법하에서 매출원가를 구하는 절차는 〈기말상품재고액＋당기상품매입액－기초상품재고액〉이다.

8. (T F) 원가흐름의 가정에 의하여 기말재고 상품의 단가를 결정하는 방법에는 개별법, 선입선출법, 총평균법 등이 있다.

9. (T F) 선입선출법에 의하면 매출원가는 과거 시점의 구입가격으로 계산된다.

10. (T F) 후입선출법에 의하면 기말재고상품은 최근의 구입가격으로 계산된다.

11. (T F) 총평균법에 의하면 기중에는 판매된 상품의 매출원가를 구할 수 없다.

12. (T F) 물가상승기에는 선입선출법에 의한 당기순이익이 후입선출법에 의한 당기순이익보다 크게 계산된다.

[3] 객관식

1. 다음은 기말재고량을 파악하는 방법 중 계속기록법에 관한 설명이다. 옳은 것은?

① 기말재고량을 장부가 아닌 창고에서 직접 눈으로 파악하는 방법이다.
② 상품 매입을 비용의 발생으로 본다.
③ 상품계정 잔액은 기초재고액을 나타낸다.
④ 매출원가계정의 차변 합계를 구하여 매출원가를 바로 알 수 있다.

2. 다음은 실지재고조사법에 관한 설명이다. 옳은 것은?

① 재고실사시점인 기말에는 수정분개를 통하여 장부상에서 상품의 기말재고액과 매출원가를 알 수 있다.

② 상품 매입을 자산의 증가로 본다.
③ 재고실사 후 수정분개를 하지 않더라도 기말의 상품계정은 상품의 기말재고액을 나타낸다.
④ 상품 매출시 매출분개 이외에 매출원가를 추가적으로 분개한다.

3. 실지재고조사법을 채택하는 기업이 기말에 매출원가계정을 사용하여 결산정리분개를 할 경우 기초상품재고액은 어떻게 처리되는가?

① (차) 상 품	×××	(대) 매 입	×××
② (차) 매출원가	×××	(대) 매 입	×××
③ (차) 매출원가	×××	(대) 상 품	×××
④ (차) 매 입	×××	(대) 상 품	×××

4. 실지재고조사법에서 상품의 외상매입 분개는?

① (차) 상 품	×××	(대) 매입채무	×××
② (차) 재고자산	×××	(대) 매입채무	×××
③ (차) 매 입	×××	(대) 매입채무	×××
④ (차) 매출원가	×××	(대) 매입채무	×××

5. 미래기업의 20×3년도 매출액은 ₩1,560,000이고 매입액은 ₩1,200,000이다. 다음과 같은 결산정리분개를 하였을 경우 매출총이익은?

(차) 매 입	10,000	(대) 상 품	10,000
(차) 상 품	15,000	(대) 매 입	15,000

① ₩375,000　② ₩365,000　③ ₩405,000
④ ₩415,000　⑤ ₩440,000

6. 실지재고조사법 사용시 기말재고액을 과대계상하면 재무제표에 미치는 효과는?

① 당기의 순이익이 과대계상된다.
② 차기의 순이익이 과대계상된다.
③ 차기의 기말재고가 과대계상된다.
④ 차기의 기말재고가 과소계상된다.

7. 물가상승기에 기말재고 금액이 가장 크게 산출되도록 하는 재고자산 평가방법은?

① 개별법　② 이동평균법　③ 선입선출법　④ 후입선출법

8. 김대상 점장은 슈퍼마켓에서 책임자로 근무하고 있다. 그의 보너스는 매출총이익의 일정비율로 책정된다. 상품 매입가격이 지속적으로 상승하는 반면 매출이 부진한 경우 보다 많은 보너스를 받기 원하는 김대상 점장은 다음 중 어느 방법을 가장 선호하겠는가?

① 후입선출법　　② 선입선출법　　③ 평균법　　④ 상관없음

9. 기초나 기말의 재고수량에 변화가 없다고 가정할 때, 다음 중 물가상승기에 매출원가를 가장 작게 하는 원가흐름의 가정은?

① 총평균법　　② 선입선출법　　③ 후입선출법　　④ 이동평균법

10. 최근에 구입된 상품이 먼저 판매되는 것으로 가정하는 재고자산 평가방법은?

① 개별법　　② 이동평균법　　③ 선입선출법　　④ 후입선출법

11. 재고자산 회계에 관한 다음의 내용 중에서 타당한 것은?

① 선입선출법을 사용하면 계속기록법하에서보다 실지재고조사법하에서의 매출원가가 더 작게 계상된다.

② 만일 재고자산의 매입단가가 변동이 없다면 원가흐름에 관한 어떠한 가정도 매출원가에 영향을 주지 못하지만 기말재고의 원가에는 영향을 준다.

③ 만일 재고수준이 매 회계연도말에 0이 된다면 선입선출법하의 매출원가가 가장 낮게 계상된다.

④ 재고자산의 매입단가가 꾸준히 상승하더라도 선입선출법에 의한 매출원가는 계속기록법이나 실지재고조사법하에서 동일하다.

12~15. (주)미래의 당기중 상품매매거래 자료는 다음과 같으며, 창고 실사를 통하여 파악된 기말재고수량은 1,100개이다. 아래 자료를 토대로 답하시오.

		수 량		단 가	금 액
1/1	기초재고	100개		₩100	₩10,000
3/1	매 입	500		150	75,000
5/1	매 출		400개	300	
6/1	매 입	1,000		160	160,000
7/1	매 출		900	310	
8/1	매 입	500		170	85,000
10/1	매 출		200	350	
12/1	매 입	500		180	90,000
	합 계	2,600개	1,500개		₩420,000

12. [실지재고조사법+선입선출법]에 따른 매출원가는?

① ₩175,000 ② ₩229,000 ③ ₩191,000 ④ ₩245,000

13. 총평균법에 의한 기말재고액은?

① ₩154,650 ② ₩242,250 ③ ₩252,750 ④ ₩177,650

14. [실지재고조사법+후입선출법]에 따른 매출원가는?

① ₩255,000 ② ₩245,000 ③ ₩238,000 ④ ₩218,000

15. 이동평균법에 의한 기말재고액은?

① ₩189,062 ② ₩156,000 ③ ₩194,245 ④ ₩177,259

16. 상품의 입 · 출고내역을 정리하여 매출원가와 기말재고자산의 수량과 가액을 알 수 있게 해주는 장부는?

① 분개장 ② 상품재고장 ③ 원장
④ 총계정원장 ⑤ 정산표

17~18. 다음은 (주)현대오토의 20X1년 한 해 동안의 제조원가 자료이다.

	기 초	기 말
〈재고자산〉		
• 직접재료	₩10,000	₩15,000
• 재 공 품	16,000	13,500
• 제 품	15,000	20,000
〈원가발생〉		
• 직접재료매입액	₩20,000	
• 직접노무원가	15,000	
• 제조간접원가	17,500	

17. (주)현대오토의 20×1년 제조원가명세서상의 '당기제품제조원가'는 얼마인가?

① ₩50,000 ② ₩49,500 ③ ₩47,500 ④ ₩34,500

18. (주)현대오토의 20×1년 손익계산서상의 '매출원가'는 얼마인가?

① ₩52,500 ② ₩48,000 ③ ₩50,000 ④ ₩45,000

[4] 주관식

[문 1] 상품의 매매 : 실지재고조사법

아래의 상품매매거래를 실지재고조사법으로 분개하시오.

① 상품 ₩600,000을 매입하고, 대금 중 ₩300,000은 현금으로 지급하고 나머지는 외상으로 하다.

(차)	(대)

② 상품 ₩800,000을 매출하고 대금 중 ₩500,000은 현금으로 받고 나머지는 외상으로 하다.

(차)	(대)

[문 2] 상품의 매매 : 계속기록법

아래의 상품매매거래를 계속기록법으로 분개하시오.

① 상품 ₩100,000을 매입하고, 대금 중 ₩30,000은 현금으로 지급하고 나머지는 수표를 발행하여 지급하다.

(차)	(대)

② 원가 ₩60,000의 상품을 현금 ₩90,000에 매출하다.

(차)	(대)

[문 3] 매출원가 계산 및 결산정리분개(I)

(주)블루유통의 20×9년도 기초상품재고액은 ₩300,000, 당기상품매입액은 ₩800,000, 기말상품재고액은 ₩400,000이다. 매출원가를 계산하고, 실지재고조사법에 따른 결산정리분개를 하시오.

① 매출원가 계산

② 실지재고조사법에 의한 결산정리분개

기초상품 (차)	(대)
기말상품 (차)	(대)

[문 4] 매출원가 계산 및 결산정리분개(II)

(주)꽃샘유통의 20×5년도 상품관련 계정은 다음과 같다.

상 품

전기이월	200,000		

매 입

현금	500,000		
매입채무	800,000		

매 출

		현금	500,000
		매출채권	500,000

기말에 실지재고조사 결과 밝혀진 상품재고액은 ₩600,000이다.

① 매출원가를 계산하시오.

② 결산정리분개를 한 후, 위 계정에 전기하시오.

기초상품 (차)	(대)
기말상품 (차)	(대)

③ 매출총이익을 보여주는 부분까지 포괄손익계산서를 작성하시오.

포괄손익계산서

(주)꽃샘유통 20×5년 1월 1일부터 20×5년 12월 31일까지 (단위 : 천원)

1. 매 출
2. 매 출 원 가
   1) 기초상품재고액
   2) 당기상품매입액(+)
   3) 기말상품재고액(−)
3. 매출총이익

[문 5] 상기업의 정산표 및 재무제표 작성

다음 정산표상의 잔액시산표와 결산정리사항을 이용하여 (주)미래유통의 정산표를 완성하고, 보고식 포괄손익계산서와 계정식 재무상태표를 작성하시오.

〈결산정리사항〉

① 기말상품재고액 ₩200,000

② 금융자산 중 ₩100,000 상당액을 ₩200,000의 현금을 수취하고 처분

③ 비품 당기분 감가상각비 ₩100,000

④ 기말 이자비용 미지급액 ₩300,000

⑤ 기말 현재 임대기간이 경과되지 않은 임대료 선수액 ₩200,000

⑥ 당기분으로 계상되어야 할 보험료 ₩700,000

〈결산정리분개〉

① (차)	(대)
② (차)	(대)
③ (차)	(대)
④ (차)	(대)
⑤ (차)	(대)
⑥ (차)	(대)

정 산 표

(주)미래유통 9월 1일 ~ 9월 30일 (단위 : 천원)

계정과목	잔액시산표		결산정리분개		포괄손익계산서		재무상태표	
	차변	대변	차변	대변	차변	대변	차변	대변
현 금	1,900							
금 융 자 산	400							
매 출 채 권	500							
상 품	600							
비 품	1,000							
(감가상각누계액)		400						
매 입 채 무		500						
자 본 금		1,500						
이 익 잉 여 금		700						
매 출		3,500						
이 자 수 익		400						
임 대 료 수 익		900						
매 입	1,800							
급 여	500							
임 차 료 비 용	200							
선 급 보 험 료	1,000							
합 계	7,900	7,900						
합 계								
당 기 순 이 익								
합 계								

재무상태표

(주)미래유통 9월 30일 (단위 : 천원)

자 산		부 채	
1. 현 금	[ ]	1. 매입채무	[ ]
2. 금융자산	[ ]	2. 미지급비용	[ ]
3. 매출채권	[ ]	3. 선수수익	[ ]
4. 선급비용	[ ]	자 본	
5. 상 품	[ ]	1. 자 본 금	[ ]
6. 비 품	[ ]	2. 이익잉여금	[ ]
△감가상각누계액	( )		
자산합계	[ ]	부채와자본합계	[ ]

포괄손익계산서

(주)미래유통	9월 1일 ~ 9월 30일	(단위 : 천원)
1. 매 출	[ ]	
2. 매 출 원 가	[ ]	
1) 기초상품재고액	( )	
2) 당기매입액	( )	
3) 기말상품재고액(차감)	( )	
3. 매 출 총 이 익	[ ]	
4. 판매비와관리비	[ ]	
1) 급 여	( )	
2) 감가상각비	( )	
3) 임차료비용	( )	
4) 보 험 료	( )	
5. 영 업 이 익	[ ]	
6. 영 업 외 수 익(기타수익)	[ ]	
1) 금융자산처분이익	( )	
2) 이 자 수 익	( )	
3) 임대료수익	( )	
7. 영 업 외 비 용(기타비용)	[ ]	
1) 이 자 비 용	( )	
8. 당 기 순 이 익	**[ ]**	

[문 6] 기말상품재고액 및 매출원가 계산

(주)블루의 8월중 상품매매거래는 다음과 같다.

		수량	단가	금액	매출수량
8/1	기초재고	20개	₩400	₩8,000	
8/2	매 입	100	500	50,000	
8/6	매 출				80개
8/10	매 입	200	600	120,000	
8/25	매 출				150
8/30	매 입	100	656	65,600	
	합 계	420개		₩243,600	230개
8/31	기말재고				190개

다음 각 방법에 의해 8월 31일의 기말상품재고액과 8월의 매출원가를 구하시오.

① [실지재고조사법+선입선출법]

- 기말재고액 :
- 매출원가 :

② [계속기록법 + 선입선출법]

- 기말재고액 :
- 매출원가 :

[계속기록법 + 선입선출법]

상품재고장

20×6	적요	입 고			출 고			잔 고		
		수량	단가	금액	수량	단가	금액	수량	단가	금액

③ [실지재고조사법 + 후입선출법]

- 기말재고액 :
- 매출원가 :

④ 총평균법

- 총평균단가 :
- 기말재고액 :
- 매출원가 :

⑤ 이동평균법

- 기말재고액 :
- 매출원가 :

[이동평균법]

상품재고장

20×6		적요	입 고			출 고			잔 고		
			수량	단가	금액	수량	단가	금액	수량	단가	금액

[문 7] 매출원가계정을 사용한 매출원가의 산정 : 부록 참조

기말의 상품계정 및 매입계정은 다음과 같다. 한편, 기말상품재고액은 ₩400,000이다.

상 품	
₩200,000	

매 입	
₩1,200,000	

① 매출원가계정을 이용하여 결산정리분개를 하시오.

(차) (대)

② 결산정리분개 내용을 각 계정에 전기하시오(단위는 천원으로 표시 가능).

상 품	

매 입	

매출원가	

Ⅳ. 해답(자습문제, 교과서 연습문제)

[1] 연결형

1. B **2.** D **3.** G **4.** F **5.** C **6.** E

[2] 진위형

1. F 계속기록법에 대한 설명이다.
2. F 기중의 상품매매에 대한 분개방법이 다르다.
3. T
4. F 실지재고조사법에서는 기중에 매출원가를 파악할 수 없다.
5. T
6. T
7. F 매출원가 = 기초상품재고액 + 당기상품매입액 − 기말상품재고액
8. F 개별법은 인위적 가정에 의한 방법이 아니다.
9. T
10. F 기말재고상품은 과거시점의 구입가격으로 계산된다.
11. T
12. T

[3] 객관식

1. ④ **2.** ① **3.** ③ **4.** ③
5. ② 매출원가 = ₩10,000 + ₩1,200,000 − ₩15,000 = ₩1,195,000
매출총이익 = ₩1,560,000 − ₩1,195,000 = ₩365,000
6. ① 매출원가가 과소계상되어 매출총이익 및 당기순이익이 과대계상된다.
7. ③
8. ② 매출원가를 최소화하여 매출총이익이 가장 크게 되는 FIFO(선입선출법)를 선호할 것이다.
9. ② **10.** ④
11. ④ 선입선출법을 사용하면 계속기록법의 매출원가와 실지재고조사법의 매출원가는 항상 같다.
12. ② 매출원가 : ₩10,000 + ₩75,000 + (900개 × ₩160) = ₩229,000
13. ④ 총평균단가 : ₩420,000/2,600개 = ₩161.5/개
기말재고액 = 1,100개 × ₩161.5 = ₩177,650
14. ① 매출원가 : (500개 × ₩180) + (500개 × ₩170) + (500개 × ₩160) = ₩255,000

15. ① ₩85,000×200/600 =₩28,333
(₩28,333+₩160,000)×300/1,200 =₩47,083
(₩47,083+₩85,000)×600/800 =₩99,062
₩99,062+₩90,000 =₩189,062

16. ②

17. ① 당기제품제조원가=기초재공품원가+당기총제조원가−기말재공품원가
당기총제조원가=당기직접재료비투입액+당기직접노무원가+당기제조간접원가
당기직접재료비투입액=기초재료비+당기재료 매입액−기말재료비
=₩10,000+₩20,000−₩15,000=₩15,000
당기총제조원가 =₩15,000+₩15,000+₩17,500=₩47,500
당기제품제조원가 =₩16,000+₩47,500−₩13,500=₩50,000

18. ④ 매출원가=기초제품재고액+당기제품제조원가−기말제품재고액=₩45,000
(₩15,000) (₩50,000) (₩20,000)

[4] 주관식

[문 1] 상품의 매매 : 실지재고조사법

①	(차)	매 입	600,000	(대)	현 금	300,000
					매입채무	300,000
②	(차)	현 금	500,000	(대)	매 출	800,000
		매출채권	300,000			

[문 2] 상품의 매매 : 계속기록법

①	(차)	상 품	100,000	(대)	현 금	30,000
					당좌예금	70,000
②	(차)	현 금	90,000	(대)	매 출	90,000
		매출원가	60,000		상 품	60,000

[문 3] 매출원가 계산 및 결산정리분개(Ⅰ)

① 매출원가계산 : ₩300,000+₩800,000−₩400,000=₩700,000

② 실지재고조사법에 의한 결산정리분개

기초상품	(차)	매 입	300,000	(대)	상 품	300,000
기말상품	(차)	상 품	400,000	(대)	매 입	400,000

[문 4] 매출원가계산 및 결산정리분개(Ⅱ)

① 매출원가계산 : (₩200,000 + ₩1,300,000) − ₩600,000 = ₩900,000

② 실지재고조사법에 의한 결산정리분개 및 전기

	차변	금액	대변	금액
기초상품	(차) 매 입	200,000	(대) 상 품	200,000
기말상품	(차) 상 품	600,000	(대) 매 입	600,000

상 품

차변	금액	대변	금액
전기이월	200,000	① 매 입	200,000
② 매 입	600,000		

매 입

차변	금액	대변	금액
현 금	500,000	② 상 품	600,000
매입채무	800,000		
① 상 품	200,000		

③ **포괄손익계산서**

(주)꽃샘유통 20×5년 1월 1일~12월 31일 (단위 : 천원)

1. 매 출		₩1,000
2. 매 출 원 가		
1) 기초상품재고액	₩ 200	
2) 당기상품매입액	1,300	
3) 기말상품재고액	(600)	(900)
3. 매출총이익		₩100

[문 5] 상기업의 정산표 및 재무제표 작성

〈결산정리분개〉

	차변	금액	대변	금액
①	(차) 매 입	600,000	(대) 상 품	600,000
	상 품	200,000	매 입	200,000
②	(차) 현 금	200,000	(대) 금융자산	100,000
			금융자산처분이익	100,000
③	(차) 감가상각비	100,000	(대) 감가상각누계액	100,000
④	(차) 이자비용	300,000	(대) 미지급이자	300,000
⑤	(차) 임대료수익	200,000	(대) 선수임대료	200,000
⑥	(차) 보 험 료	700,000	(대) 선급보험료	700,000

〈정산표는 다음 페이지에〉

포괄손익계산서

(주)미래유통	9월 1일 ~ 9월 30일	(단위 : 천원)
1. 매 출		₩3,500
2. 매 출 원 가		
1) 기초상품재고액	₩600	
2) 당기상품매입액(+)	1,800	
3) 기말상품재고액(−)	(200)	(2,200)
3. 매 출 총 이 익		₩1,300
4. 판매비와관리비		
급 여	₩500	
감 가 상 각 비	100	
임 차 료 비 용	200	
보 험 료	700	(1,500)
5. 영 업 손 실		₩(200)
6. 영 업 외 수 익(기타수익)		
금융자산처분이익	₩100	
이 자 수 익	400	
임 대 료 수 익	700	1,200
7. 영 업 외 비 용(기타비용)		
이 자 비 용	₩300	(300)
8. 당 기 순 이 익		**₩700**

정산표

(주)미래유통　　9월 1일 ~ 9월 30일　　(단위 : 천원)

계정과목	잔액시산표		결산정리분개		포괄손익계산서		재무상태표	
	차변	대변	차변	대변	차변	대변	차변	대변
현 금	1,900		200				2,100	
금 융 자 산	400			100			300	
매 출 채 권	500						500	
상 품	600		200	600			200	
비 품	1,000						1,000	
(감가상각누계액)		400		100				500
매 입 채 무		500						500
자 본 금		1,500						1,500
이 익 잉 여 금		700						700
매 출		3,500				3,500		
이 자 수 익		400				400		
임 대 료 수 익		900	200			700		
매 입	1,800		600	200	2,200			
급 여	500				500			
임 차 료 비 용	200				200			
선 급 보 험 료	1,000			700			300	
합 계	7,900	7,900						
금융자산처분이익				100		100		
감 가 상 각 비			100		100			
이 자 비 용			300		300			
미 지 급 이 자				300				300
선 수 임 대 료				200				200
보 험 료			700		700			
합 계			2,300	2,300				
당 기 순 이 익					**700**			**700**
합 계					4,700	4,700	4,400	4,400

재무상태표

(주)매래유통　　9월 30일　　(단위 : 천원)

자산		부채	
1. 현 금	₩2,100	1. 매 입 채 무	₩500
2. 금융자산	300	2. 미지급비용	300
3. 매출채권	500	3. 선 수 수 익	200
4. 선급비용	300	**자본**	
5. 상 품	200	1. 자 본 금	1,500
6. 비 품	1,000	2. 이익잉여금	1,400
(감가상각누계액)	△ 500		
자산합계	₩3,900	부채와자본합계	₩3,900

[문 6] 기말상품재고액 및 매출원가 계산

8월중 판매량은 230개이고, 8월말 재고량은 190개이다.

① [실지재고조사법+선입선출법]

기말재고액 : ₩65,600+(90개×₩600) =₩119,600

매출원가 : ₩243,600−₩119,600 =₩124,000

② [계속기록법+선입선출법]

상품재고장

20×6		적요	입고			출고			잔고		
			수량	단가	금액	수량	단가	금액	수량	단가	금액
8	1	기초재고	20	400	8,000				20	400	8,000
	2	매 입	100	500	50,000				20	400	8,000
									100	500	50,000
	6	매 출				20	400	8,000			
						60	500	30,000	40	500	20,000
	10	매 입	200	600	120,000				40	500	20,000
									200	600	120,000
	25	매 출				40	500	20,000			
						110	600	66,000	90	600	54,000
	30	매 입	100	656	65,600				90	600	54,000
									100	656	65,600
		합 계	420		243,600	230		124,000			
	31	차기이월				90	600	54,000			
						100	656	65,600			

* 기말재고액(8월 31일의 잔고란 합계) : ₩54,000+₩65,600=₩119,600
  매출원가(출고란 합계) : ₩124,000
* 이 결과는 ①번 결과와 동일. 즉 단가결정에 선입선출법을 사용하면 수량결정에 실지재고조사법을 사용하든 계속기록법을 사용하든 결과가 동일하게 계산된다.

③ [실지재고조사법+후입선출법]

기말재고액 : ₩8,000+₩50,000+(70개×₩600) =₩100,000

매출원가 : ₩243,600−₩100,000 =₩143,600

④ 총평균법

총평균단가 : ₩243,600÷420 =₩580

기말재고액 : 190개×₩580 =₩110,200

매출원가 : 230개×₩580 =₩133,400

⑤ 이동평균법

상품재고장

20×6		적요	입고			출고			잔고		
			수량	단가	금액	수량	단가	금액	수량	단가	금액
8	1	기초재고	20	400	8,000				20	400	8,000
	2	매 입	100	500	50,000				120	483	58,000
	6	매 출				80	483	38,666	40	483	19,333
	10	매 입	200	600	120,000				240	580	139,333
	25	매 출				150	580	87,083	90	580	52,249
	30	매 입	100	656	65,600				190	620	117,849
		합 계	420		243,600	230		125,749			
	31	차기이월				190	620	117,849			

* 매출원가(출고란 합계) : ₩125,749
  기말재고액(8월 31일의 잔고란 금액) : ₩117,849
* 이동평균법에서는 이동평균단가의 계산시 소수가 많이 나와서 다소 번거로울 수 있으므로, 소수점 이하는 표시하지 않았다.

[문 7] 매출원가계정을 사용한 매출원가의 산정 : 부록 참조

(1) 매출원가계정을 이용한 결산정리분개

① 기초재고액을 매출원가계정 차변으로 옮기면서 상품계정 잔액을 ₩0으로 만든다.

(차) 매출원가 200,000 (대) 상 품 200,000

② 매입계정을 매출원가계정 차변으로 옮긴다.

(차) 매출원가 1,200,000 (대) 매 입 1,200,000

③ 기말재고액을 매출원가계정 대변으로 옮기면서 상품계정 잔액을 기말재고액으로 만든다.

(차) 상 품 400,000 (대) 매출원가 400,000

(2) 각 계정에의 전기 (단위 : 천원)

상 품

차변		대변	
전기이월	200	① 매출원가	200
③ 매출원가	400		

매 입

차변		대변	
현금/매입채무	1,200	② 매출원가	1,200

매출원가

차변		대변	
① 상 품	200	③ 상 품	400
② 매 입	1,200		

교과서 연습문제 해답

[1] 빈칸 채우기

(1) 계속기록법, 실지재고조사법
(2) 계속기록법, 상품, 매출원가
(3) 실지재고조사법, 매입
(4) 선입선출법, first-in, first-out method
(5) 후입선출법, last-in, first-out method
(6) 이동평균법
(7) 총평균법
(8) 개별법
(9) 선입선출법

[2] 상품의 매매 : 실지재고조사법

(1)	(차) 매입	100,000	(대) 현금	100,000
(2)	(차) 매입	200,000	(대) 매입채무	200,000
(3)	(차) 현금	300,000	(대) 매출	300,000
(4)	(차) 매출채권	400,000	(대) 매출	400,000

[3] 매출원가 계산 및 결산정리분개(Ⅰ)

(1) 매출원가 계산 : (₩100,000 + ₩700,000) − ₩300,000 = ₩500,000
(2) 실지재고조사법에 의한 결산정리분개

기초상품 :	(차) 매입	100,000	(대) 상품	100,000
기말상품 :	(차) 상품	300,000	(대) 매입	300,000

[4] 매출원가 계산 및 결산정리분개(Ⅱ)

(1) 매출원가 계산 : (₩300,000 + ₩1,000,000) − ₩400,000 = ₩900,000
(2) 실지재고조사법에 의한 결산정리분개 및 전기

기초상품 :	(차) 매입	300,000	(대) 상품	300,000
기말상품 :	(차) 상품	400,000	(대) 매입	400,000

상품			
전기이월	300,000	매 입	300,000
매 입	400,000		

매입			
현 금 등	1,000,000	상 품	400,000
상 품	300,000		

(3) **포괄손익계산서** (단위 : 천원)

1. 매 출		₩ 900
2. 매 출 원 가		
1) 기초상품재고액	₩ 300	
2) 당기상품매입액	1,000	
3) 기말상품재고액	(400)	(900)
3. 매 출 총 이 익		₩ 0

[5] 상품매매업의 정산표 및 재무제표 작성

〈결산정리분개〉

(1)	(차) 매 입	500,000	(대) 상 품	500,000
	상 품	800,000	매 입	800,000
(2)	(차) 현 금	500,000	(대) 금 융 자 산	100,000
			금융자산처분이익	400,000
(3)	(차) 감가상각비	400,000	(대) 감가상각누계액	400,000
(4)	(차) 미수이자(미수수익)	500,000	(대) 이 자 수 익	500,000
(5)	(차) 임대료수익	100,000	(대) 선수임대료(선수수익)	100,000
(6)	(차) 급 여	800,000	(대) 미지급급여(미지급비용)	800,000
(7)	(차) 선급보험료(선급비용)	700,000	(대) 보 험 료	700,000

정산표

(주)블루유통　　　　6월 1일 ~ 6월 30일　　　　(단위 : 천원)

계정과목	잔액시산표		결산정리분개		포괄손익계산서		재무상태표	
	차변	대변	차변	대변	차변	대변	차변	대변
현금	400		500				900	
금융자산	800			100			700	
매출채권	1,000						1,000	
상품	500		800	500			800	
건물	3,000						3,000	
(감가상각누계액)		600		400				1,000
매입채무		700						700
자본금		500						500
미처분이익잉여금		2,800						2,800
매출		3,500				3,500		
이자수익		700		500		1,200		
임대료수익		800	100			700		
매입	2,500		500	800	2,200			
급여	400		800		1,200			
보험료	1,000			700	300			
합계	9,600	9,600						
금융자산처분이익				400		400		
감가상각비			400		400			
미수이자			500				500	
선수임대료				100				100
미지급급여				800				800
선급보험료			700				700	
합계			4,300	4,300	4,100	5,800	7,600	5,900
당기순이익					**1,700**			**1,700**
합계					5,800	5,800	7,600	7,600

(주)블루유통 **재무상태표** (단위 : 천원)

자 산			부 채	
1. 현 금		₩900	1. 매입채무	₩700
2. 금융자산		700	2. 미지급급여(미지급비용)	800
3. 매출채권		1,000	3. 선수임대료(선수수익)	100
4. 미수이자(미수수익)		500	자 본	
5. 선급보험료(선급비용)		700	1. 자 본 금	500
6. 상 품		800	2. 이익잉여금	4,500*
7. 건 물	₩3,000		**(당기순이익 : 1,700)**	
△감가상각누계액	(1,000)	2,000		
자산합계		₩6,600	부채와자본합계	₩6,600

* 기초이익잉여금(2,800) + 당기순이익(1,700) = ₩4,500

포괄손익계산서

(주)블루유통 6월 1일 ~ 6월 30일 (단위 : 천원)

1. 매 출		₩3,500
2. 매출원가		
1) 기초상품재고액	₩500	
2) 당기상품매입액(+)	2,500	
3) 기말상품재고액(−)	(800)	(2,200)
3. 매출총이익		₩1,300
4. 판매비와관리비		
급 여	₩1,200	
감가상각비	400	
보험료	300	(1,900)
5. 영업이익		₩(600)
6. 영업외수익(기타수익)		
이자수익	₩1,200	
금융자산처분이익	400	
임대료수익	700	2,300
7. **당기순이익**		**₩1,700**

[6] 기말상품재고액 및 매출원가 계산

(1) [계속기록법+선입선출법]

상품재고장

		적요	입고			출고			잔고		
			수량	단가	금액	수량	단가	금액	수량	단가	금액
6	1	기초재고	10	500	5,000				10	500	5,000
	2	매입	90	530	47,700				10	500	5,000
									90	530	47,700
	6	매출				10	500	5,000			
						50	530	26,500	40	530	21,200
	10	매입	100	600	60,000				40	530	21,200
									100	600	60,000
	25	매출				40	530	21,200			
						60	600	36,000	40	600	24,000
	30	매입	100	640	64,000				40	600	24,000
									100	640	64,000
		합계	300		176,700	160		88,700			
	30	차기이월				40	600	24,000			
						100	640	64,000			

* 기말재고액(6월 30일의 잔고란 합계) : ₩24,000+₩64,000=₩88,000
매출원가(출고란 합계) : ₩88,700

(2) [총평균법]

총평균단가 : ₩176,700÷300개=₩589

기말재고액 : 140개×₩589=₩82,460 매출원가 : 160개×₩589=₩94,240

(3) [이동평균법]

상품재고장

		적요	입고			출고			잔고		
			수량	단가	금 액	수량	단가	금액	수량	단가	금액
6	1	기초재고	10	500	5,000				10	500	5,000
	2	매입	90	530	47,700				100	527	52,700
	6	매출				60	527	31,620	40	527	21,080
	10	매입	100	600	60,000				140	579.1	81,080
	25	매출				100	579	57,900	40	579.5	23,180
	30	매입	100	640	64,000				140	622.7	87,180
		합계	300		176,700	160		89,520			
	30	차기이월				140	622.7	87,180			

* 기말재고액(6월 30일의 잔고란 합계) : ₩87,180
매출원가(출고란 합계) : ₩89,520

[7] 재고자산평가방법의 비교

(1) 기말재고액 및 매출원가 계산

	수량	단가	금액
후입선출법(LIFO)			
• 기말재고	500	40	20,000
• 매출원가(₩250,000－₩20,000)	4,500		230,000
선입선출법(FIFO)			
• 기말재고	500	60	30,000
• 매출원가(₩250,000－₩30,000)	4,500		220,000

(2) 포괄손익계산서

	후입선출법	**선입선출법**
1. 매출액	₩270,000	₩270,000
2. 매출원가	(230,000)	(220,000)
3. 매출총이익	₩40,000	₩50,000
4. 판매비와관리비	(40,000)	(40,000)
5. 법인세비용차감전순이익	₩0	₩10,000
6. 법인세비용(40%)	(0)	(4,000)
7. **당기순이익**	**₩0**	**₩6,000**

(3) 후입선출법 : 이 방법을 선택할 경우 당기순이익이 가장 적게 보고됨을 알 수 있다.

(4) 선입선출법으로 변경함에 따라 당기순이익은 ₩0에서 ₩6,000으로 높아진다.

- (주)현대오토의 재고자산 평가방법 변경(보고이익 증가)에 영향을 받아 애초 '투자하지 않는다'라는 결정을 '투자한다'라는 결정으로 바꾸지는 않는다.
- (이유) 특정 회사에 투자할 것인가에 관한 의사결정상 이러한 보고이익 변동으로 결코 경제적 변화에 의한 것이 아니라 단순한 회계수치 변동에 불과하고 기업의 근본적인 경제실상은 전혀 바뀐 것이 없음을 유념할 필요가 있다. 오히려 법인세 지출액 (₩4,000)만큼 회사의 경제적 실질이 나빠진다고 볼 수 있다.

[8] 인터넷을 이용한 회계 탐험과 팀프로젝트

http://dart.fss.or.kr → 회사명 찾기(유가증권시장) → 재무제표와 사업보고서

[9] 사례연습 : 상품매매업의 회계순환과정 종합연습

(1) 실지재고조사법－선입선출법

10일	(차) 현　　금	1,200,000	(대) 매　　출	1,200,000
11일	(차) 매　　입	600,000	(대) 매입채무	600,000

12일	(차) 매출채권	2,400,000	(대) 매 출	2,400,000
17일	(차) 판매비와관리비	465,000	(대) 현 금	285,000
			미지급비용	180,000
30일	① (차)소모품비	640,000	(대) 소 모 품	640,000
	② (차)감가상각비	80,000	(대) 차량운반구	80,000
	③ (차)이자비용	10,000	(대) 미지급비용	10,000
	④ (차)보험료	20,000	(대) 선급비용	20,000
	⑤ 기초재고 : (차) 매입	700,000	(대) 재고자산	700,000
	기말재고 : (차) 재고자산	240,000	(대) 매 입	240,000

재무상태표

(주)꽃샘유통 4월 30일 (단위 : 원)

현금	₩3,165,000	매입채무	₩1,250,000
매출채권	2,880,000	미지급비용	330,000
소모품	120,000	장기차입금	1,400,000
차량운반구	4,120,000	자본금	5,720,000
재고자산	240,000	이익잉여금	2,005,000
선급비용	180,000	**(당기순이익 : 1,325,000)**	
합계	₩10,705,000	합계	₩10,705,000

포괄손익계산서

(주)꽃샘유통 4월 1일부터 4월 30일까지 (단위 : 원)

매출원가	₩1,060,000	매출액	₩3,600,000
보험료	20,000		
감가상각비	80,000		
소모품비	640,000		
판매비와관리비	465,000		
이자비용	10,000		
당기순이익	**1,325,000**		
합계	₩3,600,000	합계	₩3,600,000

(2) 계속기록법 – 선입선출법

10일	(차) 현 금	1,200,000	(대) 매 출	1,200,000
	(차) 매출원가	400,000	(대) 재고자산	400,000
11일	(차) 재고자산	600,000	(대) 매입채무	600,000
12일	(차) 매출채권	2,400,000	(대) 매 출	2,400,000
	(차) 매출원가	660,000	(대) 재고자산	660,000

17일	(차) 판매비와관리비	465,000	(대) 현 금	285,000
			미지급비용	180,000
30일 ①	(차) 소모품비	640,000	(대) 소모품	640,000
②	(차) 감가상각비	80,000	(대) 차량운반구	80,000
③	(차) 이자비용	10,000	(대) 미지급비용	10,000
④	(차) 보험료	20,000	(대) 선급비용	20,000

⑤ 이미 매출원가와 재고자산의 분개를 해주었기 때문에 별도의 기말결산정리분개는 필요하지 않다.

■ 재무상태표와 포괄손익계산서는 앞의(실지재고조사법-선입선출법)과 동일

[10] 제조업의 매출원가

(1) 당기제품제조원가 : 기초재공품(₩10,000)+당기신규투입원가(₩90,000)−기말재공품(₩15,000)
=₩85,000

(2) 매출원가 : 기초제품재고액(₩50,000)+당기제품제조원가(₩85,000)−기말제품재고액(₩40,000)
=₩95,000

[11] 사례연습 : 제조업의 회계순환과정 종합연습

제조원가명세서

파리바게뜨 5월 1일부터 5월 31일까지 (단위 : 원)

재료비		₩5,550,000
기초원재료재고액	2,050,000	
당기원재료매입액(+)	5,000,000	
기말원재료재고액(−)	(1,500,000)	
노무비		9,600,000
경비		4,120,000
수도광열비	1,350,000	
감가상각비	500,000	
일반관리비	1,200,000	
수리비	1,070,000	
당기신규투입총원가		19,270,000
기초재공품재고액(+)		1,580,000
합계		20,850,000
기말재공품재고액(−)		850,000
당기제품제조원가		**₩20,000,000**

재무상태표

파리바게뜨 5월 31일 (단위 : 원)

현금	₩18,330,000	매입채무	₩3,030,000
매출채권	14,000,000	미지급비용	4,000,000
기계장치	50,000,000		
△ 감가상각누계액	(5,500,000)	자본금	57,750,000
비품	3,600,000	이익잉여금	18,230,000
△ 감가상각누계액	(450,000)	**(당기순이익 : 18,230,000)**	
원재료	1,500,000		
제품	600,000		
재공품	850,000		
소모품	80,000		
합 계	₩83,010,000	합 계	₩83,010,000

포괄손익계산서

파리바게뜨 5월 1일부터 5월 31일까지 (단위 : 원)

매출원가	₩21,740,000	매출액	₩44,000,000
급료	2,400,000		
수도광열비	150,000		
감가상각비	50,000		
일반관리비	800,000		
소모품비	630,000		
당기순이익	**18,230,000**		
합 계	₩44,000,000	합 계	₩44,000,000

제 07 장 | 재무보고와 재무회계의 기초이론

Ⅰ. 개 관

◉ 개 관

재무제표는 회계의 종착지이다. 지금까지 재무제표를 산출하기 위해 반드시 거쳐야 하는 회계의 순환과정을 서비스업과 상기업 사례로 구분하여 소개하였다. 분개→전기→시산표→정산표를 거치는 회계의 순환과정은 기술적 측면에 해당한다. 스포츠(야구)에 비유한다면 게임을 치루기 위해 반드시 갖추어야 할 기본기에 해당하는 캐칭, 스로잉, 히팅 등을 배운 셈이다.

제2장에서 **재무제표**는 정보이용자들에게 제공할 회계정보를 담는 그릇으로 정의한 바 있다. 대표적인 그릇으로 재무상태표와 포괄손익계산서를 소개했다. 본 장에서는 재무제표를 이용한 재무보고가 궁극적으로 달성하고자 하는 바가 무엇인가에 대한 이해를 돕는 이론적 소개를 한다. 마지막 절에서는 한국채택국제회계기준(K-IFRS)을 간략히 소개한다.

∘ 회계 하는 사람들의 7가지 습관

1. 회계처리 및 보고는 신뢰할 수 있도록 객관적인 자료와 증거에 의해 공정하게 처리해야 한다.
2. 재무제표의 양식 및 계정과목과 회계용어는 이해하기 쉽도록 간단명료하게 표시해야 한다.
3. 중요한 회계방침과 회계처리기준, 계정과목 및 금액에 관해서는 그 내용을 재무제표상에 충분히 표시해야 한다.
4. 회계처리에 관한 기준 및 추정은 기간별 비교가 가능하도록 매기 계속하여 적용하고 정당한 사유 없이 이를 변경해서는 안 된다.
5. 회계처리와 재무제표 작성에 있어서 계정과목과 금액은 그 중요성에 따라 실용적인 방법에 의해 결정해야 한다.
6. 회계처리과정에서 둘 이상의 선택 가능한 방법이 있는 경우에는 재무적 기초를 견고히 하는 관점에 따라 처리해야 한다.
7. 경제적 실질을 우선한다.

Ⅱ. 본 장의 요약

제1절 재무보고의 개관

1. 재무보고의 정의 및 목적

- 기업에 관한 정보를 조직 외부의 의사결정자들에게 제공하는 것 : 재무보고(financial reporting)
- 재무보고의 목적은 '의사결정에의 유용성'(decision usefulness) 제공
  - 재무보고의 대상이 되는 정보 중 핵심 정보는 회계정보!

2. 재무보고와 재무회계

- 재무보고 : 기업 외부의 다양한 이해관계자의 경제적 의사결정을 위해 경영자가 기업실체의 경제적 자원과 의무, 경영성과 등에 관한 재무정보를 제공하는 것
  - 재무회계는 "재무제표를 중심으로 한 회계정보의 산출 및 공시를 다루는 것"
  - 재무회계보다 재무보고가 넓은 개념임
- 재무정보(financial information)는 화폐로 측정한 정보를 말하며, 회계정보(accounting information)는 재무정보에 속함

제2절 회계원칙과 재무회계의 기초개념

1. 회계원칙이란?

- 법률이나 규범과는 달리 회계원칙은 실무상 수많은 검토 및 분석 후에 특정 처리방식이 보다 타당하다고(즉, 논리적이라고) 판단되고 권위있는 조직(공인회계사단체, 회계감독기구, 회계기준원, 관련 학술단체 등)이 인정하는 경우 일반적으로 인정된 회계원칙(Generally Accepted Accounting Principles : GAAP)으로 간주
  - 우리가 말하는 회계원칙은 GAAP를 의미
- 회계기준은 재무보고의 개념체계(conceptual framework)로부터 도출

2. 재무보고의 개념체계

■ 재무보고의 개념체계는 외부재무보고를 위한 상호 관련을 맺는 보고목적 및 기본사항(일명, 기초개념)의 수미일관된 체계

■ 개념체계의 핵심 주제 : 어떻게 하면 재무제표 이용자들에게 유용한 정보를 제공할 수 있는가?

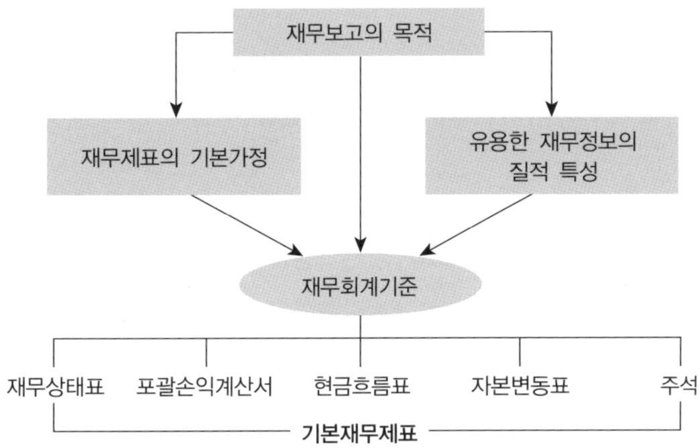

3. 재무보고의 목적

■ 현재 및 잠재적 투자자, 대여자 및 기타 채권자가 기업에 자원을 제공하는 것에 대한 의사결정을 할 때 유용한 보고기업의 재무정보의 제공

■ 보고기업의 재무상태에 관한 정보, 즉 기업의 경제적 자원과 보고기업에 대한 청구권에 관한 정보의 제공

■ 보고기업의 경제적 자원과 청구권을 변동시키는 거래와 그 밖의 사건의 영향에 대한 정보의 제공

4. 재무회계기준

■ 회계행위의 주체인 기업의 외부보고 목적용 회계정보 산출과정을 적절히 지도 내지 통제(즉, 관리감독)할 **일종의 품질관리기준** : 재무회계기준(financial accounting standards)

- 우리나라의 경우 상장 및 코스닥 등록기업의 회계처리에 대한 포괄적인 지침을 담고 있는 **한국채택국제회계기준(K-IFRS)**

- 일반기업에 적용되는 일반기업회계기준
- 중소기업을 위한 중소기업회계기준

제3절 재무제표의 기본가정 및 유용한 재무정보의 질적 특성

1. 재무제표의 기본가정

- 현실에서는 본질적으로 이러한 회계정보의 제공을 어렵게 만드는 몇 가지 제약요소들이 존재
- 따라서 회계에서는 몇 가지 가정을 도입하여 이러한 어려움을 해결하고 있으며, 재무회계에서는 이들을 재무제표의 기본가정(basic assumptions)이라고 함

2. 계속기업의 가정과 기간별 보고

- 기업실체가 그 목적과 의무를 이행하기에 충분할 정도로 장기간 존속한다는 가정
- 기업수명을 충분히 장기간으로 보는 계속기업의 가정은 공정가치를 근거로 한 객관적인 회계정보를 산출할 수 있게 해주는 가정
- 기간별 보고란 기업실체의 존속기간을 일정한 회계기간 단위로 구분하여 재무제표를 작성 보고한다는 의미
- 1년(연차보고서)이나 6개월(반기보고서), 3개월(분기보고서) 단위로 각 기간별 경영성과 및 각 시점별 재무상태에 관한 정보를 제공할 수 있음

3. 유용한 재무정보의 질적 특성

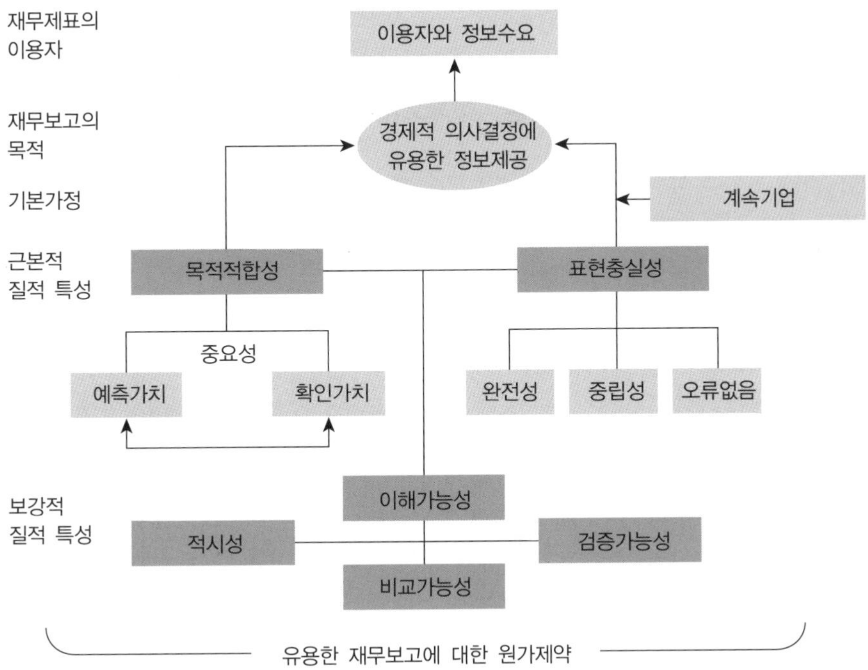

- 재무회계정보의 바람직한 속성이란 본질적으로 화폐라는 척도로 계량화된 회계정보가 정보이용자들에게 유용한 것이 되기 위해 추가적으로 갖추어야 할 속성

4. 근본적 질적 특성 – 목적적합성

- 목적적합성이란 정보가 정보이용 목적에 적합해야 한다는 것을 강조하는 개념
  - 의사결정 대상인 비교 대안의 검토에 유용해야 함을 의미
  - 이를 위해 예측가치, 피드백가치 그리고 중요성을 갖추어야 함

5. 근본적 질적 특성 – 표현충실성(또는 충실한 표현)

- 중대한 오류나 편의가 없고 객관적으로 검증가능하며 표현하고자 하는 바를 충실하게 표현하고 있다고 이용자가 믿을 수 있다는 것을 의미
- 정보가 누락됨으로써 그릇되거나 오해를 유발하여 신뢰성이 상실되고 목적적합성

이 떨어지지 않도록 하는 **완전성**

- 어느 한편의 이해관계에 치우치지 않는 **중립성**
- 현상의 기술에 오류나 누락이 없다는 **오류없음**으로 세분

6. 보강적 질적 특성 : 이해가능성, 비교가능성, 적시성, 검증가능성

- **이해가능성** : 이용자가 그 정보를 쉽게 이해할 수 있어야 한다는 것
- **비교가능성** : 재무제표의 이용자가 한 기업의 재무상태와 성과의 추세를 식별하기 위해 재무제표를 기간별로 비교할 수 있어야 할 뿐만 아니라
  - 다른 기업의 상대적인 재무상태와 성과 및 재무상태변동을 평가하기 위해 기업 간 재무제표를 비교할 수 있는 속성
- **적시성** : 어떤 경제적 사건에 관한 정보가 너무 늦게 제공되어 의사결정에 영향을 미칠 수 있는 능력을 상실하기 전에 그 정보를 의사결정에 이용할 수 있어야 하는 속성
- **검증가능성** : 검증가능성은 합리적인 판단력이 있고 독립적인 서로 다른 관찰자가 의견이 일치할 수 있다는 속성을 의미

제4절 개념체계와 재무회계기준

1. 재무회계기준의 성격

- 첫째, 재무회계기준은 기업의 회계정보 산출 및 보고행위에 대한 일종의 **품질관리기준(品質管理基準)**의 성격
- 둘째, 회계행위에 관한 품질관리기준으로서의 재무회계기준은 한 경제권 내에 존재하는 모든 기업에게 적용되는 **보편타당(普遍妥當)**한 성격
- 셋째, 품질관리기준이면서 동시에 보편타당적 성격을 갖는 재무회계기준은 바윗돌처럼 굳어져 있는 것이 아니며, 시대변화와 사회발전에 따라 **변화하는 성격**

2. 재무제표의 요소

- 재무제표상에 '재무상태'나 '부' 또는 '경영성과'나 '당기순이익'을 보여주기 위하여 거래나 사건의 재무적 영향을 경제적 특성에 따라 식별하기 위한 단위

- 재무상태의 측정과 직접 관련된 요소는 자산, 부채 및 자본이며, 포괄손익계산서에서 성과의 측정과 직접 관련된 요소는 수익과 비용

3. 회계기준의 체계

- 우리나라는 많은 나라들이 국제회계기준을 채택하는 추세에 맞추어 이를 전면 수용하기로 하고 한국채택국제회계기준(K-IFRS)을 제정
- 회계기준의 국제적 정합성을 높이기 위한 목적으로 채택된 K-IFRS는 국내법규에 의해 작성된 재무제표를 국제자본시장에서 그대로 사용할 수 있게 되어 글로벌 기업들의 부담이 대폭 줄어드는 장점

4. 연결재무제표 : K-IFRS의 주재무제표

- 연결재무제표란 지배회사와 종속회사를 묶은 전체를 하나의 기업단위로 간주하고 작성한 재무제표. 따라서 K-IFRS하에서는 지배회사의 경제적 실질(가령, 수익성이나 재무상태 등)을 올바로 파악하도록 하기 위해 종속회사를 포함하여 작성되는 연결재무제표가 주된 재무제표(연결재무상태표, 연결포괄손익계산서, 연결현금흐름표 등)

Ⅲ. 자습문제

[1] 연결형 : 아래 각 문장은 박스 속의 어느 용어에 관한 것인지 답하시오.

A. 재무회계의 목적	B. 재무회계기준	C. 충실한 표현
D. 계속기업과 기간별보고의 가정	E. 취득원가(또는 역사적원가)모형	F. 발생기준
G. 수익·비용의 대응원칙	H. 중요성	I. 목적적합성

1. ________ 정보이용자들의 경제적 의사결정에 유용한 정보를 제공한다는 비전

2. ________ 기업실체가 그 목적과 의무를 이행하기에 충분할 정도로 장기간 존속한다는 가정

3. ________ 중대한 오류나 편의가 없고 객관적으로 검증가능하며 표현하고자 하는 바를 충실하게 표현하고 있다고 이용자가 믿을 수 있다는 질적 속성

4. ________ 회계실무에서 유용한 회계정보가 산출될 수 있도록 기업들의 회계행위를 지도 내지 규제할 목적에서 제정하는 회계처리 지침

5. ________ 상품을 외상으로 판매하고 아직 대금을 회수하지 않았음에도 불구하고 매출액을 당기매출액으로 기록하는 회계의 일반원칙

6. ________ 5년 전에 1억원을 주고 산 토지가 현재 3억원에 거래되고 있음에도 불구하고 여전히 1억원으로 기록하는 평가모형

7. ________ 현금매출액과 카드매출액이 각각 큰 금액이어서 이들을 합계한 단일 금액으로 기록하지 않고 각각 구분하여 계정과목에 기록하는 것

8. ________ 올바른 기간별 경영성과를 손익계산서에 잘 나타내기 위하여 매출액과 매출원가를 비교해보거나 영업이익에서 판매관리비가 차지하는 비중을 알 수 있도록 당기의 수익과 비용을 관련시켜 보고하도록 하는 원칙

[2] 진위형 : 아래 문장이 옳으면 T(true, 眞)에, 틀리면 F(false, 僞)에 ○표를 하시오.

1. (T F) 재무회계 개념체계는 그 바람직한 속성으로 품질관리 기준의 성격, 보편타당한 성격, 변화하는 성격을 갖고 있다.

2. (T F) 재무회계기준 제정시에는 회계행위가 이루어지고 있는 현실을 보다 단순화시키기 위한 인위적인 가정을 설정하여야 한다. 이렇게 하여 설정된 가정을 재무회계의 기본가정이라 한다.

3. (T F) 계속기업의 가정은 기업실체가 그 목적과 의무를 이해하기에 충분할 정도로 장기간 존속한다는 가정이다.

4. (T F) 회계기간의 가정에 의하여 기간별 경영성과정보를 산출할 필요가 생기며, 기간별 경영성과정보를 올바르게 산출하기 위한 방법으로 오늘날 회계에서는 발생주의를 채택하고 있다.

5. (T F) 목적적합하고 충실하게 표현된 정보는 적시에 보고되지 않았더라도 여전히 유용할 수 있기 때문에 적시성은 목적적합성과 충실한 표현만큼 중요하지 않을 수 있다.

6. (T F) 일반 목적의 재무보고 목적은 현재 및 잠재적 투자자, 대여자 및 기타채권자가 기업에 자원을 제공하는 것에 대한 의사결정을 할 때 유용한 보고기업의 재무정보를 제공하는 것이다.

7. (T F) 우리나라 회사들이 재무제표 작성과 공시에 준수해야 할 재무회계기준에는 한국채택국제회계기준(K-IFRS). 일반기업회계기준으로 2원화되어 있다.

8. (T F) 우리나라의 경우 상장 및 코스닥 등록기업 중 규모가 작은 기업은 한국채택국제회계기준(K-IFRS)이나 일반기업회계기준을 선택하여 적용할 수 있다.

[3] 객관식

1. 회계목적, 회계가정 및 회계기준 등의 제반 개념에 비추어 볼 때 그 내용을 바르게 설명하고 있지 않은 것은?

① 현대 회계의 목적은 정보이용자의 경제적 의사결정에 유용한 정보를 제공하는데 있으므로 기업의 재무보고는 기업의 미래현금흐름의 전망을 평가하기 위한 정보를 제공하는 측면이 강조되어야 한다.
② 회계의 기본가정은 재무보고 목적으로부터 귀납적으로 재무회계기준을 도출하기 위한 경험적 기초를 제공하기 위한 기본 명제로서 일반적으로 기업 혹은 회계환경으로부터 도출되는 특징을 갖고 있다.
③ 일반적으로 인정되는 회계원칙은 다수의 권위 있는 전문가에 의해 지지되고 일반기업의 회계실무에서 수용될 때 회계실무의 행위지침으로서의 역할이 인정된다.
④ 회계관습은 경험으로부터 형성되어 회계실무에서 실제로 존중되고 있는 회계규범을 뜻한다.
⑤ 우리나라의 재무회계기준인 한국채택국제회계기준은 「주식회사의 외부감사에 관한 법률」에 근거하여 제정되었다.

2. 재무보고의 기초개념들 간의 관계를 잘못 설명한 것은?

① 재무보고의 목적은 정보이용자의 경제적 의사결정에 유용한 정보를 제공하는 것이다.
② 재무제표의 기본가정과 재무회계정보의 바람직한 속성은 모두 재무보고의 목적과 관련되어 있다.
③ 재무회계기준은 재무제표의 기본가정과 재무보고의 목적을 토대로 하여 제정된다.
④ 목적적합성과 표현충실성은 상충되는 질적 속성이며, 중요성에 의해 판단된다.

3. 회계정보의 원활한 산출을 제약하는 요소들이 현실 속에 다수 존재하기 때문에 도입된 재무회계의 기초개념은?

① 재무회계의 목적　　② 재무제표의 기본가정
③ 재무회계정보의 바람직한 속성　　④ 재무회계의 일반원칙

4. 재무제표의 기본가정에 대한 일반적 성격을 잘 나타내지 못한 표현은?

① 회계의 이론구조를 수립하는 토대　　② 추론의 기초
③ 명명백백한 사실　　④ 직접적으로 검증될 수 없는 가설

5. 우리나라의 〈재무보고를 위한 개념체계〉에서 밝히고 있는 의사결정에 유용한 회계정보가 지녀야 할 근본적 질적 특성 두 가지는?

① 중립성과 검증가능성　② 중요성과 적시성
③ 목적적합성과 표현충실성　④ 일관성과 비교가능성

6. 다음 설명 중에서 옳은 것은?

① 두 개의 상이한 기업에 관한 정보가 동일한 회계처리방법에 따라 작성되고 공시된다면 이 정보는 일관성있게 작성되었다고 본다.
② 회계기말에 발생과 이연에 관한 수정분개를 하는 주요 근거는 계속기업의 가정과 중요성의 개념에 있다고 본다.
③ 회계연도를 분기나 반기로 나누어 재무보고를 하는 경우 회계정보의 목적적합성과 적시성이라는 측면에서 의미가 있다.
④ 취득원가 또는 역사적원가모형에 기초하여 작성된 재무정보는 다른 평가방법에 의했을 경우보다 신뢰성 있고 목적적합하다는 장점이 있다.

7. 이용자를 고려하여 회계정보가 간단 · 명료하게 작성될 것을 요구하는 속성은?

① 이해가능성　② 관련성　③ 신뢰성
④ 비교가능성　⑤ 중요성

8. 동일한 회계처리방법을 매기 계속하여 적용할 것을 요구하는 속성은?

① 이해가능성　② 목적적합성　③ 신뢰성
④ 비교가능성　⑤ 중요성

9. 재무회계기준에서 계속성 원칙의 준수를 요구하고 있는 이유는?

① 재무제표의 이용자에게 재무제표를 적시에 제공하기 위한 것이다.
② 회계기간의 수익과 비용을 적절히 대응하기 위한 것이다.
③ 각 회계기간에 동일한 정보가 공시되었는가를 확인하기 위한 것이다.
④ 기간별 재무제표의 비교가 가능하도록 하기 위한 것이다.

10. 정보이용자들이 의사결정시에 꼭 알아야만 하는 중요한 사항을 빠짐없이 기록하되, 중요하지 않은 사항은 정보의 홍수를 막기 위하여 과감히 통합 또는 요약될 것을 요구하는 가정은?

① 이해가능성　② 목적적합성　③ 신뢰성
④ 비교가능성　⑤ 중요성

11. "회계정보 이용자가 기업실체의 경제적 실상을 이해하고 판단하는 데 아무런 영향을 주지 않는 사소한 것은 재무제표상에 나타내거나 보고할 필요가 없다"라는 말은 다음 중 어떤 것에 근거를 둔 것인가?

① 안정성　② 유용성　③ 목적적합성
④ 중요성　⑤ 이해가능성

12. 일반적으로 사무용 소모품을 구입하는 시점에서 자본화(재고자산)하는 대신 비용화(소모품비)하는 주된 이유는 다음 중 어느 것에 해당하는가?

① 중요성　② 적시성　③ 완전성
④ 이해가능성　⑤ 비교가능성

13. 재무회계기준에 대한 설명으로 적절하지 않은 것은?

① 기업의 회계정보 산출 및 보고행위에 대한 일종의 품질관리기준이다.
② 모든 기업에게 적용되는 보편타당한 성격을 갖는다.
③ 우리나라에서는 3원화되어 있으며, 한국공인회계사회에서 제정한다.
④ 시대변화와 사회발전에 따라 변화하는 성격을 갖고 있다.

14. 광고선전비나 급여 등과 같은 원가는 발생기간에 그 전액을 비용으로 즉시 인식한다. 그 이론적 근거로서 다음 중 타당하지 않은 것은?

① 미래효익이 확실히 존재할지가 불분명하여 자산성을 인정하기 어렵기 때문이다.
② 이들 원가로 인한 기간별 효익의 크기를 확실히 식별하기가 곤란하기 때문이다.
③ 여러 기간에 걸쳐 원가를 정확히 배분하더라도 큰 효익이 없을 것이기 때문이다.
④ 기간별로 원가를 배분하기 위한 논리적인 배분기준을 찾기가 어렵기 때문이다.
⑤ 비용으로 즉시 인식하는 것이 중요성의 원칙에 부합되기 때문이다.

15. 다음 설명 중 올바르지 않은 것은?

① 자산을 취득 당시의 금액으로 평가하여 기록하는 것을 취득원가(역사적원가모형) 기준이라 하며, 이는 계속기업의 가정에 기초한다.
② 현금의 수입·지출 여부와 관계없이 수익·비용의 발생 여부를 기준으로 하며 그 금액을 확정하는 것을 발생기준이라고 한다.
③ 어떤 경영활동의 결과로 나타나는 각각의 수익에 대하여 그것을 획득하는 데 소요되는 비용을 대비시켜 인식하는 것을 수익·비용 대응의 원칙이라 한다.
④ 수익은 제품이 판매되어 현금이 회수되는 경우에만 실현되는 것으로 보아 손익계산서에 나타낼 수 있다.

Ⅳ. 해답(자습문제, 교과서 연습문제)

[1] 연결형

1. A **2.** D **3.** C **4.** B **5.** F

- 당기매출액과 차기매출액을 구분한다는 의미가 들어 있으므로 회계기간의 가정도 관련될 수 있지만,
- 대금을 회수한 사실보다는 매출사건의 당기발생을 중시하여 당기에 매출액을 기록했으므로 발생기준 선택

6. E

7. H

- 회계에서는 금액이 큰 항목은 중요한 항목이라고 보고 각기 독립적으로 기록하는데, 이는 중요성 기준을 적용한 결과임. 중요하지 않은 항목들은 정보의 홍수를 막기 위해 적절히 통합하여 단일금액으로 기록함.

8. G

[2] 진위형

1. F 재무보고의 개념체계에서 바람직한 속성은 목적적합성, 표현충실성 등이고, 지문에 나와 있는 품질관리적 성격 등은 재무회계기준의 성격임.

2. T **3.** T **4.** T **5.** T **6.** T

7. F 〈일반기업회계기준〉, 〈중소기업회계기준〉, 〈한국채택국제회계기준〉으로 3원화되어 있음.

8. F 상장 및 코스닥 등록 이외의 기업은 〈일반기업회계기준〉이나 〈한국채택국제회계기준〉을 선택적으로 적용할 수 있지만, 상장 및 코스닥 등록기업은 〈한국채택국제회계기준〉을 적용하여야 한다.

[3] 객관식

1. ② 회계의 기본가정은 연역적으로 회계이론을 도출하기 위한 기본명제이다.

2. ④ 회계정보의 속성 중에서 목적적합성과 충실한 표현이 상충되는 경우가 많기는 하지만 항상 그런 것은 아니다. 정보에 따라서는 목적적합성도 있으면서 표현충실성도 있는 경우가 있다.

3. ② **4.** ③ **5.** ③

6. ③ ①의 일관성은 기간별 비교에 관한 개념이지 기업 간 비교개념이 아니다.
②는 회계기간의 가정과 관련된다.
④의 취득원가 기준은 목적접합하지 않다는 단점이 있다.

7. ① **8.** ④ **9.** ④ **10.** ⑤ **11.** ④ **12.** ①

13. ③ 우리나라의 〈재무회계기준〉은 민간기구인 한국회계기준원이 제정한다.

14. ⑤

15. ④ 수익은 상품의 매입, 보관, 판매 등의 일련의 과정을 거쳐 점차적으로 발생하며, 실현되었다고 간주되는 시점에서 인식하게 된다. 수익의 실현은 판매기준뿐만 아니라 진행기준 및 회수기준에 의해서도 이루어질 수 있다.

교과서 연습문제 해답

[1] 빈칸 채우기

(1) 재무회계기준, financial accounting standards
(2) 기업실체, 요약, 객관적
(3) 화폐적 측정, monetary measurement
(4) 계속기업, going concern
(5) 취득원가, 공정가치
(6) 기간별 보고, time period
(7) 질적 특성
(8) 목적적합성, 표현충실성 또는 충실한 표현
(9) 국제회계기준, IFRS
(10) 원칙, principle-based

[2] 진위형 문제

(1) T
(2) F 표현충실성을 희생할 가능성을 고려하여야 함
(3) T
(4) T
(5) F 중요성이 없는 경우에 해당됨
(6) F 비교가능성에 대한 설명임
(7) F 중립성이란 주관적 편견이 개입하거나 어느 한편의 이해관계에 치우치지 않도록 해야 한다는 의미임

[3] (3) 재무보고의 역할과 의의로서 수탁책임의 이행에 관한 정보제공은 의사결정의 유용성을 제고하기 위한 재무보고 목적에 포함되지 않는다. → 목적에 포함된다고 볼 수 있다.

[4] (2) 회계정보의 확인가치란 회계처리과정에서 두 개 이상의 선택가능한 방법이 있는 경우 기업이 속한 경제환경의 변화에 따른 미래의 불확실성과 위험을 충분히 고려하여 보수적으로 회계처리하는 태도를 의미한다. → 재무상태와 경영성과, 기업의 미

래 현금흐름 등에 대한 예측내용을 실제 나타난 결과와 비교해 볼 수 있어야 하는 속성을 의미한다.

(5) 재무제표의 기본가정으로 계속기업의 가정을 규정하고 있기 때문에 기간별로 구분하여 재무상태와 경영성과에 관한 정보를 산출할 필요는 없으며, 발생기준을 채택하는 경우 수익과 비용 및 자산의 인식에 있어 기간귀속을 결정하는 큰 의미는 없다.
→ 기업의 계속성을 가정하므로, 적시성 있는 재무정보가 필요하기 때문에 기간별로 구분하여 재무상태와 경영성과를 보여줄 필요가 있으며, 이 경우 발생기준을 채택하는 경우 수익과 비용 및 자산의 인식에 있어 기간귀속을 결정하는 것이 아주 중요하다.

[5] 재무보고의 개념체계

(1) 재무보고의 목적으로부터 재무제표의 기본가정하에서 유용한 재무정보의 바람직한 속성이 도출되며, 이를 바탕으로 유용한 회계정보의 산출을 지도하기 위한 재무회계기준이 제정된다.

(2) 재무정보가 유용하기 위해서는 목적적합해야 하고 나타내고자 하는 바를 충실하게 표현해야 한다. 이를 근본적 질적 특성이라고 한다.

① 목적적합한 재무정보는 정보이용자의 의사결정에 차이가 나도록 할 수 있다. 여기에서 재무정보에 예측가치, 확인가치 또는 이 둘 모두가 있다면 그 재무정보는 의사결정에 차이가 나도록 할 수 있다. 정보이용자들이 미래 결과를 예측하기 위해 사용하는 절차의 투입요소로 재무정보가 사용될 수 있다면, 그 재무정보는 예측가치를 갖는다. 재무정보가 과거 평가에 대해 피드백을 제공한다면(과거 평가를 확인하거나 변경시킨다면) 확인가치를 갖는다.

② 중요성은 정보가 누락되거나 잘못 기재된 경우 특정 보고기업의 재무정보에 근거한 정보이용자의 의사결정에 영향을 줄 수 있다면 그 정보는 중요한 것이다. 즉 중요성은 개별 기업 재무보고서 관점에서 해당 정보와 관련된 항목의 성격이나 규모 또는 이 둘 모두에 근거하여 해당 기업에 특유한 측면의 목적적합성을 의미한다.

③ 충실한 표현은 재무보고서에 경제적 현상을 표현하는 것뿐만 아니라 나타내고자 하는 현상을 충실하게 표현해야 한다. 충실한 표현을 하기 위해서는 서술은 완전하고, 중립적이며, 오류가 없어야 할 것이다.

(3) 계속기업의 가정

(4) 불량제품이 소비자들에게 피해를 주듯이 부실한 회계정보는 정보이용자들에게 경제적으로 막대한 피해를 준다. 이를 방지하기 위해서는 일정수준 이상이 되는 회계정보를 산출하는 것이 필요하며, 이런 요청에서 기업의 회계정보 산출과정을 지도 내지 통제하기 위한 재무회계기준이 필요하게 된다.

[6] 재무보고와 발생기준에 의한 포괄손익계산서

[풀이]

(1) 발생기준하에서의 수익 : ₩820,000+31,000(선수기술용역료 감소)−미수기술용역료 감소(5,000)= ₩846,000

(2) 발생기준하에서의 비용 : ₩320,000+미지급비용증가(7,000)+선급비용의 감소(8,000) =₩335,000

따라서 발생기준하에서의 당기순이익=₩846,000−335,000=₩511,000

[7] 인터넷을 이용한 회계 탐험

− 감사보고서의 의견문단 (일반적으로 제일 마지막문단)에 언급된다.

〈(주)까사미아 감사보고서〉

… 중략 …

본 감사인과 타감사인의 감사결과를 기초로 한 본 감사인의 의견으로는 상기 재무제표가 (주)까사미아의 2018년 12월 31일과 2017년 12월 31일 현재의 재무상태와 동일로 종료되는 양 회계연도의 경영성과 그리고 이익잉여금의 변동과 현금흐름의 내용 및 2018년 12월 31일로 종료되는 회계연도의 자본의 변동을 대한민국에서 일반적으로 인정된 회계처리기준에 따라 중요성의 관점에서 적정하게 표시하고 있습니다.

제약·바이오 산업의 연구개발비의 자산화

자본시장에서 투자자의 관심이 높은 제약·바이오 산업은 대표적인 고위험·고수익 분야로 인식되고 있으며, 신약 개발을 위해서는 평균 15년간 1조원 이상이 소요되며, 후보물질의 최종 출시 성공률은 0.01% 수준에 불과하다. 최근 들어 제약·바이오 기업(상장사 163개) 주가의 급상승, 변동성 확대 등으로 인해 투자자 보호 필요성이 증대하여 「제약·바이오 기업의 연구개발비 회계처리 관련 감독지침」을 마련하였으며, 구체적인 내용은 다음과 같다.

약품유형별 연구개발비의 자산화가 가능한 단계

유 형	자산화 가능 단계	설정근거
신 약	임상 3상 개시 승인	• 임상 3상 개시 승인 이전에는 일반적으로 자산가치의 객관적 입증이 어려울 것으로 판단됨 • 美 제약·바이오 업계 통계에 따르면 최근 10년간 임상 3상 개시 승인 이후 정부 최종 승인율이 약 50%
바이오 시밀러	임상 1상 개시 승인	• 오리지널약과의 유사성 검증자료를 확인하지 않은 임상 1상 개시 승인 이전에서는 일반적으로 자산가치의 객관적 입증이 어려울 것으로 판단됨 • 美 연구결과, 임상 1상 개시 승인 이후 최종 승인율 약 60%

제 03 부

회계정보의 산출 및 활용

제 8 장 당좌자산과 금융자산

제 9 장 비유동자산

제10장 부채

제11장 자본

제12장 현금흐름표 및 재무제표분석

제 08 장 | 당좌자산과 금융자산

Ⅰ. 개 관

◉ 개 관

본 장에서는 재무상태표의 첫 번째 계정과목에 해당하는 **금융자산**에 대해 설명한다. 손안에 있는(cash on hand: 일명, 수중의) 현금 및 이와 진배없는 다른 자산도 있다. 이러한 현금및현금성자산은 물론, 각종 금융상품과 주식, 사채 등의 유가증권 그리고 매출채권 등을 다룬다. 그리고 이들은 종전과는 다른 명칭(예를 들면 유가증권 대신 **당기손익금융자산·상각후원가금융자산·기타포괄손익금융자산** 등)으로 재무상태표에 표기됨을 기억할 필요가 있다.

∘ 야구공 가격은 얼마일까?

야구공과 배트를 합친 가격은 1달러 10센트이다. 야구 배트의 가격이 공의 가격보다 1달러 더 비싸다. 그렇다면 공의 가격은 얼마인가? 단, 5초 내에 답해야 한다.

생각에 관한 생각, 대니얼 카너먼의 저서 중에서

∘ 야구공 1개의 매입부대비용이 무려 30만달러를 넘어?

세인트루이스 카디널스 소속의 마크 맥과이어 선수는 1998년 정규시즌 마지막 경기에서 기념비적인 시즌 제70호 홈런을 쳤다. 1999년 2월 현재 이 공의 소유자는 캐나다의 소설가 맥팔레인(37세). 그는 맥과이어의 70호 홈런공을 1999년 1월 12일 그룬제이 경매장에서 사상 최고 금액인 270만달러에 구입하면서, 추가로 수수료 30만 5천달러를 지불했다. 이 시합용 야구공의 당초 구입가격은 단돈 5달러!

중앙일보(1999년 2월 10일) 기사 중에서

Ⅱ. 본 장의 요약

제1절 현금및현금성자산

1. 현금의 중요성

- 지불수단으로서의 현금은 기업의 부도상황이라는 최악의 사태를 막을 수 있는 중요한 수단이라는 점에서 '기업의 혈액(blood)'

2. 현금및현금성자산의 정의

- 현금(cash)은 지폐나 동전 등의 통화는 물론 타인발행수표와 같이 통화 대신 사용할 수 있는 증권(통화대용증권)도 포함
- 예금(cash in bank)은 당좌예금과 보통예금(정기적금이나 정기예금은 제외)을 지칭하는데, 이 예금들은 언제든지 인출하여 영업활동에 사용가능
- 현금성자산(cash equivalents, 현금등가물)은 큰 거래비용 없이 현금으로 전환이 용이하고 이자율변동에 따른 가치하락 위험도 크지 않은 금융상품으로서 취득 당시 만기일(또는 상환일)이 3개월 이내인 것
- 이들은 각기 다른 형태를 취하고 있지만 경제적 관점에서 보면 모두 현금과 유사한 것으로 볼 수 있기 때문에, 이들 금액을 모두 합하여 **현금및현금성자산**이라는 단일 계정으로 간결하게 기재

3. 현금의 내부통제

- 현금의 유용, 부정이나 오류발생을 방지하고, 안전한 보관, 수입과 지출에 관한 정확한 회계기록의 유지, 적정 현금수준을 유지하기 위한 수단

4. 소액현금제도

- **정액기금전도제도** : 사전에 당좌예금에서 일정액을 인출하여 소액현금으로 설정해 두었다가 주기적으로 경비로 지출된 금액만큼을 비용으로 계상하고 부족액을 보충해주는 방법

■ 부정액기금전도제도 : 소액현금이 소진되려고 할 때마다 수시로 필요한 금액을 보충해주는 방법

5. 현금계정의 조정 : 현금과부족

■ 현금의 장부상 잔액과 실제잔액이 차이가 있음이 발견되면 그 원인을 조사하는 동안 임시로 현금과부족계정에 차액을 기록함으로써 일단 현금의 실제잔액에 장부잔액을 일치시킨다.

- 현금부족시

(차) 현금과부족	×××	(대) 현 금	×××

- 현금과다시

(차) 현 금	×××	(대) 현금과부족	×××

■ 원인이 끝내 밝혀지지 않으면 결산일에 잡손실 또는 잡이익으로 처리

6. 당좌예금의 회계처리

■ 당좌예금의 특징과 분개

- 당좌예금(checking account)은 이자가 전혀 없는 대신, 언제든지 입출금이 가능한 예금으로, 보통 당좌수표를 발행하여 예금을 인출
- 당좌예금 잔액의 범위 내에서 기업이 당좌수표에 스스로 금액을 기재하여 발행하여 대금지급 등에 사용
- 잔액이 없는데도 수표를 발행하면 은행은 수표대금의 지급을 거절하게 되므로, 부도수표(dishonored check)가 되는 것을 예방하기 위하여 **당좌차월**이라는 제도를 이용

■ 당좌차월의 분개

- 예금잔액의 범위를 초과하여 수표를 발행하더라도 일정 한도까지는 은행이 이를 부도처리하지 않고 수표대금을 지급해주는 제도
- 당좌차월이 발생하면 당좌차월계정(bank overdraft account)라는 부채계정을 설정하여 대변에 기록
- 당좌예금을 하면 우선적으로 당좌차월과 상계
- 실무적으로는 은행계산서(bank statement)를 받는 시점에서 당좌차월에 대한 분개를 기록

■ 당좌예금의 결산정리 : 은행계정조정표
- 기업이 장부상 기록하고 있는 금액과 은행의 실제 잔고와 차이가 나는 경우에는 은행계정조정표(bank reconciliation statement)를 작성, 기말의 정확한 예금 잔액을 구함

• 폐기된 화폐 5조 9,601억원

2002년 폐기처분된 화폐는 5조 9,601억원으로 무게로는 1,005t(5t트럭 201대분)에 달하고 길이로는 서울~부산을 173회 왕복할 수 있는 14만8,149㎞에 달하며, 높이는 9만 9,120m로 에베레스트산(8,850m)의 11배에 달한다. 폐기된 화폐 가운데 1만원권은 5억 3,200만장이며 평균 수명은 4년 6개월이었다.

동아일보(2003년 1월 22일) 기사 중에서

제2절 매출채권

1. 매출채권의 성격

■ 매출채권은 기업 본연의 중심적 활동에서 나타나는 채권이고 가까운 미래에 유입될 현금의 크기를 말해주기 때문에 특별히 중요함
■ 매출채권 : 외상매출금+받을어음

2. 받을어음

■ 받을어음의 의미
- 매출채권을 어음이라는 형식으로 증권화한 것
- 법정에서의 증거능력이 외상매출금보다 더 크다는 것을 제외하고는 매출채권과 동일

■ 받을어음의 할인과 양도
- 받을어음(매출채권)의 양도 : 매출채권이나 받을어음에 대한 권리의무가 양도인과 분리되어 실질적으로 이전되는 때에는 매각거래로 간주
- 장부금액과 양도가액과의 차이를 매출채권처분손실(할인료)로 인식
- 받을어음(매출채권)의 담보차입 : 양도거래 이외에는 받을어음을 담보로 제공

한 것으로 보아 차입거래로 간주
- 담보로 제공된 부분을 단기차입금으로 기록

■ 매출채권처분손실 또는 이자비용(할인료)
- 무이자부어음 : 양도나 할인한 시점부터 만기까지 기간 동안의 이자비용(할인료, 매출채권처분손실)
- 이자부어음 : 어음상에 이자율이 표시되어 있어 만기 결제시점에 어음의 액면가액에 추가하여 만기까지 기간 동안의 이자수취 가능

3. 매출채권에 대한 손상

■ 대손과 손상의 의미
- 매출채권에 손상사건(회수불가능한 상황)이 발생될 것으로 예상되는 경우의 손상차손을 특별히 대손상각비라고 함

■ 손상의 회계처리

기말 매출채권 잔액 10억원 중 과거의 거래경험과 회수가능성을 검토한 결과
- 5,000만원의 매출채권에 대해서 손상될 것으로 판단하였다면

(차) 대손상각비	5,000만원	(대) 대손충당금	5,000만원*

* 수취채권에서 차감하는 형식으로 표시

- 실제 대손 3,000만원이 발생한 경우

(차) 대손충당금	3,000만원	(대) 매출채권	3,000만원

제3절 기타유동자산

■ 대여금 : 타인에게 현금을 대여한 경우

■ 선급금 : 상품이나 서비스를 제공받기로 약속하고 미리 건넨 선금 또는 계약금

■ 미수금 : 상품, 제품 등의 재고자산 이외의 자산을 외상으로 매각할 때 발생하는 수취채권

■ 가지급금 : 현금의 지출이나 수입이 있었으나, 계정과목 금액을 분명하게 확정할 수 없는 애매한 경우가 있을 때, 계정과목이 확정되기 전까지 임시로

기록하는 과목

- 가불금 : 종업원의 요구에 따른 급여 선불금액이며 급여일에 상계하여 제거
- 위의 채권들에 대한 회수불능(손상) 추산액은 매출채권의 대손상각비와 구분하여 '기타의 대손상각비'계정으로 처리한 다음 포괄손익계산서에 반영

제4절 금융자산의 이해와 당기손익금융자산의 회계처리

1. 금융상품이란?

- 거래당사자 일방에게 **금융자산**(financial asset)을 발생시키면서 다른 거래상대방에게 **금융부채**(financial liabilities)나 주식발행과 같은 **지분상품**(equtiy instrument)을 발생시키는 모든 계약

2. 유가증권을 비롯한 금융상품의 종류

- **당기손익-공정가치측정금융자산 : 공정가치로 평가**하여 공정가치변동분을 당기손익에 반영하는 금융자산
  - ① 당기손익금융자산 : 최초 인식시점에서 특정 조건을 충족하여 당기손익인식항목으로 지정한 유가증권과 파생상품 및 금융기관이 취급하는 투자상품
  - ② 단기매매금융자산 : 단기적 시세차익을 얻기 위하여 취득한 금융자산을 의미
  - \- 금융업을 제외한 일반 업종에서는 단기매매금융자산으로 분류할 가능성이 상대적으로 적음
- **상각후원가측정금융자산**은 만기가 고정되고 계약상 현금흐름이 원금과 이자만으로 구성된 회사채, 국・공채와 같은 금융자산
  - \- 주식은 만기가 없기 때문에 상각후원가측정금융자산으로 분류될 수 없음
    - ① 채무상품 : 당기손익금융자산이나 기타포괄손익금융자산에 해당하지 않으면서 만기까지 보유할 의도가 있는 회사채 등의 채무상품
    - ② 금융기관이 취급하는 투자상품 : 현금및현금성자산과 당기손익금융자산으로 분류되지 않으면서 만기까지 보유할 의도가 있는 금융상품
- **기타포괄손익-공정가치측정금융자산** : 기업이 언제든지 처분하여 현금화할 수 있도록 매도가능항목으로 지정한 금융자산

- 주식과 같은 지분상품 중에서 당기손익금융자산에 포함되지 않는 금융상품
- 만기까지 보유할 의도가 없는 회사채와 같은 채무상품
- 금융기관 취급 각종 펀드 등 투자상품을 포함

3. 금융상품의 회계상 구분

- 지분증권(equity securities) : 기업의 순자산에 대한 소유지분을 나타내는 유가증권(보통주나 우선주 등)을 말하며, 당기손익금융자산, 기타포괄손익금융자산 중의 하나로 회계처리
- 채무증권(debt securitites) : 발행자에 대하여 금전을 청구할 수 있는 권리를 나타내는 금융자산으로 회사채나 국채가 대표적
  - 당기손익금융자산, 기타포괄손익금융자산, 상각후원가금융자산 중의 하나로 회계처리

4. 당기손익금융자산의 회계처리

- 최초취득시 회계처리
  - 금융자산 자체의 순수구입대금 외에 추가적으로 발생하는 모든 비용은 취득원가에 포함하지 않고, 매입부대비용으로 당기비용 처리
  - 포트폴리오 : 위험회피 목적에서 여러 종류의 주식으로 구성된 유가증권군(群)
- 결산정리(평가이익이나 평가손실은 기타수익 또는 영업외수익)
  - 당기손익금융자산은 주식이든 사채든 모두 공정가치로 평가

〈공정가치가 상승한 경우〉

(차) 당기손익금융자산 ××× (대) 당기손익금융자산평가이익 ×××

〈공정가치가 하락한 경우〉

(차) 당기손익금융자산평가손실××× (대) 당기손익금융자산 ×××

- 처분과 배당금수익
  - 처분대가와 처분시점의 장부금액과의 차이는 처분손익으로 인식하며 포괄손익계산서에 기타수익으로 기록
  - 현금배당을 받았을 경우에는 배당금수익으로 인식하며 이는 포괄손익계산서에 기타수익으로 기록

부록 A 기타포괄손익금융자산의 공정가치 평가

■ 최초취득시 회계처리

- 기타포괄손익금융자산의 취득원가는 제공한 대가의 시장가격에 매입부대비용을 가산한 금액

■ 결산정리

- 기타포괄손익금융자산은 주식이든 사채든 모두 공정가치로 평가

〈공정가치가 상승한 경우〉

(차) 기타포괄손익금융자산 ××× (대) 기타포괄손익금융자산평가이익 ×××
(기타포괄손익)

〈공정가치가 하락한 경우〉

(차) 기타포괄손익금융자산평가손실 ××× (대) 기타포괄손익금융자산 ×××
(기타포괄손익)

- 기타포괄손익금융자산평가손익은 당기손익금융자산평가손익과는 달리 당기순손익 다음 단계의 기타포괄손익구분에 표시되고, 이는 마감분개를 통하여 재무상태표의 자본부분에 기타포괄손익누계액으로 기록

Ⅲ. 자습문제

[1] 연결형 : 아래 각 문장은 박스 속의 어느 용어에 관한 것인지 답하시오.

A. 현금	B. 현금성자산	C. 단기금융상품	D. 상각후원가금융자산
E. 시장성	F. 당좌차월계약	G. 현금과부족	H. 은행계정조정표
I. 미인출수표	J. 결산일의 종가	K. 배당금수익	L. 포트폴리오
M. 기타포괄손익금융자산	N. 당기손익금융자산평가손실		O. 이자수익

1. ________ 금융기관이 취급하는 정기예금·정기적금·사용이 제한된 예금 등으로서 단기간 동안의 자금운용 목적으로 소유하는 기한이 1년 이내에 도래하는 금융자산

2. ________ 예금잔액 이상으로 수표를 발행하고자 할 때 은행과 체결하는 계약

3. ________ 상품을 매출하고 은행발행의 자기앞수표를 받았으면 이 계정에 기록

4. ________ 취득 당시에는 현금 형태가 아니지만 바로 그 취득시점에서 볼 때 조만간 현금화될 예정인 자산

5. ________ 기업이 발행한 수표가 거래은행에 아직 제시되지 않아 은행에서 차감하지 않은 수표를 지칭하는 표현

6. ________ 기업이 기록하는 당좌예금계정의 잔액과 은행의 잔액은 기록시점의 차이 등으로 인해 일치하지 않을 경우가 있으므로, 그 원인을 규명함과 아울러 재무상태표에 기록할 정확한 예금잔액을 산출하기 위하여 작성하는 표

7. ________ 현금의 실사결과 실제 잔액이 현금계정 잔액과 다른 경우, 그 원인을 발견 할 때까지 일시적으로 이 차액을 기록하기 위한 계정

8. ________ 단기매매차익을 얻을 목적에서 그리고 적극적이고 빈번하게 매매할 의도에서 주식이나 사채에 투자하는 경우, 이를 당기손익금융자산계정에 기록하기 위해 충족시켜야 하는 조건

9. ________ 만기까지 보유하고자 하는 적극적인 의도와 능력이 있는 상태에서 구입한 사채

10. ________ 당기손익금융자산이나 상각후원가금융자산에 속하지 않는 기타 다른 모든 주식과 사채

11. ________ 당기손익금융자산에 투자한 경우, 발행회사로부터 받는 현금배당을 기록하는 계정으로서 영업외수익(또는 기타수익)으로 분류되는 것

12. ________ (당기손익금융자산으로 분류된)회사채에 투자한 경우, 발행회사로부터 받는 이자를 기록하는 계정으로서 영업외수익(또는 기타수익)으로 분류되는 것

13. ________ 유가증권 투자시 위험분산 목적으로 투자액을 여러 종목에 나누어 분산투자를 하는데, 이렇게 하여 이루어진 자산구성을 일컫는 용어

14. ________ 당기손익금융자산의 취득원가와 기말 공정가액의 차액을 기록하는 계정으로서 영업외비용(또는 기타비용)으로 분류되는 것

[2] 진위형 : 아래 문장이 옳으면 T(true, 眞)에, 틀리면 F(false, 僞)에 ○표를 하시오.

1. (T F) 건물을 처분한 대가로 상대방 발행의 당좌수표를 받으면 이를 당좌예금계정 차변에 분개한다.

2. (T F) 단기금융상품이란 금융기관이 취급하는 정기예금, 정기적금 그리고 기타 정형화된 금융상품으로서 만기가 1년 이내에 도래하는 것만을 말하고, 만기가 1년 이후에 도래하는 것은 투자자산 구분에 장기금융상품으로 기재해야 한다.

3. (T F) 현금과부족 현상이 나타나는 이유는 도난, 분실과 같은 현금 그 자체의 차이에 의해서 나타날 수도 있고, 이중기록이나 기록누락과 같은 회계처리상의 오류에 의해서 나타날 수도 있다.

4. (T F) 현금과다액의 원인이 끝내 밝혀지지 않으면 결산일에 이를 잡손실계정에 대체한다.

5. (T F) 타인발행 당좌수표를 받으면 이를 현금계정 차변에 분개한다. 그리고 자기가 수표를 발행해서 지급하면 역시 현금계정 대변에 분개한다.

6. (T F) 당좌차월이란 예금잔액 없이도 수표를 발행하는 것을 말하며, 이는 곧 은행으로부터의 차입을 말하는 것이기 때문에 기말에 당좌차월 잔액이 아직 남아 있으면 재무상태표에는 단기차입금으로 기재해야 한다.

7. (T F) 당좌차월에 대한 이자비용이 얼마인지는 은행계산서를 보면 알 수 있으며, 따라서 은행계산서 입수시점에서 이자비용을 분개하는 것이 보통이다.

8. (T F) 기업 측의 당좌예금계정 잔액과 은행 측의 잔액이 일치하지 않는 이유는 양자의 기록시점이 다르기 때문인 경우가 대부분이며, 이 외에 어느 한 당사자의 회계상의 오류 때문(예컨대 실수로 인한 기록누락, 이중기록, 금액 잘못 기록 등)일 수도 있다.

9. (T F) 은행계정조정표를 작성하고 나서 기업은 은행계정조정표의 회사측 잔액에 기록된 사항들에 대하여 결산정리분개를 한다.

10. (T F) 타 회사발행 주식이나 사채를 단기매매차익 획득 목적에서 그리고 적극적이고 빈번히 매매할 의도에서 취득한 경우에는 당기손익금융자산계정 차변에 분개한다.

11. (T F) 타 회사발행 주식이나 사채를 단기매매차익 획득 목적에서 취득하였으면 비록 적극적이고 빈번히 매매할 의도가 없더라도 당기손익금융자산계정 차변에 기록하는 것이 허용된다.

12. (T F) 상각후원가금융자산이란 만기까지 보유할 적극적인 의도와 능력이 모두 있는 상황에서 취득한 다른 회사가 발행한 사채를 말한다.

13. (T F) 만기까지 보유하고자 하는 적극적인 의도가 있더라도 만일 만기까지 보유할 수 있는 능력(예컨대 풍부한 자금력 등)이 없다고 판단되는 상황에서 타 회사발행의 사채를 취득한 경우에는 이를 상각후원가금융자산으로 구분하면 안 된다.

14. (T F) 상각후원가금융자산이란 만기가 표시되어 있는 주식과 사채가 모두 포함된다.

15. (T F) 타 회사발행 주식 가운데 당기손익금융자산으로 분류되지 않는 기타의 다른 모든 주식은 재무상태표에 기타포괄손익금융자산으로 하여 원칙적으로 투자자산란에 기록하여야 한다.

16. (T F) 타 회사발행 사채 가운데 당기손익금융자산 및 상각후원가금융자산으로 구분되지 않는 기타의 다른 모든 사채는 재무상태표에 기타포괄손익금융자산으로 하여 원칙적으로 투자자산란에 기록하여야 한다.

17. (T F) 상각후원가금융자산은 일반적으로 재무상태표에 투자자산으로 기록한다.

18. (T F) 시장성없는 주식이라도 단기매매차익 획득 목적에서 그리고 적극적이고 빈번하게 매매할 의도에서 취득한 경우에는 당기손익금융자산계정 차변에 분개한다.

19. (T F) 시장성있는 주식을 당기손익금융자산으로 보유하고 있었으면 후에 발행회사가 상장폐지되면서 시장성을 상실한 경우에도 계속 당기손익금융자산으로 분류하고 유동자산으로 기록하여야 하며, 회사 마음대로 이를 투자자산란에 옮겨 기록하면 안 된다.

20. (T F) 당기손익금융자산을 비롯한 유가증권을 취득하면서 순수구입대금 외에 별도로 증권회사 수수료 등의 매입부대비용을 지급한 경우, 순수구입대금만 취득원가로 기록하여 자산화하고 매입부대비용은 별도의 수수료계정에 분개하여 당기 비용으로 처리한다.

21. (T F) 시장가격이 상승한 당기손익금융자산에 대한 결산정리분개를 할 때, 취득원가와 기말 공정가치 간의 차액은 당기손익금융자산평가이익으로 하여 포괄손익계산서의 기타수익 또는 영업외수익으로 기록한다.

22. (T F) 시장가격이 하락한 단기매매회사채에 대한 결산정리분개를 할 때, 취득원가와 기말 공정가치 간의 차액은 당기손익금융자산평가손실로 하여 포괄손익계산서의 기타비용 또는 영업외비용으로 기록한다.

23. (T F) 당기손익금융자산의 처분대가가 장부금액보다 크면 당기손익금융자산처분이익계정 대변에 분개하고 반대로 처분대가가 장부금액보다 적으면 당기손익금융자산처분손실계정 차변에 분개한다.

24. (T F) 보유 중인 당기손익금융자산으로부터 현금배당을 받으면 배당금수익계정 대변에 분개하고, 보유중인 단기매매사채로부터 이자를 받으면 이자수익계정 대변에 분개한다. 이들은 모두 기타수익 또는 영업외수익 항목이다.

25. (T F) 기타포괄손익금융자산을 취득하는 경우 증권회사 등 중개금융기관에 대해 중개수수료를 추가로 지불하여야 하는데 이때 발생하는 자산 자체의 순수구입대금 외에 추가적으로 발생하는 모든 비용은 기타포괄손익금융자산의 취득원가로 처리한다.

[3] 객관식

1. 재무상태표에서 현금및현금성자산에 해당하지 않는 것은?

① 타인발행수표
② 당좌예금
③ 만기가 3개월 이내에 도래하는 정기적금
④ 만기가 1년 내에 도래하는 정기예금

2. 다음 중 성격이 다른 것은?

① 타인발행 당좌수표 ② 우편환증서
③ 지급기일이 도래한 채권의 이자증서 ④ 부도수표

3. 거래 상대방으로부터 당좌수표를 받은 경우 해당되는 계정과목은?

① 당좌수표 ② 당좌예금 ③ 현금 ④ 예금

4. 다음의 거래에서 발생하는 비용총액은?

- 현금의 실제잔액이 현금계정잔액보다 ₩500 부족하다.
- 이 중 ₩400은 이자비용으로 지급되었음이 확인되었고, 나머지는 원인불명이다.

① ₩500 ② ₩400 ③ ₩300 ④ ₩100

5. 예금잔액의 범위를 초과하여 수표를 발행하더라도 일정 한도까지는 은행이 이를 부도처리하지 않고 수표대금을 지급해주는 제도를 무엇이라 하는가?

① 당좌예금 ② 당좌차월 ③ 당좌대월 ④ 이월당좌

6. 다음의 일련의 거래에서 당좌예금잔액 또는 당좌차월잔액은 얼마인가?

- 은행과 당좌거래약정을 맺고 현금 ₩50,000을 예금하다.
- 상품 ₩100,000을 현금매출하고 그 대금을 받아 당좌예금하다.
- 상품 ₩70,000을 매입하고 대금은 수표를 발행하여 지급하다.
- 상품 ₩90,000을 매입하고 대금은 수표를 발행하여 지급하다.

  단, 은행과 ₩500,000을 한도액으로 하는 당좌차월계약을 맺었다.

	당좌예금	당좌차월		당좌예금	당좌차월
①	₩50,000	₩50,000	②	₩0	₩10,000
③	₩10,000	₩0	④	₩500,000	₩0

7. 기업이 은행계산서상의 예금거래 내역과 자신의 당좌예금계정 기록 내용을 대조하면서 불일치 원인을 찾아 작성하는 표는?

① 은행계정조정표 ② 시산표 ③ 정산표 ④ 재고조사표

※ 아래 자료로 문제 8 ~ 9번에 답하시오.

12월 31일 현재 (주)미래의 장부상 당좌예금계정 잔액은 ₩150,000인데, 희망은행에서 보내온 은행계산서에는 잔액이 ₩460,000으로 기록되어 있으며, 불일치의 원인은 다음과 같았다.

- (주)미래가 12월 22일에 발행한 당좌수표 ₩200,000이 은행에서 아직 인출되지 않았다.
- (주)미래의 외상매출대금 ₩120,000이 거래처로부터 직접 은행에 입금되었다.
- (주)미래가 12월 중에 이용했던 당좌차월액에 대하여 이자 ₩10,000이 발생하였는바, (주)미래는 아직 이를 차감하지 않았다.

8. (주)미래가 기말 재무상태표에 기재해야 하는 정확한 당좌예금은 얼마인가?

① ₩340,000 ② ₩350,000 ③ ₩260,000 ④ ₩250,000

9. 다음 중 (주)미래의 당좌예금과 관련된 결산정리분개에 해당되는 것은?

	차변	금액	대변	금액
①	(차) 이자비용	10,000	(대) 당좌차월	10,000
②	(차) 당좌예금	200,000	(대) 현 금	200,000
③	(차) 당좌예금	120,000	(대) 매출채권	120,000
④	(차) 당좌예금	120,000	(대) 매출채권	120,000
	(차) 이자비용	10,000	(대) 당좌예금	10,000

10. 단기간 내의 매매차익을 얻을 목적에서 그리고 매수 및 매도를 적극적이고 빈번하게 수행할 의도에서 취득한 타사 발행의 주식이나 사채를 기록하는 계정은?

① 당기손익금융자산 ② 기타포괄손익금융자산 ③ 상각후원가금융자산
④ 받을어음 ⑤ 지급어음

11. 다음 중 채무증권, 즉 사채만이 해당될 수 있는 것은?

① 당기손익금융자산 ② 기타포괄손익금융자산 ③ 상각후원가금융자산
④ 지분증권 ⑤ 어음

12. 다음 중 재무상태표의 유동자산란에만 기록될 수 있는 것은?

① 당기손익금융자산 ② 기타포괄손익금융자산 ③ 상각후원가금융자산
④ 당좌차월 ⑤ 사용이 제한된 예금

13. 투자자금을 여러 종류의 금융상품에 나누어 분산투자하는 이유는 다음 중 무엇인가?

① 투자수익 차별화 ② 투자위험 회피
③ 투자위험을 집중화 ④ 투자위험 이연

14. 다음은 당기손익금융자산에 관한 설명이다. 옳지 않은 것은?

① 단기매매차익 획득목적 및 적극적 매매수행 의사 모두가 있는 것만을 당기손익금융자산계정에 기록할 수 있다.
② 취득시에 지불한 수수료는 당기 비용처리한다.
③ 반드시 기말의 공정가치로 재무상태표에 기록하여야 한다.
④ 처분시에 발생하는 당기손익금융자산처분손실은 판매비와관리비 항목이다.

15. 당기손익금융자산의 취득에는 당기손익금융자산 자체의 순수구입대금 외에 증권회사에 대한 수수료가 추가로 발생하는데, 이러한 매입부대비용은 어떻게 회계처리하는가?

① 회계처리의 대상이 아니다.
② 자산(당기손익금융자산)의 취득원가에 가산한다.
③ 수수료라는 별도 비용항목으로 처리한다.
④ 주식발행비라는 별도 비용항목으로 처리한다.

16. 당기손익금융자산의 결산정리에 대한 설명 중 맞는 것은?

① 주식이든 사채든 모두 공정가치로 평가하여야 한다.
② 주식이든 사채든 모두 취득원가로 평가하여야 한다.
③ 주식은 공정가치로, 사채는 취득원가로 평가하여야 한다.
④ 주식은 취득원가로, 사채는 공정가치로 평가하여야 한다.

17. 당기손익금융자산의 결산정리에 대한 설명으로 옳지 않은 것은?

① 평가손익은 포트폴리오 전체에 대한 평가손익을 단일금액으로 기록할 수 있다.
② 평가손익은 포괄손익계산서상 영업외손익(또는 기타손익) 항목이다.
③ 공정가액이 취득원가보다 상승한 경우에는 결산정리분개가 필요없다.
④ 공정가액이 취득원가보다 하락한 경우, 당기손익금융자산평가손실계정이 나타난다.

18. 당기손익금융자산의 기말 공정가치가 취득원가보다 상승한 경우에 올바른 결산정리분개는?

① 결산정리분개가 필요 없다.
② (차) 당기손익금융자산 ××× (대) 당기손익금융자산평가이익 ×××
③ (차) 당기손익금융자산 ××× (대) 당기손익금융자산평가이익충당금 ×××
④ (차) 당기손익금융자산 ××× (대) 당기손익금융자산평가손실충당금 ×××

19. 당기손익금융자산에 대한 자료가 다음과 같다고 할 때 기말 재무상태표에 기록해야 할 당기손익금융자산 금액은?

종 목	수 량	주당액면가	주당취득원가	결산일 종가
A주식	30주	₩500	₩700	₩400
B	80	1,000	900	1,000
C	70	500	800	500

① ₩130,000　② ₩149,000　③ ₩103,000
④ ₩119,000　⑤ ₩127,000

※ 아래 자료로 문제 20 ~ 21번에 답하시오.

당기손익금융자산에 대한 자료가 다음과 같았다.

취득(20×1년 10월)	20×1년말 공정가치	처분(20×2년 3월)
₩56,000	₩53,000	₩60,000

20. 20×1년도 포괄손익계산서에 기록해야 할 사항을 바르게 지적한 것은?

① 당기손익금융자산평가손실 ₩3,000을 판매비와관리비로
② 당기손익금융자산평가손실 ₩3,000을 영업외비용으로
③ 당기손익금융자산평가이익 ₩4,000을 영업외수익으로
④ 취득원가로 기록하기 때문에 포괄손익계산서에 기록할 사항은 없다.

21. 20×2년도 포괄손익계산서에 기록해야 할 당기손익금융자산처분손익은 얼마인가?

① 당기손익금융자산처분이익 ₩7,000
② 당기손익금융자산처분이익 ₩4,000
③ 포괄손익계산서에 기록할 사항은 없다.
④ 당기손익금융자산평가손실 ₩3,000

22. 당기손익금융자산에 대한 자료가 아래와 같다고 할 때 포괄손익계산서에 기록해야 할 사항을 바르게 지적한 것은?

종 목	수 량	주당액면가	주당취득원가	결산일 종가
A주식	10주	₩100	₩700	₩500
B	20	200	800	1,300
C	30	500	900	1,000

① 당기손익금융자산평가손실 ₩2,000과 당기손익금융자산평가이익 ₩13,000
② 당기손익금융자산평가손실만 ₩2,000
③ 당기손익금융자산평가이익만 ₩13,000
④ 당기손익금융자산평가이익 ₩11,000

23. 당기손익금융자산을 보유하던 중 주식의 발행회사로부터 현금배당을 받은 경우, 올바른 회계처리는?

① 현금계정 차변과 미수배당금계정 대변
② 현금계정 차변과 주식배당금계정 대변
③ 현금계정 차변과 배당금수익계정 대변
④ 현금계정 차변과 이익잉여금계정 대변

24. 당기손익금융자산처분손익이란 당기손익금융자산의 처분가액과 무엇의 차이인가?

① 장부금액 ② 취득원가 ③ 액면가액 ④ 순실현가치

[4] 주관식

[문 1] 현금거래의 분개와 전기

다음 일련의 거래를 분개하고, 현금계정에 전기한 후, 8월 5일의 현금계정 잔액을 계산하시오. 8월 1일의 현금계정 기초 잔액은 ₩300,000이었다.

8/1 상품 ₩400,000을 외상으로 매출하다.
8/2 상품 ₩100,000을 매출하고, 대금은 거래처 발행의 당좌수표로 받다.
8/3 현금 ₩200,000과 거래처에서 받아두었던 당좌수표로 매입채무 ₩300,000을 갚다.
8/4 8월 1일의 거래처로부터 외상대금 ₩400,000이 우편환증서로 우송되어 오다.
8/5 위 우편환증서를 거래은행에 당좌예금하다.

8/1	(차)	(대)
8/2	(차)	(대)
8/3	(차)	(대)
8/4	(차)	(대)
8/5	(차)	(대)

현 금

8월 5일의 현금계정 잔액 :

[문 2] 현금과부족 : 실제현금이 부족한 경우

다음 일련의 거래를 분개하고, 현금과부족계정에 전기하시오.

7/16 현금의 실제잔액이 현금계정잔액보다 ₩200,000 부족하다.
7/17 이자비용 ₩100,000을 지급하고도 이를 기록하지 않았음이 밝혀졌다.
7/31 상품구입을 위해 ₩60,000을 선급하고도 이를 기록하지 않았음이 밝혀졌다.
나머지 차액은 원인을 밝힐 수 없었다.

7/16	(차)	(대)
7/17	(차)	(대)
7/31	(차)	(대)

현금과부족

[문 3] 당좌예금거래

다음 일련의 거래를 분개하고, 당좌예금계정에 전기한 후, 8월 31일의 재무상태표에 당좌예금을 표시하시오. 8월 1일의 당좌예금계정 잔액은 ₩300,000이었다(단, 분개시 당좌차월계정을 사용할 필요는 없다).

8/23	현금 ₩100,000을 당좌예금하다.
8/25	상품 ₩900,000을 매입하고 수표를 발행하여 지급하다. 은행과는 한도액 ₩1,000,000의 당좌차월계약이 맺어져 있다.
8/28	상품을 매출하고 대금 ₩400,000을 수표로 받아 즉시 당좌예금하다.

8/23 (차) (대)

8/25 (차) (대)

8/28 (차) (대)

당좌예금

재무상태표 (8월 31일)

	부 채

[문 4] 은행계정조정표

12월 31일 현재 (주)정&아트의 당좌예금계정 잔액은 ₩200,000이며, 다음과 같은 불일치 원인이 있었다. 은행계산서에는 (주)정&아트의 예금잔액이 얼마로 기록되어 있었겠는가?

① (주)정&아트에 미통지된 예금액 : ₩300,000
② 은행에서 부담시킨 당좌차월이자 : ₩70,000
③ (주)정&아트 계좌에서 자동이체로 빠져나간 금액 : ₩100,000
④ 은행에서 현금이 아직 미인출된 (주)정&아트 발행의 수표 : ₩400,000

[문 5] 매출채권에 대한 손상(대손상각)의 회계처리

다음은 청람출판의 회계자료이다.

• 기초 매출채권잔액	₩600,000	• 기초 상품(도서)재고액	₩500,000
• 당기 상품(도서)매입액	₩1,700,000	• 매출채권 현금회수액	₩800,000
• 기말 상품(도서)재고액	₩200,000		
• 기초 손실충당금잔액	₩40,000 (당기중 ₩25,000의 손상이 발생하였다)		

(1) 당기중 실제 발생된 ₩25,000의 손상에 대한 회계처리를 하시오.

(2) 청람출판은 도서의 취득원가에 30%의 이익을 가산하여 외상으로 판매하고 신용기간이 경과한 후 현금으로 회수하고 있다. 위의 자료를 토대로 매출채권 기말잔액을 산출해보시오.

(3) 청람출판은 기말 매출채권 잔액에 대해 손상 발생 여부를 추정한 결과 2%의 손상차손을 인식하는 것이 적절하다고 판단하였다. 이를 회계처리하시오.

(4) 위의 (3)의 경우 기초 손실충당금잔액이 ₩200,000이었다고 한다면 적절한 회계처리는?

※ 아래 자료로 문제 6～7번에 답하시오.

(주)현대오토의 당기손익금융자산과 관련된 거래는 다음과 같았다.

20×1. 9. 1 H사 주식 50주를 ₩300,000에 현금으로 취득

20×1. 12. 31 H사 주식의 시가는 주당 ₩9,000

20×2. 2. 2 H사 주식 50주를 주당 ₩8,000씩 현금을 받고 처분

[문 6] 당기손익금융자산평가손익

(주)현대오토가 20×1년도 포괄손익계산서에 기록해야 할 사항은?

[문 7] 당기손익금융자산처분손익

(주)현대오토의 20×2년도 H사 주식 처분거래를 회계처리하시오.

Ⅳ. 해답(자습문제, 교과서 연습문제)

[1] 연결형

1. C	**2.** F	**3.** A	**4.** B	**5.** I	**6.** H	**7.** G
8. E	**9.** D	**10.** M	**11.** K	**12.** O	**13.** L	**14.** N

[2] 진위형

1. F 은행에 가서 이 수표를 예금해야만 당좌예금계정에 기록할 수 있기 때문에 지금은 현금계정 차변에 분개해야 한다.

2. F 만기가 1년 이후에 도래하는 것이라 해도 이를 단기간만 보유한 후 매각할 목적이라면 단기금융상품으로 분류한다.

3. T

4. F 잡이익계정에 대체한다.

5. F 자기가 수표를 발행·지급한 경우에는 당좌예금계정 대변에 분개한다.

6. T **7.** T **8.** T

9. T 기업은 은행계정조정표의 회사 측에 기록된 사항에 대해서 결산정리분개를 한다.

10. T

11. F 시장성있는 타사발행 주식이나 사채를 당기손익금융자산으로 기록하기 위해서는, 첫째 단기매매차익 획득 목적으로 구입한 것이어야 하고, 둘째 적극적이고 빈번히 매매할 의도를 가지고 있어야 한다는 조건 두 가지를 모두 충족시켜야 한다.

12. T 상각후원가금융자산(사채)으로 기록하기 위해서는, 첫째 만기까지 보유할 적극적 의도를 가지고 있어야 하고, 둘째 만기까지 보유할 수 있는 능력(예컨대 풍부한 자금력)을 가지고 있어야 한다는 조건 두 가지를 모두 충족시켜야 한다.

13. T 만기까지 보유할 수 있는 능력이 없다고 판단되면 상각후원가금융자산(사채)으로 구분하지 말고 부득이 기타포괄손익금융자산(사채)으로 구분하여야 한다.

14. F 주식은 만기가 없기 때문에 상각후원가금융자산이 될 수 없다.

15. T **기타포괄손익금융자산**은 원칙적으로 투자자산란에 기록한다(다만, 다음 회계연도 중에 처분될 것이 거의 확실시되는 주식은 유동자산란에 옮겨 기록한다. **계정명칭은 그대로** 기타포괄손익금융자산으로 둔다. 즉 당기손익금융자산으로 계정명칭을 바꾸는 것이 아니다).

16. T 기타포괄손익금융자산은 원칙적으로 투자자산란에 기록한다(다만, 다음 회계연도 중에 처분을 통하여 현금화될 것이 거의 확실시되는 사채 및 다음 회계연도 중에 자연적으로 만기가 도래하여 현금화될 예정의 사채는 유동자산란에 옮겨 기록한다. 역시 **계정명칭은 그대로** 기타포괄손익금융자산으로 둔다).

17. T 상각후원가금융자산은 원칙적으로 투자자산란에 기록한다(다만, 다음 회계연도 중에 자연적으로 만기가 도래하여 현금화될 예정의 사채는 유동자산란에 상각후원가금융자산이라는 **계정명칭 그대로** 옮겨 기록하며, 다음 회계연도 중에 처분을 통하여 현금화시킬 것이 거의 확실시되는 사채는 **기타포괄손익금융자산으로 계정명칭을 변경**하여 유동자산란에 기록한다).

18. F 시장성이 없는 주식은 당기손익금융자산으로 구분하면 안 된다.

19. F 당기손익금융자산이 시장성을 상실한 경우에는 기타포괄손익주식으로 계정명칭을 변경하여 투자자산란에 기록하여야 한다.

20. T **21.** T

22. F 단기매매사채를 공정가치로 평가한다는 지적과 평가손실을 포괄손익계산서에 영업외비용으로 기록한다는 지적은 옳다. 그러나 평가손실을 계산하는 방법은 단순히 취득원가와 기말 공정가치를 비교하는 방식이 아니다(상각후원가라는 것과 기말 공정가가치를 비교하여 평가손익을 계산함).

23. T **24.** T **25.** T

[3] 객관식

1. ④ **2.** ④ 부도수표는 통화대용증권이 아니다.

3. ③

4. ① 비용총액＝이자비용＋잡손실

5. ② **6.** ② **7.** ①

8. ③ 정확한 잔액＝150,000＋120,000－10,000＝₩260,000

9. ④

(차)	당좌예금	120,000	(대) 매출채권	120,000
	이자비용	10,000	당좌예금	10,000

10. ① 당기손익금융자산과 단기매매사채를 통합적으로 일컫는 계정이 당기손익금융자산계정이다.

11. ③ 상각후원가측정금융자산에 주식은 포함될 수 없고 사채만 포함된다(상각후원가측정사채).

12. ① 기타포괄손익금융자산과 상각후원가측정금융자산은 원칙적으로는 투자자산란에 기록한다.

13. ② 포트폴리오를 구성하여 분산투자를 하는 이유는 투자위험을 회피하자는 데 있다.

14. ④ 당기손익금융자산과 관련하여 발생하는 평가이익, 평가손실, 처분이익, 처분손실은 모두 영업외손익 항목이다. 참고로 〈영업활동〉에서 발생하는 비용이 판매비와 관리비이고, 〈투자활동〉 및 〈재무활동〉에서 발생하는 수익과 비용이 영업외수익 및 영업외비용인데, 당기손익금융자산의 취득 및 처분은 〈투자활동〉에 속하는 관계로 당기손익금융자산과 관련된 모든 손익은 영업외손익항목으로 분류되는 것이다.

15. ③ 당기손익금융자산의 매입부대비용은 자산의 취득원가에 포함시키는 것이 아닌 당기 비용처리한다.

16. ① **17.** ③ **18.** ②

19. ⑤ 포트폴리오의 기말 공정가치(시가) 합계
(30주×₩400)+(80주×₩1,000)+(70주×₩500)=₩127,000

20. ② 당기손익금융자산의 취득연도 말에는 기말 공정가치를 **취득원가와 비교**하여 평가손익을 계산한다.

21. ① 당기손익금융자산의 처분연도가 취득연도의 이듬해일 때는 처분대가를 **장부금액(직전연도말 공정가액으로 조정된)과 비교**하여 처분손익을 계산한다.

22. ④ 포트폴리오의 취득원가 합계
(10주×₩700)+(20주×₩800)+(30주×₩900)=₩50,000
포트폴리오의 기말 공정가치 합계
(10주×₩500)+(20주×₩1,300)+(30주×₩1,000)=₩61,000

23. ③

24. ① 당기손익금융자산처분손익은 처분대가와 장부금액 간의 차이이며, 이때 장부금액이란 취득과 처분이 동일 회계연도인 경우에는 취득원가를 말하고, 다른 회계연도이면 직전연도말 공정가치가 된다.

[4] 주관식

[문 1] 현금거래의 분개와 전기

8/1	(차) 매출채권	400,000	(대) 매출	400,000
8/2	(차) 현금	100,000	(대) 매출	100,000
8/3	(차) 매입채무	300,000	(대) 현금	300,000
8/4	(차) 현금	400,000	(대) 매출채권	400,000
8/5	(차) 당좌예금	400,000	(대) 현금	400,000

현 금

일자	적요	금액	일자	적요	금액
8/1	전기이월	300,000	8/3	매입채무	300,000
8/2	매 출	100,000	8/5	당좌예금	400,000
8/4	매출채권	400,000			

8월 5일의 현금계정 잔액 : ₩100,000

[문 2] 현금과부족 : 실제 현금이 부족한 경우

7/16	(차) 현금과부족	200,000	(대) 현 금	200,000
7/17	(차) 이자비용	100,000	(대) 현금과부족	100,000
7/31	(차) 선 급 금	60,000	(대) 현금과부족	100,000
	잡 손 실	40,000		

현금과부족

차변		대변	
7/16 현 금	200,000	7/16 이자비용	100,000
		7/3 제 좌	100,000

[문 3] 당좌예금거래

8/23	(차) 당좌예금	100,000	(대) 현 금	100,000
8/25	(차) 매 입	900,000	(대) 당좌예금	900,000
8/28	(차) 당좌예금	400,000	(대) 매 출	400,000

당좌예금

차변		대변	
8/1 전기이월	300,000	8/25 매 입	900,000
8/23 현 금	100,000		
8/28 매 출	400,000		

재무상태표 (8월 31일)

차변		대변	
		부 채	
		단기차입금	100,000

[문 4] 은행계정조정표

(주)정&아트의 은행계정조정표를 작성해보면 답을 쉽게 찾을 수 있다.

은행계정조정표 (단위 : 천원)

회 사		은 행	
잔액	₩200	잔액	(?)
가산 ① 미통지예금	300	차감 ④ 미인출수표	(400)
차감 ② 당좌차월이자	(70)		
③ 자동이체	(100)		
수정후잔액	₩330	수정후잔액	₩330

은행계산서상(은행측) 예금 잔액 : ₩330,000 + ₩400,000 = ₩730,000

[문 5] 매출채권에 대한 손상

(1) (차) 손실충당금 25,000 (대) 매출채권 25,000

(2) 매출원가는 ₩500,000 + ₩1,700,000 − ₩200,000 = ₩2,000,000
매출액은 ₩2,000,000 × (1 + 0.3) = ₩2,600,000
기말매출채권잔액은 ₩600,000 + ₩2,600,000 − ₩800,000 = ₩2,400,000

(3) 기말매출채권잔액 ₩2,400,000 × 2% = ₩48,000(손실충당금설정목표액)
₩48,000 − ₩15,000(기초잔액 ₩40,000 − 기중손상처리 ₩25,000) = ₩33,000(당기에 설정해야 할 금액) 따라서 분개는
(차) 손상차손 33,000 (대) 손실충당금 33,000

(4) 손실충당금잔액 ₩175,000(= ₩200,000 − ₩25,000) − 설정목표액 ₩48,000 = ₩127,000
(차) 손실충당금 127,000 (대) 손실충당금환입 127,000

[문 6] 당기손익금융자산평가손익

20×1년도 포괄손익계산서에 기록해야 할 사항은 당기손익금융자산평가이익 ₩150,000이다.

기말 공정가치 : 50주 × ₩9,000 = ₩450,000(취득원가 ₩300,000와의 차액 = ₩150,000)

[문 7] 당기손익금융자산 처분손익

20×2년도 주식 처분시에는 처분대가(₩400,000)와 장부금액(₩450,000) 간의 차액을 처분손실로 회계처리하여야 한다.

	차변	금액		대변	금액
(차)	현금	400,000	(대)	당기손익금융자산	450,000
	당기손익금융자산처분손실	50,000			

교과서 연습문제 해답

[1] 빈칸 채우기

(1) 당기비용　(2) 기타포괄　(3) 현금
(4) 현금및현금성자산　(5) 현금과부족, 잡손실　(6) 당좌예금
(7) 당좌차월
(8) 은행계정조정표

[2] 현금의 정의

현금 ₩900,000

* 타인발행 약속어음 ₩100,000만 제외됨. 약속어음은 회계상 매출채권상의 받을어음(상품매출 대가로 받은 경우)이나, 미수금(건물 등의 매각 대가로 받은 경우)계정에 속함.

[3] 현금거래의 분개와 전기

7/2	(차) 현금	500,000	(대) 매출	500,000
7/3	(차) 매입채무	600,000	(대) 현금	600,000
7/4	(차) 현금	400,000	(대) 매출채권	400,000
7/5	(차) 당좌예금	400,000	(대) 현금	400,000

현금계정 잔액 : ₩100,000

[4] 당좌예금 거래의 분개와 전기

7/9	(차) 당좌예금	100,000	(대) 현금	100,000
7/15	(차) 당기손익금융자산	900,000	(대) 당좌예금	900,000
7/20	(차) 당좌예금	500,000	(대) 매출	500,000

* 7월 20일 현재 당좌예금계정 차변 잔액은 ₩300,000이다.

[5] 당좌예금의 결산정리 : 은행계정조정표

① 은행계정조정표

회 사		은 행	
잔액	₩600,000	잔액	₩850,000
차감 당좌차월이자	(50,000)	차감 미인출수표	(300,000)
수정후잔액	**₩550,000**		**₩550,000**

② 현금및현금성자산 과목으로 보고할 금액 ₩550,000

③ (차) 이자비용 50,000 (대) 당좌예금 50,000

[6] 매출채권에 대한 손상(대손상각)의 회계처리

(1) (차) 손실충당금 24,000 (대) 매출채권 24,000

(2) 매출원가 : ₩400,000 + ₩1,800,000 − ₩300,000 = ₩1,900,000
매출액 : ₩1,900,000 × (1 + 0.3) = ₩2,470,000
기말 매출채권잔액: ₩600,000 + ₩2,470,000 − ₩1,700,000 = ₩1,370,000

(3) 기말 매출채권잔액 ₩1,370,000 × 2% = ₩27,400(손실충당금설정목표액)
₩27,400 − ₩6,000(기초잔액 ₩30,000 − 기중 대손처리 ₩24,000) = ₩21,400(당기에 설정해야 할 금액) 따라서 분개는
(차) 손상차손 21,400 (대) 손실충당금 21,400

(4) 손실충당금잔액 ₩56,000(= ₩80,000 − ₩24,000) − 설정목표액 ₩27,400 = ₩28,600
(차) 손실충당금 28,600 (대) 손실충당금환입 28,600

[7] 당기손익금융자산(주식)의 회계처리

		차변	금액		대변	금액
(1)	(차)	당기손익금융자산	140,000	(대)	현 금	140,000
(2)	(차)	현 금	170,000	(대)	당기손익금융자산	140,000
					당기손익금융자산처분이익	30,000
	(차)	당기손익금융자산	160,000	(대)	현 금	160,000
(3)	(차)	당기손익금융자산	60,000	(대)	당기손익금융자산평가이익	60,000
(4)	(차)	현 금	200,000	(대)	당기손익금융자산	220,000
		당기손익금융자산처분손실	20,000			
(5)	(차)	현 금	10,000	(대)	배당금수익	10,000

[8] 금융자산의 회계처리와 재무제표 작성

〈풀이〉

재무상태표

(주)미래투자 6월 30일 현재

자 산		부채 및 자본	
현금	₩1,080,000	자본금	₩4,000,000
당기손익금융자산 (LG화학주식 10주)	1,800,000	기타포괄손익누계액	200,000
기타포괄손익금융자산 (삼성전기주식 20주)	2,200,000	이익잉여금	1,040,000
		당기순손실	**(160,000)**
총합계	₩5,080,000	총합계	₩5,080,000

포괄손익계산서

(주)미래투자 6월 1일 ~ 6월 30일까지

비 용		수 익	
당기손익금융자산평가손실	₩200,000	배당금수익	₩40,000
		당기순손실	**160,000**
기타포괄손실		기타포괄이익	
기타포괄손익금융자산평가손실	₩600,000		
		총포괄손실	**₩760,000***

* 당기순손실(160,000)+기타포괄손실(600,000)

[9] 기사읽기와 팀프로젝트

(1) 금융자산에 대한 시가평가제도는 다음과 같이 세 단계로 이루어진다.

1) 어떻게 처리할 것인지 분류
- 상각후원가금융자산(회사채와 같은 채권에 해당)
- 기타포괄손익금융자산(주식, 채권 모두 해당)
- 당기손익금융자산(주식, 채권 모두 해당)

2) 분류된 금융자산에 대하여 결산일의 공정가치인 시가로 평가
- 기타포괄손익금융자산, 당기손익금융자산에 대해서 시가로 평가
- 상각후원가금융자산은 시가로 평가하지 않음(유효이자율법에 의한 상각후원가로 측정)

3) 평가손실이나 평가이익을 포괄손익계산서에 반영
- 당기손익금융자산에 대한 평가손실이나 평가이익은 당기손익항목(영업외손익 또는 기타손익)
- 기타포괄손익금융자산에 대한 평가손실이나 평가이익은 기타포괄손익으로 표시

(2)

1) 회계기준제정기구
- 금융자산에 대해 시가평가의 예외를 두는 것을 허용하지 않는 방향으로 기준제정시 고려

2) 감독기구
- 분기, 반기재무제표 작성시점에서 금융자산에 대한 시가평가를 토대로 평가손실이나 평가이익이 인식되었는지 확인
- 해당 금융자산에 대한 시가가 적정한 것인지 재무제표에 대한 공시결과를 토대로 검토
- 관계회사가 연결대상인지 아닌지 검토

3) 감사인

- 중요한 금융자산거래에 대해 거래가액의 타당성에 대한 확인절차 수행
- 해당 금융자산을 결산기 후 재매입하였는지 확인
- 금융자산의 매도거래가 실질적으로 발생한 거래인지, 아니면 장부상의 거래인지 거래의 실질을 확인
- 관계회사가 연결대상인지 아닌지 회계기준과의 비교검토

황당한데 재미있는 이야기

형제 강도가 흉기를 들고 은행을 털러 들어갔다. 은행 직원들과 고객들에게 소리쳤다. "꼼짝 마라. 살고 싶으면 움직이지 마라. 우리가 가져가는 돈은 은행 돈일 뿐이고 목숨은 여러분의 것이니…. 시키는 대로만 하면 여러분 것은 절대 빼앗아가지 않겠다." 듣고 보니 그런 것 같아서 은행 안에 있던 사람들은 모두 납작 엎드렸다. "저 강도들 뭐지? 무슨 콘셉트야? 개념이 있는 놈들이야, 없는 놈들이야?" 일반적인 생각을 뒤엎은 반전(反轉) 콘셉트 전략의 성공이었다.

강도 형제는 돈주머니를 들쳐 메고 걸음아 날 살려라 도망쳤다. 집으로 돌아온 뒤에도 한참 동안 숨죽이고 숨어 있던 MBA(Master of Business Administration, 경영학 석사) 출신 동생이 중학교만 졸업한 형에게 말했다. "형, 우리 얼마나 가져왔는지 세 봅시다." 형이 한심하기 짝이 없다는 듯 일갈했다. "야, 이 멍청한 놈아. 이 돈을 다 세려면 얼마나 힘들겠냐. 오늘밤 뉴스에서 알려줄 테니 기다려 봐." 이건 경험이 학벌보다 더 중요한 이유다.

강도를 당한 은행에선 난리가 났다. 법석을 떨었다. 부지점장이 지점장에게 빨리 경찰에 신고해야 한다며 안달을 했다. 그런데 지점장은 태연자약했다. 뭔가 골똘히 생각하는 듯 하더니 안절부절못하는 부지점장에게 침착하게 말했다.

"잠깐… 경찰에 신고하기 전에 일단 10억은 우리 몫으로 빼놓읍시다. 그리고 70억은 지금까지 우리가 횡령한 돈을 메우는 걸로 합시다" 라며 눈을 찡긋했다. 온갖 술수를 다 써가며 지점장 자리에 오른 그의 '파도 타며 헤엄치기 전략'이었다. 사리사욕을 챙기는 데는 달인인 지점장께서 음흉한 미소를 지으며 덧붙이는 말씀. "강도가 한 달에 한 번씩 들러주면 좋겠구먼…."

그날 밤 TV 뉴스에 은행에 강도가 들어 100억을 강탈해갔다고 보도됐다. 강도 형제는 뭔가 이상하다 싶어 돈을 세어봤다. 그런데 아무리 세어봐도 20억이었다. 강도 형제는 땅을 치며 억울해했다. "저런 날강도 같은 놈들. 우리는 목숨 걸고 20억 훔쳐왔는데…. 저놈들은 손가락 하나로 80억을 챙겨가는구나."

이건 정계·재계·학계 등 사회 각 분야에서 그 시스템을 가장 많이 아는 사람이 가장 위험한 존재, 즉 강도들도 혀를 차며 욕을 퍼붓는 날강도가 될 수 있다는 위험성을 지적한 것이다.

조선일보(2015년 1월 29일) 윤희영의 News English 중에서 발췌 인용

제 09 장 | 비유동자산

Ⅰ. 개 관

◉ 개 관

앞에서는 재무상태표상 유동자산으로 분류되는 금융자산, 현금및현금성자산, 단기금융상품, 단기대여금 등의 금융자산에 대해 살펴보았다.

본 장에서는 장기에 걸쳐 사용하거나 또는 장기간 후에 현금으로 전환할 목적으로 보유하는 비유동자산들을 소개한다. 이에는 유형자산, 무형자산, 기타비유동자산이 있다. 특히 유형자산에 대해서는 재평가모형과 원가모형의 회계처리를 기업이 선택할 수 있기 때문에 이들의 회계처리를 이해하는 것이 중요하다.

∘ 땅부자 기업들 자산 재평가 봇물

부동산을 많이 보유한 기업들이 국제회계기준(IFRS) 도입을 앞두고 자산 재평가를 하고 있다. 보유한 토지와 건물들이 재평가 절차를 거치면 늘어나는 차익만큼 그 회사의 자산과 자본이 증가해 재무상태가 나아지고 주가에도 좋은 영향을 미칠 수 있다.

하이닉스반도체는 경기도 이천시 아미리에 있는 토지에 대한 자산 재평가를 실시했다. 장부금액은 2,566억원이었지만 재평가한 결과 실제 가치는 4,382억원에 달해 1,816억원의 차익을 얻었다.

롯데쇼핑도 서울 중구 소공동 1번지 토지에 대한 자산 재평가를 실시했다. 장부금액이 3조 2,243억원 수준이던 이 토지는 재평가금액이 6조 7,964억원으로 3조 5,721억원에 달하는 차액을 얻었다. 롯데의 경우 잇따른 기업 인수·합병(M&A)으로 다소 나빠진 재무지표를 개선할 필요가 있었던 것으로 전문가들은 풀이했다.

여의도에 63빌딩을 보유하고 있는 대한생명도 자산 재평가를 준비하고 있는 것으로 알려졌다.

카지노를 운영하는 파라다이스도 서울시 중구 장충동과 광진구 광장동, 부산 해운대구 등 토지에 대한 자산 재평가를 실시했다. 원래 481억 4,200만원 수준이던 장부금액이 재평가 후 1,858억 5,100만원으로 3.8배가량 늘어나 1,377억원의 차액이 발생했다.

조선일보(2010년 10월 28일) 기사 중에서

Ⅱ. 본 장의 요약

제1절 유형자산(원가모형)

1. 유형자산의 의의

- 유형자산이란 기업활동(재화의 생산, 용역의 제공, 타인에 대한 임대 또는 자체사용)에 **사용(use)할 목적으로** 보유하는 물리적 형체가 있는 자산으로서, 1년을 초과하여 사용할 것으로 예상되는 자산
  - 유형자산 가운데 토지, 건설중인 자산은 감가상각의 대상이 되지 않음

2. 유형자산의 취득과 취득 후 지출

- 유형자산의 매입에 의한 취득 : 유형자산의 취득원가 역시 다른 자산의 취득원가와 마찬가지로 순수구입대금에 부대비용을 가산
- 유형자산의 취득 또는 완성 후의 지출이 가장 최근에 평가된 성능 수준을 초과하여 미래경제적 효익을 증가시키는 경우에는 **자본적 지출**로 처리
- 유형자산의 수선 유지를 위한 지출은 해당 자산으로부터 당초 예상되었던 성능 수준을 회복하거나 유지하기 위한 것이므로 **수익적 지출**로 처리
- 수익적 지출로 처리하여야 할 것을 자본적 지출로 처리하게 되면 그 사업연도의 이익이 과대계상될 뿐만 아니라 유형자산이 과대계상됨
  - 이와 반대로 자본적 지출로 처리하여야 할 것을 수익적 지출로 처리하게 되면 비용이 과대계상되고 유형자산이 과소평가되는 결과를 초래

3. 유형자산의 결산정리

- **감가상각(減價償却, depreciation)** : 유형자산의 취득원가에서 잔존가액을 차감한 감가상각대상금액을 내용연수 동안 매 기간별로 배분함으로써 적절한 수익・비용의 대응을 이루고자 하는 원가배분과정
- 감가상각비로 분개할 금액을 계산하기 위해서는 기본적으로 ① 감가상각대상금액, ② 내용연수, ③ 감가상각방법 등 세 요소가 필요

- 감가상각비가 계산되면 차변에 감가상각비, 대변에 감가상각누계액으로 결산정리분개

■ **감가상각누계액계정**은 금액이 대변에 기록되는 계정이며, 매년도 감가상각비가 내용연수 말까지 이 계정에 계속 누적됨

• 감가상각누계액

학생들의 답안지에는 앞에서도 언급한 것처럼 감가상각비누적액, 감가충당금, 감가상각충당금, 감가상각누계액, 감가상각합계액, 감가상각비합계 등 다양한 용어들이 등장한다. 이 중 정확한 용어는 감가상각누계액 한 가지뿐. 과거에는 현재시점까지의 매기 감가상각비를 누계한 것을 감가상각충당금이라고 하였으나, 회계학을 공부하지 않은 사람들은 그 의미를 알기 힘들었다. 이에 재무제표의 이해가능성을 보다 높이기 위하여 그 용어를 감가상각누계액으로 바꾸었다. 정확한 용어가 아닌 나머지 답은 전부 감점 대상이 아닐까?

4. 감가상각방법의 종류

■ **정액법(定額法)** : 매기 일정한 금액을 상각하는 방법
- 따라서 매기의 감가상각비는 감가상각대상금액을 추정내용연수로 나누어 계산

■ **가속상각법(accelerated depreciation method)** : 내용연수 초기에 보다 많은 감가상각비를 인식하고 후기로 갈수록 점점 더 적은 감가상각비를 인식하는 방법
- 가속상각 방법에는 정률법, 연수합계법, 이중체감잔액법

■ **정률법(定率法, fixed rate method)** : 사전에 일정한 상각률을 계산한 다음, 이 상각률을 매기 초의 장부금액(=취득원가−감가상각누계액)에 곱하여 매기 감가상각비를 계산하는 방법
- 유형자산 취득후 감가상각을 계속해 나가면 매기 초의 장부금액은 줄어들 수밖에 없는데, 이 금액에 일정한 상각률을 곱하기 때문에 매기의 감가상각비는 내용연수 후반으로 갈수록 점차 감소
- 정률법을 사용하면 유형자산을 취득하느라 현금지출이 많았던 초기에 감가상각비를 많이 계상하여 순이익을 줄여줌으로써 법인세등의 현금유출을 개선할 수 있다는 장점

■ **연수합계법**(年數合計法, sum of years digits method) : 정률법의 단점(정률을 계산하기가 간편하지 않다는)을 보완한 방법으로 미국 실무에서 많이 채택했던 방법
- 내용연수의 합계를 분모로 하고 내용연수를 역순으로 표시한 수를 분자로 삼아

매년도 상각률을 간편하게 계산한 후, 이를 정액법에서처럼 감가상각대상금액에 곱함으로써 간단히 정률법을 채택한 것에 버금가는 효과

- **생산량비례법** : 생산량 또는 사용시간(기계시간 등)에 비례해서 감가상각을 하는 방법
  - 제조업 또는 서비스업에서 많이 사용되고 있으며 유형자산의 원가배분이 유형자산의 사용 정도에 따라 발생하는 것으로 가정할 때 적합
- 기중에 취득한 자산의 감가상각비는 **월할계산**(月割計算)하는 경우 '사용한 달수'를 반영하여 계산
- 유형자산의 감가상각 방법은 해당 자산으로부터 예상되는 미래경제적 효익의 소비 행태가 변한다면, 감가상각방법(또는 내용연수, 잔존가치의 추정) 자체를 변경하여 적용가능

정액법의 보편성

정액법은 재무보고 목적상 가장 일반적으로 채택되는 감가상각 방법이다. 이 방법을 사용하는 기업은 미국 공인회계사회(AICPA)가 조사한 600개 기업들 중 약 75%에 달한다.

5. 유형자산의 처분

- 유형자산을 처분하면 유형자산 관련계정을 모두 제거
  - 예컨대 건물이라면 취득원가가 기록되어 있는 건물계정과 건물감가상각누계액 계정을 모두 제거
- 유형자산을 기중에 처분하는 경우에는 처분시점까지 월할계산한 감가상각비를 먼저 분개한 후(이 과정에서 건물의 장부금액이 수정됨), 처분대가와 새로운 장부금액과의 차액을 **유형자산처분손익**계정(기타손익 또는 영업외손익)에 분개

제2절 자산재평가모형과 손상

1. 유형자산의 재평가

- 유형자산을 선별하여 시가로 재평가함으로써 기업에게 유리하게 하거나 재무상태를 왜곡시킬 수 있기 때문에 최소한 다음과 같이 분류된 항목별로 재평가를 일괄적으로 실시

  1) 토지 2) 토지와 건물 3) 기계장치 4) 선박 5) 항공기 6) 차량운반구 7) 집기 8) 사무용비품
- 재평가된 자산의 공정가치가 장부금액과 중요하게 차이가 난다면 그때 재평가해야 하며, 그렇지 않다면 재평가하지 않고 회계연도를 넘길 수 있음
- 감가상각대상이 아닌 토지와 같은 유형자산에 대한 재평가는 장부금액을 공정가치에 맞추어 조정
  - 그 차액을 재평가잉여금으로 처리하고, 포괄손익계산서에 기타포괄손익으로 인식
  - 마감분개를 통하여 재무상태표의 자본항목인 포괄손익누계액의 재평가잉여금으로 반영
- 감가상각대상인 기계장치, 건물 등과 같은 유형자산에 대한 재평가의 회계처리는 감가상각누계액이 있기 때문에 이를 감소시켜 결과적으로 장부금액이 재평가금액이 되도록 회계처리

2. 손상

- 유형자산에 '손상'이 발생되었는지 여부를 매 회계연도말에 검토
  - 만약 자산손상 징후가 있다면 해당 자산의 회수가능액을 추정하여 장부금액과 비교하여 **회수가능액**이 **장부금액**에 미달하면 '손상차손'을 인식하여 당기손익으로 포괄손익계산서에 반영
  - 해당자산에서 '손상차손누계액'을 차감하는 형식으로 재무상태표에 표시

제3절 무형자산

1. 무형자산의 의의와 종류

- 무형자산 : 물리적 실체가 없으면서 장기간에 걸쳐 기업의 통제하에 기업의 영업활동에 효익을 제공하는 자산
  - 무형자산은 크게 경제적 권리인 영업권과 일반적 무형자산으로 구분
  - 일반적 무형자산에는 산업재산권(특허권, 실용신안권, 의장권, 상표권 등), 프랜차이즈, 라이센스, 저작권, 컴퓨터 소프트웨어, 광업권, 어업권, 임차권리금, 개발비 등이 포함됨
- 무형자산의 특징
  - 물리적 형체가 없는 무형(intangible)의 자산
  - 미래 효익이 장기적(long-term : 1년 이상)으로 유입될 것으로 기대되는 자산
  - 정상적인 영업활동에 이용되는 과정에서 다른 자산에 비해 상대적으로 미래 효익에 대한 높은 불확실성이 존재

2. 영업권

- 영업권(goodwill) : 대가를 지급하고(즉, 유상으로) 다른 회사를 합병하거나 다른 회사의 영업 일부를 양수할 때 그 취득대상물의 가치를 초과하여 지급한 금액
  - 회계처리의 대상이 되는 영업권은 오직 유상취득 영업권에 한정되며, 회사 자신이 창출한 영업권은 제외
  - 영업권은 상각하지 않으며, 손상사건 발생시 손상차손 인식

• 영업권의 이해

아주 쉽게 말하면 영업권이란 간판값, 다른 말로 브랜드가치라고 단순하게 정의내릴 수 있다. 영업권은 회사의 자산 중 무형자산에 해당한다. 즉 실체는 없지만 회사가 돈을 버는 데 도움이 되는 자산이기 때문이다. 회사의 브랜드가치가 타사에 비해 높다면 설령 실제 제품에 있어서 큰 차이가 없더라도 해당 회사의 제품이 더 많이 팔린다. 그렇다면 그 초과수익만큼 회사는 영업권을 가진다고 볼 수 있다. 예를 들어 (주)한국존슨앤드존슨은 1998년 에프킬라를 인수할 때 297억원을 추가 책정했다. '국민 모기약 에프킬라'라는 이름값이었던 셈이다. 하지만 영업권이 얼마인지는 평소에는 알 수 없다. 우리가 (주)삼성전자나 (주)현대자동차의 브랜

드가치가 높다고 생각하지만 과연 가격이 얼마냐는 것을 말할 수 없는 것과 마찬가지다. 이런 측정상의 어려움으로 인해 회계상의 영업권은 회사가 돈을 지불하고 취득한 경우로 제한한다. 즉, 회계상의 영업권은 한 회사가 다른 회사를 인수합병(M&A)하는 것과 같이 사업결합이 일어날 경우에 발생한다.

매일경제(2011년 1월 14일) 기사 중에서

3. 무형자산의 결산정리

- 무형자산의 취득원가도 합리적인 기간에 걸쳐 정액법, 정률법, 연수합계법 또는 생산량비례법 등 합리적인 방법에 따라 기간배분
  - 별도의 합리적인 방법이 존재하지 않는 경우 정액법 적용
- 무형자산의 상각비는 일반적으로 재무상태표에 상각액을 직접 차감한 금액으로 기록(직접법)
  - 유형자산처럼 간접법을 이용할 수도 있으나 미상각잔액만이 주된 관심사항이므로 흔히 직접법을 이용
  - 직접법을 이용하는 경우 완전공시의 원칙을 존중하여 상각누계액을 주석란에 공시
  - 무형자산의 상각은 해당 자산 뒤에 '상각비'(amortization expense)라는 단어만을 덧붙임
- 무형자산은 보통 잔존가치를 영(零, zero)으로 하여 취득원가 전액을 상각

제4절 기타비유동자산

- 기타비유동자산 : 비유동자산 중 투자자산, 유형자산, 무형자산으로 분류할 수 없는 항목으로, 임차보증금, 장기매출채권, 장기미수금, 이연법인세자산 등

Ⅲ. 자습문제

[1] 연결형 : 아래 각 문장은 박스 속의 어느 용어에 관한 것인지 답하시오.

A. 산업재산권	B. 임차보증금	C. 유형자산	D. 수익적 지출
E. 자본적 지출	F. 감가상각	G. 감가상각누계액	H. 정액법
I. 가속상각법	J. 정률법	K. 연수합계법	L. 생산량비례법
M. 영업권	N. 장부금액	O. 무형자산	

1. ________ 기업활동(재화의 생산, 용역의 제공, 타인에 대한 임대 또는 자체사용)에 사용(use)할 목적으로 보유하는 물리적 형체가 있는 자산으로서, 1년을 초과하여 사용할 것으로 예상되는 자산

2. ________ 정상적인 영업활동에 이용되는 과정에서 다른 자산에 비해 상대적으로 미래 효익에 대한 높은 불확실성이 존재하며, 형체가 없는 자산

3. ________ 대가를 지급하고 다른 회사를 합병하거나 다른 회사의 영업 일부를 양수할 때 그 취득대상물의 가치를 초과하여 지급한 금액으로 기재되는 계정

4. ________ 창고나 건물 등의 임차를 위해 지급한 보증금

5. ________ 자산의 취득원가에서 감가상각누계액과 손상차손누계액을 차감하여 표시한 금액

6. ________ 유형자산의 취득원가에서 잔존가치를 차감한 감가상각대상금액을 내용연수 동안 매기간별로 배분함으로써 적절한 수익·비용의 대응을 이루고자 하는 원가배분과정

7. ________ 매년도 감가상각비를 내용연수 말까지 계속 누적해 나가는 계정

8. ________ 일단 당해 자산의 취득원가에 가산한 후 지출의 효과가 나타날 미래기간에 걸쳐 감가상각을 통하여 조금씩 비용으로 처리하는 지출

9. ________ 지출의 효과가 단기간에 종료하는 것이라면 당해 지출을 전액 당기 비용 항목인 수선유지비계정 등으로 처리하는 지출

10. ________ 사전에 일정한 상각률을 계산해 놓은 다음, 이 상각률을 매기 초의 장부금액에 곱하여 매기 감가상각비를 계산하는 방법

11. ________ 매기 일정한 금액을 감가상각하는 방법

12. ________ 내용연수의 합계를 분모로 하고 내용연수를 역순으로 표시한 수를 분자로 삼아 매년도 상각률을 간편하게 계산하는 방법

13. ________ 내용연수 초기에 보다 많은 감가상각비를 인식하고 후기로 갈수록 점점 더 적은 감가상각비를 인식하는 방법을 통칭하는 용어

15. ________ 사용시간(기계시간 등) 또는 생산량에 비례해서 감가상각을 하는 방법

[2] **진위형** : 아래 문장이 옳으면 T(true, 眞)에, 틀리면 F(false, 僞)에 ○표를 하시오.

1. (T F) 유형자산은 기업활동(재화의 생산, 용역의 제공, 타인에 대한 임대 또는 자체사용)에 사용(use)할 목적으로 보유하는 물리적 형체가 있는 자산으로서, 1년을 초과하여 사용할 것으로 예상되는 자산을 말한다.

2. (T F) 유형자산의 취득을 위한 차입금에 대하여 취득일까지 발생한 이자비용은 매입부대비용에 포함되지 않으며, 따라서 포괄손익계산서에 기재된다.

3. (T F) 장기매출채권이나 임차보증금은 무형자산항목이다.

4. (T F) 유형자산 중 토지는 감가상각의 대상이 되지 않으나, 건설중인 자산은 감가상각의 대상이 된다.

5. (T F) 유형자산 취득 후 지출의 효과가 단기간에 종료되거나 자산의 인식요건을 충족시켜주지 못하는 것이라면 당해 지출을 전액 당기 비용항목인 수선유지비계정으로 처리하는 것이 타당하다.

6. (T F) 유형자산 취득 후 그 효과가 장기간에 걸쳐 발생할 지출을 하면 그 지출을 무형자산으로 처리한 후 지출의 효과가 나타날 미래기간에 걸쳐 감가상각을 통하여 조금씩 비용으로 처리한다.

7. (T F) 감가상각은 매년 재평가를 통하여 유형자산의 가치 감소분을 기록하기 위한 회계처리이다.

8. (T F) 감가상각누계액계정은 잔액이 본래 대변(오른편)에 있는 계정이기 때문에 재무상태표의 대변에 기록한다.

9. (T F) 재평가한 자산에 대해서도 감가상각대상자산인 경우 감가상각을 하며, 매기 감가상각비뿐만 아니라 감가상각누계액도 표시된다.

10. (T F) 가속상각법은 내용연수 경과에 따라 매기 감가상각비가 가속적으로 증가하는 방법으로서, 내용연수 초기에 적은 감가상각비를 인식하고 후기로 갈수록 점점 더 많은 감가상각비를 인식하는 방법이다.

11. (T F) 정률법은 사전에 계산해 놓은 일정한 상각률을 취득원가에 곱하여 매기 감가상각비를 계산하는 방법이다.

12. (T F) 유형자산의 처분시 장부금액과 처분가액 간의 차액은 유형자산처분손익(영업외손익 또는 기타수익과 비용)으로 처리한다.

13. (T F) 영업권(goodwill)은 대가를 지급하고(즉, 유상으로) 다른 회사를 합병하거나 다른 회사의 영업 일부를 양수할 때 또는 그 취득대상물의 가치를 초과하여 지급한 금액으로 기재된다.

14. (T F) 유상으로 취득한 영업권과 회사 자신이 창설한 영업권이나 권리금 모두 무형자산으로 회계처리의 대상이 된다.

15. (T F) 일반적으로 무형자산상각비는 해당 무형자산의 취득원가에서 차감하는 형식으로 기록하여야 한다.

[3] 객관식

1. 유형자산에 대한 설명 중 적절하지 않은 것은?

① 장기간에 걸쳐 정상적인 영업활동에 사용할 목적으로 취득한 형체가 있는 유형의 자산을 말한다.
② 모든 유형자산은 감가상각의 대상이 된다.
③ 유형자산의 취득원가는 순수구입대금에 부대비용을 합쳐서 산정한다.

④ 유형자산 취득 후의 지출은 그 효과가 장기간 지속되는지 또는 자산의 인식기준을 충족시켜주는지 여부에 따라 회계처리가 달라진다.

2. 유형자산의 취득원가에 대한 다음 설명 중 적절하지 않은 것은?

① 유형자산의 취득원가는 순수구입대금에 부대비용을 합한 것이다.
② 교환, 증여에 의하여 취득하는 자산은 공정한 평가액을 취득원가로 한다.
③ 자산의 원상회복을 위한 지출액은 취득원가에 가산한다.
④ 자산의 내용연수 연장을 위한 지출액은 취득원가에 가산한다.

3. (주)현대오토는 공장확장을 위하여 추가로 기계를 구입하였다. 다음은 기계구입과 관련된 비용들이다. 기계의 취득원가로 재무상태표에 나타내야 할 금액은 얼마인가?

- 기계구입대금 ₩500,000
- 운송회사에 지불한 운반비 ₩10,000
- 공장 내 설치비 ₩5,000
- 시운전비 ₩5,000
- 기계운전을 위하여 고용한 감독자 연봉 ₩20,000

① ₩540,000 ② ₩520,000 ③ ₩510,000 ④ ₩530,000

4. 3년 후 건축할 본사사옥의 신축부지를 현재 구입하였다. 이 토지를 재무제표상에 보고하기 위한 분류로서 가장 타당한 방법은?

① 현재 사용할 토지가 아니므로 미결산계정으로 처리한 후 사용시점에 가서 유형자산으로 분류한다.
② 곧바로 사용할 토지를 구입한 것이 아니므로 투자자산으로 분류한다.
③ 사옥에 사용할 토지이므로 유형자산으로 분류한다.
④ 현재는 투자자산으로 분류한 후 사옥건축 시작시점에서 유형자산으로 재분류한다.

5. 다음 항목 중 유형자산의 원가에 가산되지 않는 항목은?

① 기존설비에 새로운 기능의 자산을 부가하거나 기존설비를 확장하기 위한 지출
② 기존설비의 일부를 새로운 부분으로 대체하여 생산효율성을 높여주기 위한 지출
③ 자산의 효율적인 운전조건을 유지하기 위한 수선비
④ 자산의 용역잠재력을 증가시키기 위한 비경상적인 지출
⑤ 자산의 인식요건을 충족시켜주는 대규모 정기적 분해검사비(overhaul)

6. 다음 중 자본적 지출로 처리할 수 없는 것은?

① 영업용 건물의 인테리어비용 ② 건물에 대한 부동산취득세
③ 건물에 대한 화재보험료 ④ 건물의 소유권이전 등록세

7. 다음 중 내용을 바르게 설명하고 있지 않은 것은?

① 장부금액 : 취득원가 − 감가상각누계액 − 손상차손누계액
② 장부가액 : 취득원가 − 감가상각누계액 − 잔존가치
③ 감가상각대상금액 : 취득원가 − 잔존가치
④ 미상각잔액 : 취득원가 − 감가상각누계액

8. 유형자산에 대한 수익적 지출을 자본적 지출로 잘못 회계처리하였다. 이로 인하여 재무상태표상에 나타날 수 있는 영향은?

① 감가상각누계액이 커진다. ② 가공자산이 계상된다.
③ 비밀적립금이 발생한다. ④ 자기자본금액이 줄어든다.

9. 수익적 지출을 자본적 지출로 잘못 처리한 다음연도 회계기간의 손익 및 기말 이익잉여금은?

	기간손익	기말이익잉여금		기간손익	기말이익잉여금
①	과대계상	과대계상	②	과대계상	과소계상
③	과소계상	과대계상	④	과소계상	과소계상

10. 유형자산에 대한 감가상각의 본질을 가장 잘 설명한 것은?

① 새로운 유형자산 취득을 위한 자금의 적립
② 가치감소 부분에 대한 평가
③ 취득원가의 기간배분
④ 매기간 잔존가치의 추정

11. 유형자산에 대한 감가상각에 대한 이론적 근거로 가장 적절한 것은?

① 역사적 원가 ② 계속성 ③ 수익·비용의 대응
④ 자산재평가모형의 적용 ⑤ 기간별 비교가능성

12. 다음 중 감가상각에 대한 설명으로 적절하지 않은 것은?

① 감가상각은 원가배분과정이지 가치감소를 기록하는 과정이 아니다.
② 감가상각은 감가상각대상금액, 내용연수, 상각방법이 확정되어야 수행될 수 있다.
③ 감가상각누계액은 원칙적으로 유형자산의 취득원가에서 차감하는 형식으로 기록한다.

④ 유형자산처분손익의 크기는 감가상각방법과는 무관하다.

13. 유형자산의 취득 초기에는 많은 감가상각비를 인식하다가 시간의 경과와 더불어 점점 적은 감가상각비를 인식하는 방법은?

① 정액법 ② 정률법 ③ 생산량비례법 ④ 손상차손인식법

14. 정률법에 관한 설명으로 적절하지 않은 것은?

① 매기 초의 장부금액에 상각률을 곱하여 감가상각비를 계산한다.
② 상대적으로 내용연수 초기에 많은 감가상각비를 인식한다.
③ 감가상각기간 동안 정액법보다 많은 감가상각비를 계상한다.
④ 잔존가치가 있든 없든 적용할 수 있다.

※ 아래 자료로 문제 15 ~ 16번에 답하시오.

(주)미래는 20×0년 1월 1일에 기계장치를 ₩500,000에 취득하였다. 잔존가치는 취득원가의 10%, 내용연수는 5년으로 추정된다. 정률법에 의한 상각률은 0.369를 적용하며, (주)미래의 회계기간은 1월 1일부터 12월 31일까지이다.

15. 정률법에 의할 경우 20×2년 12월 31일 재무상태표에 계상될 감가상각누계액은?

① ₩374,381 ② ₩375,521 ③ ₩321,310 ④ ₩300,920

16. 만일 (주)미래가 정액법으로 감가상각을 하다가 20×3년 7월 31일에 ₩125,000에 처분한다면 기계장치처분손익은?

① 처분손실 ₩50,500 ② 처분이익 ₩63,500
③ 처분이익 ₩72,300 ④ 처분손실 ₩52,500

17. 기계의 취득원가가 ₩100,000이고, 잔존가액이 ₩10,000, 내용연수가 5년일 때, 연수합계법에 의한 제3차년도의 감가상각비는?

① ₩6,000 ② ₩12,000 ③ ₩18,000 ④ ₩24,000

18. 다음 중 감가상각의 대상이 되지 않는 것은?

① 건물 ② 비품 ③ 구축물 ④ 건설중인자산

19. 다음 중 무형자산이 아닌 것은?

① 영업권 ② 프랜차이즈 ③ 개발비 ④ 시험연구비

20. 일반적인 무형자산의 상각에 대한 회계처리로서 가장 적절한 것은?

① 사용가능한 시점부터 합리적인 기간 동안 상각한다.
② 정률법 또는 생산량비례법에 의해 상각한다.
③ 잔존가치는 취득원가의 10%이다.
④ 상각누계액계정을 사용하여 해당자산에서 차감하는 형식으로 기재한다.

21. 다음 중 무형자산인 광업권의 상각방법으로 가능한 것은?

① 정액법, 정률법 등 합리적인 방법이면 모두 가능
② 정률법
③ 정액법
④ 생산량비례법 또는 연수합계법

22. 다음의 무형자산 중 개별적으로 가치의 식별이 불가능한 것은?

① 특허권 ② 영업권 ③ 실용신안권 ④ 광업권

23. 영업권이란 타 회사를 취득하기 위해 지급한 대가가 다음의 어느 가액을 초과한 부분을 지칭한 것인가?

① 취득한 식별가능 자산의 공정가액에서 인수한 부채를 차감한 가액
② 취득한 유형자산의 공정가액에서 인수한 부채를 차감한 가액
③ 취득한 무형자산의 공정가액에서 인수한 부채를 차감한 가액
④ 취득한 자산의 장부금액

24. P회사가 S회사를 인수하는 대가로 ₩300,000을 지급하였다. 인수시 S회사의 자산과 부채의 공정가액은 각각 ₩500,000, ₩300,000이었다. P회사가 계상하게 될 영업권은 얼마인가?

① ₩100,000 ② ₩200,000 ③ ₩500,000 ④ ₩600,000

25. (주)미래는 사옥을 신축하기 위하여 (주)한강건설로부터 장부가격이 각각 ₩100,000,000인 건물과 ₩200,000,000인 부속 토지를 총 ₩300,000,000에 매입하였다. 매입 후 즉시 ₩5,000,000을 들여 (주)한강건설의 낡은 건물을 철거하고 사옥신축공사를 시작하였다. (주)미래가 위 거래와 관련하여 계상하여야 하는 토지의 취득원가는 얼마인가?

① ₩200,000,000 ② ₩300,000,000 ③ ₩305,000,000
④ ₩205,000,000 ⑤ ₩5,000,000

[4] 주관식

[문 1] 유형자산의 처분

20×1년 1월 1일에 기계를 ₩2,000,000에 매입했다. 이 기계의 잔존가액은 ₩200,000이고, 내용연수는 8년이다. 20×3년 12월 31일에 동기계를 ₩1,000,000에 처분하였다. 정액법에 의해 감가상각을 했을 경우에 유형자산처분손익은 얼마인가?

[문 2] 유형자산의 처분 : 월할계산

(주)매직클린은 20×1년 7월 1일에 원가 ₩5,000,000의 기계를 구입하였다. 이 기계의 잔존가액은 취득원가의 10%, 내용연수는 5년이다. 20×3년 4월 1일에 이 기계를 ₩3,000,000에 처분하고 2개월 후에 대금을 받기로 하였다. 이 회사의 결산일은 매년 12월 31일이며, 정액법으로 월할 계산하여 감가상각하고 있다. 기계 처분시점에서 다음 사항을 계산하고 회계처리하시오.

① 처분시점까지의 감가상각누계액

② 처분손익

③ 처분시점의 분개

(차) (대)

[문 3] 자본적 지출

(주)블루는 2×01년 초에 기계를 ₩6,000,000에 구입하였다. 이 기계의 내용연수는 20년이며, 잔존가액은 없고, 정액법에 의하여 상각한다. 기계를 10년간 사용한 후 2×11년 초에 기계를 대폭적으로 수선하고 수선비 ₩1,800,000을 지급하였다. 이 수선으로 기계의 수명이 5년 더 연장되었다. 2×11년도 기계의 감가상각비는 얼마인가?

[문 4] 정률법 : 기계의 처분

(주)현대오토는 20×1년 1월 1일에 ₩4,000,000에 취득한 기계장치를 20×3년 1월 1일 ₩1,500,000에 처분하였다. 기계의 내용연수는 5년, 정률법에 의한 상각률은 36.9%이다. 정률법으로 상각하여 왔을 때 처분손익은?

[문 5] 생산량비례법

(주)미래개발은 20×1년 1월초에 3,000,000배럴의 원유가 매장되어 있는 유정을 ₩6,000,000에 구입하였다. 잔존가액은 취득원가의 10%로 추정된다. 20×1년에 채굴된 원유가 100,000배럴이었다면 생산량비례법에 따라 (주)미래개발이 기록할 감모상각비는 얼마인가?

[문 6] 무형자산

(주)블루클린의 20×3년말 총계정원장에는 다음과 같은 계정잔액이 기록되어 있다. 20×3년말 재무상태표에 (주)블루클린이 무형자산으로 보고해야 하는 금액은 얼마인가?

- 창업비 ₩1,000,000
- 광업권 ₩2,000,000
- 연구비 ₩3,000,000
- 임차권리금 ₩7,000,000
- 타사 합병시 순자산의 공정가치를 초과하여 지급한 금액 ₩8,000,000

[문 7] 영업권의 취득과 월할상각

(주)매직클린은 10월 1일에 (주)영구클린을 인수하였다. 인수일에 있어서 매직클린은 영구클린의 자산·부채를 공정가액으로 평가하여 다음과 같은 재무상태표(단위 : 천원)를 작성하였으며, 이 평가액에 영구클린 주주들도 합의하였다. 따라서 인수일에 있어서 영구클린 재무상태표상 순자산가액은 ₩400,000이었다. 그러나 매직클린은 영구클린 주주들의 요구에 따라 인수대가를 총 ₩700,000으로 결정하고, 이를 수표로 지급하였다. 인수일에 (주)매직클린의 회계처리를 하시오.

(주)영구클린 **재무상태표** (10월 1일)

상 품	400	매입채무	200
건 물	500	장기차입금	400
비 품	100	자 본	400

[문 8] 특허권의 상각 및 재무상태표 표시

(주)매직클린은 신상품 개발을 위해 투입한 ₩500,000의 연구개발활동이 결실을 맺어 20×1년 1월 3일에 특허를 취득하였다. 특허등록에 소요된 부대비용은 ₩20,000이었다. (주)매직클린은 특허권을 10년에 걸쳐 정액법으로 상각하기로 하고, 첫해 말에 ₩52,000을 상각하기로 하였다. 직접법에 따라 제2년도말(20×2. 12. 31)의 특허권 상각관련 분개를 하고, 제2년도 말(20×3. 12. 31)의 재무상태표에 어떻게 나타낼지 표시하시오.

Ⅳ. 해답(자습문제, 교과서 연습문제)

[1] 연결형

1. C **2.** O **3.** M **4.** B **5.** N **6.** F **7.** G
8. E **9.** D **10.** J **11.** H **12.** K **13.** I **14.** L

[2] 진위형

1. T
2. F 이자비용도 매입부대비용에 포함할 수 있다.
3. F 장기매출채권이나 임차보증금은 무형자산이 아니라 기타비유동자산항목이다.
4. F 토지, 건설중인 자산 모두 감가상각의 대상이 아니다.
5. T
6. F 무형자산이 아니라 당해 유형자산에 가산한 후 조금씩 비용처리한다.
7. F 감가상각(depreciation)은 매기 가치 감소분을 기록하기 위한 것이 아니라 매기 원가배분을 하기 위한 것이다.
8. F 감가상각누계액계정은 재무상태표 차변에 해당 유형자산의 취득원가에서 차감하는 형식으로 기재한다.
9. T
10. F 그 반대이다.
11. F 사전에 계산해 놓은 상각률을 매기 초의 장부금액(=취득원가-감가상각누계액)에 곱한다.
12. T **13.** T
14. F 회계처리(=장부기록)의 대상이 되는 영업권은 오직 유상취득영업권에 한한다.
15. F 일반적으로 무형자산의 상각비는 재무상태표에 직접 차감한 금액(일명, 직접법)으로 기재한다. 그러나 해당 무형자산의 취득원가에서 차감하는 간접법을 따르는 것도 허용된다.

[3] 객관식

1. ② 유형자산에 속하는 '토지' 및 '건설중인 자산'은 감가상각대상이 아니다.
2. ③ 자산의 원상회복을 위한 지출은 수익적 지출이다.
3. ② 감독자 연봉만 제외된다.
4. ④ **5.** ③
6. ③ 건물에 대한 화재보험료는 기간비용이다.

7. ② 장부금액 또는 장부가액은 취득원가에서 감가상각누계액과 손상차손누계액을 차감한 것을 말한다.

8. ② 자산과 당기순이익이 과대평가된다. 가공자산(paper asset)이란 실제로는 자산이 아니면서 장부상으로만 기록된 자산이다.

9. ③ 수익적 지출을 자본적 지출로 처리하면 비용계상이 누락되어 당기의 순이익은 과대계상된다. 그러나 다음 회계기간부터는 감가상각비가 과대계상되기 때문에 기간이익이 과소계상된다. 한편, 당기의 순이익이 크게 과대계상되었기 때문에 다음 연도의 기말 이익잉여금은 아직 과대계상된 상태가 된다.

10. ③ 감가상각은 자산의 원가를 경제적 효익을 제공하는 기간에 걸쳐 체계적으로 배분하는 과정이다.

11. ③ 감가상각은 기간별 수익·비용의 적절한 대응을 위해 자산의 원가를 기간별로 배분하는 과정이다.

12. ④ 유형자산처분손익은 처분대금과 처분시 자산의 장부금액의 차액이므로 감가상각 방법이 달라짐에 따라 처분손익은 영향을 받게 된다.

13. ② 정률법에 의한 감가상각비는 기간이 경과함에 따라 체감한다.

14. ③ 어떤 방법으로 상각하더라도 내용연수 동안 계상되는 감가상각비의 총액은 감가상각대상금액으로 모두 동일하다.

15. ①

20×0년의 감가상각비 : ₩500,000×0.369	=₩184,500
20×1년의 감가상각비 : (₩500,000−₩184,500)×0.369	= 116,420
20×2년의 감가상각비 : (₩500,000−₩184,500−₩116,420)×0.369	= 73,461
20×2년말 감가상각누계액	₩374,381

16. ④ 20×3년 7월 31일 현재의 감가상각누계액

=(₩500,000−₩50,000)/5×3+₩90,000×7/12=₩270,000+₩52,500

=₩322,500

20×3년 7월 31일의 장부금액 : ₩500,000−₩322,500=₩177,500

처분가액 :	(125,000)
유형자산처분손실 :	₩52,500

17. ③ 연수합계법의 상각액=(취득원가−잔존가치)×잔존내용연수/내용연수의 합계

=(₩100,000−₩10,000)×3/15=₩18,000

18. ④ **19.** ④

20. ① 무형자산은 정액법, 정률법, 연수합계법 또는 생산량비례법 등 합리적인 방법에 의해 상각하며, 잔존가치는 영(0)으로 한다. 일반적으로 상각비를 그때그때 해당자산에서 직접 차감한 잔액을 직접법을 따라 재무상태표에 기재하며, 상각누계액계정은 사용하지 않는다. 다만 직접법을 택하더라도 상각누계액은 공시하도록 되어 있다.

21. ①

22. ② 영업권을 제외한 나머지는 개별적으로 식별가능한 권리들이다.

23. ① **24.** ①

25. ③ 건물을 신축하기 위하여 사용 중인 기존건물을 철거하는 경우 철거비용은 전액 당기비용으로 처리한다. 다만 새 건물을 신축하기 위하여 기존 건물이 있는 토지를 취득하고 그 건물을 철거하는 경우에 발생하는 철거 관련 금액은 토지의 취득원가에 산입한다.

토지의 취득원가 = ₩300,000,000 + ₩5,000,000 = ₩305,000,000

[4] 주관식

[문 1] 유형자산의 처분

처분시점의 감가상각누계액 : (₩2,000,000 − ₩200,000) ÷ 8년 × 3년 = ₩675,000

처분시점의 장부금액 : ₩2,000,000 − ₩675,000 = ₩1,325,000

처분가액 : (1,000,000)

처분손실 : ₩325,000

[문 2] 유형자산의 처분 : 월할계산

① 20×1년의 감가상각비 : (₩5,000,000 − ₩500,000) ÷ 5년 × 6/12 = ₩450,000

20×2년의 감가상각비 : ₩900,000

20×3년의 감가상각비 : ₩900,000 × 3/12 = ₩225,000

처분시 감가상각누계액 : ₩450,000 + ₩900,000 + ₩225,000 = ₩1,575,000

② 처분시점의 장부금액 : ₩5,000,000 − ₩1,575,000 = ₩3,425,000

처분가액 : (3,000,000)

처분손실 : ₩425,000

③ 처분시 분개

－감가상각비 기록

(차)	감가상각비	225,000	(대)	감가상각누계액	225,000

－처분 분개

(차)	감가상각누계액	1,575,000	(대)	기계	5,000,000
	미수금	3,000,000			
	유형자산처분손실	425,000			

[문 3] 자본적 지출

기계의 대폭적 수선으로 자산의 내용연수가 연장되었으므로 자본적 지출로 처리한다.

2×10년말 장부금액 : 취득원가−감가상각누계액＝₩3,000,000

2×11년초 장부금액 : 2×10년말 장부금액＋자본적 지출＝₩4,800,000

기계의 잔존내용연수 : 15년

2×11년도 감가상각비 : ₩4,800,000÷15년＝₩320,000

[문 4] 정률법 : 기계의 처분

처분시점까지의 감가상각누계액 :

₩4,000,000×0.369＋(₩4,000,000−₩1,476,000)×0.36 ＝₩2,407,356

처분시점의 장부금액 : ₩4,000,000−₩2,407,356 ＝₩1,592,644

처분가액 : (1,500,000)

처분손실 : ₩92,644

[문 5] 생산량비례법

단위당 감모상각비 : (₩6,000,000−₩600,000)÷3,000,000배럴＝₩1.8

20×1년도 감모상각비 : 100,000배럴×₩1.8＝₩180,000

[문 6] 무형자산

광업권＋영업권＋임차권리금＝₩2,000,000＋₩8,000,000＋₩7,000,000＝₩17,000,000

(주: 창업비와 연구비는 당기비용이며, 임차권리금은 전세권이나 보증금 이외에 초과수익력의 대가로 지급한 금액으로 무형자산에 해당되며, 임차기간에 걸쳐 상각하여야 하므로 임차보증금과는 구분되며 이때 임차보증금은 기타비유동자산 항목으로 표시

[문 7] 영업권의 취득과 월할상각

인수시점의 회계처리결과 영업권 : ₩700,000−₩400,000＝₩300,000

(차)	상 품	400,000	(대)	매 입 채 무	200,000
	건 물	500,000		장 기 차 입 금	400,000
	비 품	100,000		당 좌 예 금	700,000
	영 업 권	300,000			

[문 8] 특허권의 상각 및 재무상태표 표시

(차) 특허권상각비 52,000 (대) 특 허 권 52,000

재무상태표 (20×1년 12월 31일)

무형자산		
특허권*	₩468,000	

* 연구개발활동에 소요된 전체금액이 아닌 특허등록에 직접 소요된 비용만을 '특허권'으로 인식한다. 따라서 취득원가(₩520,000)에서 상각누계액(₩52,000)을 차감하여 ₩468,000으로 표시한다.

교과서 연습문제 해답

[1] 빈칸 채우기

(1) 1년
(2) 수익적 지출, revenue expenditure, 수선유지비, 자본적 지출, capital expenditure
(3) 감가상각, depreciation　　(4) 가속상각법
(5) 사용 정도　　(6) 재평가모형, 공정가치
(7) 자산재평가이익, 기타포괄손익, 기타포괄손익누계액
(8) 손상차손　　(9) 무형자산　　(10) 영업권, goodwill

[2] 유형자산의 취득 후 지출 : 자본화대상금액(₩90,000,000), 이때 신기계설치홍보비는 취득원가에 포함시키지 않는다.

[3] 유형자산의 처분

연간 감가상각비=(₩50,000,000－₩5,000,000)÷9년=₩5,000,000
20×5년말 감가상각누계액=₩5,000,000×5년=₩25,000,000
20×5년말 장부금액=₩50,000,000－₩25,000,00=₩25,000,000
처분이익=₩35,000,000－₩25,000,000=₩10,000,000

(차)			(대)		
	현 금	35,000,000		기 계 장 치	50,000,000
	감가상각누계액	25,000,000		유형자산처분이익	10,000,000

[4] 유형자산의 감가상각 : 정액법과 정률법

정액법의 매년 감가상각비=(₩4,000,000－₩400,000)/10년
=₩360,000

정률법의 감가상각비

연 도	기초장부금액	정 률	감가상각비
20×1년	₩4,000,000	× 0.2	=₩800,000
20×2년	3,200,000	× 0.2	= 640,000
20×3년	2,560,000	× 0.2	= 512,000

[5] 연수합계법(단위 : 천원)

20×3년 감가상각비 : (₩62,000－2,000)×4/15*=₩16,000
20×4년 감가상각비 : (₩62,000－₩2,000)×3/15*=₩12,000
* 연수의 합계=1+2+3+4+5=15

[6] 유형자산의 감가상각과 처분 : 생산량비례법

(1) 단위당 감가상각비 : (₩3,000,000－₩300,000)/100,000매＝₩27
1차년도 감가상각비 : ₩27×20,000매＝₩540,000
2차년도 감가상각비 : ₩27×30,000＝₩810,000
2차년도말 감가상각누계액 ₩1,350,000

(2) 3차년도초 처분시의 분개 : 장부금액이 ₩1,650,000(＝₩3,000,000－₩1,350,000)인 비품을 현금 ₩1,300,000에 처분하였으므로 ₩350,000의 처분손실을 인식한다.

(차)	현 금	1,300,000	(대)	비 품	3,000,000
	감가상각누계액	1,350,000			
	비품처분손실*	350,000			

* 포괄손익계산서에는 다른 유형자산의 처분손실과 통합하여 '유형자산처분손실'로 영업외비용(또는 기타비용)란에 기재한다.

(3) 3차년도 10월 처분시의 분개 : 먼저 3차년도 감가상각비를 분개한 후에 처분의 회계처리를 한다.
3차년도 감가상각비 : ₩27×30,000매＝₩810,000

(차)	감 가 상 각 비	810,000	(대)	감가상각누계액	810,000

이제 감가상각누계액계정 합계액은 ₩2,160,000이 되었고, 장부금액은 ₩840,000이 되었으며, 이를 현금 ₩1,300,000에 처분하였으므로 다음과 같이 분개한다.

(차)	현 금	1,300,000	(대)	비 품	3,000,000
	감가상각누계액	2,160,000		비 품 처 분 이 익	460,000

[7] 무형자산의 종류

산업재산권(상표권) ₩5,000,000＋영업권 ₩12,000,000＝₩17,000,000
창업비는 무형자산이 아니라 당기비용으로 처리한다. 참고로 임차보증금은 기타비유동자산이지만, 전세권이나 보증금 이외에 초과수익력의 대가로 이전 사업자(임차인)에게 지급한 금액인 임차권리금은 무형자산에 해당되며, 임차기간에 걸쳐 상각한다.

제 10 장 | 부 채

개념을 알면 쉬운 **회계학**원론 Study Guide

Ⅰ. 개 관

◉ 개 관

본 장에서는 **부채** 전반을 다룬다. 부채는 크게 유동부채와 비유동부채로 나뉜다. **비유동부채**는 일반적으로 유동부채에 비하여 금액이 크기 때문에 중요할 뿐만 아니라 상당한 이자비용을 발생시켜 경영상 중대한 압박을 가할 수도 있다는 관점에서 투자자나 채권자들을 비롯한 이해관계자들에게 매우 중요한 정보가 된다.

비유동부채에는 사채, 장기차입금, 장기매입채무 등의 금융부채와 충당부채 등이 있다. 본 장에서는 이들을 포함한 부채 전반에 관하여 살펴본다.

∘ DTI(총부채상환비율, Debt To Income)는 무엇인가요?

금융부채 상환능력을 소득으로 따져서 대출한도를 정하는 계산비율을 말한다. 대출상환액이 소득의 일정 비율을 넘지 않도록 제한하기 위해 실시한다.

총부채상환비율, 곧 총소득에서 부채의 연간 원리금 상환액이 차지하는 비율을 말한다. 금융기관들이 대출금액을 산정할 때 대출자의 상환능력을 검증하기 위하여 활용하는 개인신용평가시스템(CSS : Credit Scoring System)과 비슷한 개념이다. 예를 들면, 연간 소득이 5,000만원이고 DTI를 40%로 설정할 경우에 총부채의 연간 원리금 상환액이 2,000만원을 초과하지 않도록 대출규모를 제한하는 것이다.

∘ LTV(주택담보대출비율)는 무엇인가요?

LTV란 주택담보인정비율이라고 해서 주택담보가치에 따른 대출가능 한도를 의미한다. LTV가 60%라면 시가 3억원짜리 아파트는 은행 등에서 1억 8천만원까지 대출받을 수 있다.

DTI란 총부채상환비율이라고 해서 총소득에서 부채 원리금 상환액이 차지하는 비중을 말한다. 총소득이 1억원인데 연간 부채 원리금 상환액이 4천만원일 때 DTI 비율은 40%가 된다.

Ⅱ. 본 장의 요약

제1절 부채의 의의

- 부채(liabilities)란 과거사건에 의하여 발생하였으며 경제적 효익이 내재된 자원이 기업으로부터 유출됨으로써 이행될 것으로 기대되는 현재의무
  - 부채는 상환기간, 성격 및 금액의 불확실성 정도에 따라 유동부채와 비유동부채, 금융부채와 비금융부채, 확정부채와 충당부채 등으로 분류

제2절 매입채무와 기타채무

1. 외상매입금(또는 매입채무)

- 매입채무 : 상품을 매입하면서 대금을 미래에 지급하기로 함에 따라 나타나는 의무
  - 외상매입금(구두약속)과 지급어음(어음발행)
  - 재무상태표에는 이 둘을 합하여 **매입채무**라고 기재
    매입채무 = 외상매상금 + 지급어음
- 외상매입 후 에누리나 환출이 발생하면 **매입에누리**와 **환출계정** 대변과 외상매입금(또는 매입채무)계정(어음매입시에는 지급어음계정) 차변에 분개
  - 포괄손익계산서에 당기상품매입액을 기재할 때는 매입에누리와 환출을 차감한 순매입액으로 기재

2. 지급어음

- **상품거래와 관련하여** 어음상의 대금을 지급할 의무가 있으면 지급어음계정 대변에 분개
- 상품 이외의 자산(예컨대 건물, 비품 등)을 매입하고 어음을 발행하여 지급한 경우 지급어음계정이 아닌 **미지급금계정**에 분개

- 현금을 차입하고 어음을 발행해준 경우 차입금계정에 분개

3. 기타의 채무

- 현금을 단기간 차입하였으면 **단기차입금**(부채)계정 대변에 기록
- 상품을 매출하면서 대금 중 일부를 미리 받았으면 **선수금**(부채)계정 대변에 기록
- 상품 이외의 자산의 매매시에 나타나는 계정으로는 **미수금**(자산)과 **미지급금**(부채)
  - 전자는 대금을 아직 받지 못한 자산성격
  - 후자는 대금을 아직 지급하지 못한 부채성격
- 현금을 수취하였으나 계정과목이나 금액을 명쾌히 확정할 수 없는 경우에는 **가수금**(부채)계정 대변에 기록
- 종업원이 부담해야 할 근로소득세나 건강보험료 등을 외부기관(국세청이나 건강보험관리공단 등)을 대신하여 기업이 맡아 둔 금액은 **예수금**(부채)계정에 기록
  - 관련기관에 납부하는 시점에 상계하여 제거

제3절 금융부채

1. 사채

- **사채**(社債, bond) : 주식회사가 회사의 채무임을 표시하는 증서를 발행해주고 증권시장의 일반 투자자들로부터 거액의 장기자금을 조달하는 방법
- 사채의 장점 : 기업이 빌리기를 원하는 자금이 거액이더라도 이를 많은 수의 작은 금액단위(한 계좌당 ₩10,000 이상의 동일금액)들로 쪼개어 사채권을 발행할 수 있어서 그만큼 쉽게 자금조달을 할 수 있다는 점
  - 소액 투자자들을 대상으로 해서도 얼마든지 기업이 원하는 거액의 자금조가능
- 사채에 투자하는 사채권자들 역시 언제든지 원하기만 하면 보유 중인 사채를 증권시장에서 자유롭게 매각하여 현금화할 수 있다는 장점
- 사채의 **액면가액**(額面價額, par value)은 사채의 표면에 기재된 금액으로서, 만기일에 상환할 금액
- 사채에 적혀 있는 이자율을 **액면이자율**(額面利子率, stated interest rate: 일명, 표시이자율)이라 하며, 액면이자율에 의해 채권자에게 지급해야 할 현금이자를 결정

- 이자지급일에 지급할 현금이자=액면가액×액면이자율

■ 반면, 자본시장에 참여하고 있는 일반 투자자들이 사채 구입 대신 다른 곳에 돈을 빌려주면 받을 수 있는 이자율을 액면이자율과 구분하여 **시장이자율**(市場利子率, market interest rate)이라 하며 자금의 수요와 공급에 의해 결정되는 균형이자율의 성격

2. 사채의 발행

■ 액면이자율이 시장이자율보다 낮아서 부득이 액면가액보다 낮은 금액만을 받고 사채를 발행하는 것을 사채의 **할인발행**(割引發行)이라 함

■ 사채발행과 관련하여 직접적으로 발생하는 비용 : **사채발행비**(社債發行費)

■ 사채발행으로 조달한 현금 중에서 사채발행비를 지불하고 난 후의 순액, 즉 기업이 실제로 이용할 수 있는 순액 : 사채의 **발행가액**(發行價額)

- 사채의 액면가액에서 발행가액을 뺀 금액 : **사채할인발행차금**(社債割引發行差金)
- 사채의 발행가액=사채발행으로 조달한 현금−사채발행비
- 사채할인발행차금=액면가액−발행가액

■ 사채를 할인발행하면 발행가액(실제로 이용할 수 있는 순액)과 액면가액의 차액을 사채할인발행차금계정 차변에 기록

■ 사채할인발행차금계정은 재무상태표 대변에 사채의 액면가액에서 차감하는 형식으로 기재(반면에 사채를 할증발행한 경우의 할증발행차금은 사채의 액면가액에 가산하는 형식으로 기재)

■ 할인발행된 사채의 발행가액을 만기가액(즉 액면가액)에 일치하도록 증가시켜 나가기 위해 사채의 결산정리가 필요

- 이 과정은 사채할인발행차금을 유효이자율법으로 상각을 통하여 수행

■ **유효이자율**(effective interest rate)이란 사채의 발행가액(사채발행비 차감 후의 금액을 지칭함)과 미래 현금지급액(현금이자와 액면가액)의 현재가치를 일치시켜 주는 이자율

- 사채발행가액=미래 현금지급액(이자 및 원금)을 유효이자율로 할인한 현재가치

■ 유효이자율과 시장이자율이 서로 다른 이유는 사채발행비가 존재하기 때문

- 사채발행비가 없다면 유효이자율과 시장이자율은 대부분의 경우 서로 일치

3. 사채의 결산정리

- 사채발행차금 상각 :
  ① 사채의 이자비용=사채의 기초 장부금액×유효이자율
  * 사채의 기초장부금액=액면가액－기초의 사채할인발행차금

  ② 현금이자=액면가액×액면이자율
  ③ 사채할인발행차금 상각액=①사채이자비용－②현금이자
- 할인발행된 사채에 대하여 유효이자율법으로 사채할인발행차금을 상각해 나가면 사채기간(만기까지의 기간) 동안 시간 경과에 따라 사채의 장부금액이 매기 커지고, 아울러 매기 이자비용도 커져 감

4. 사채의 상환

- 사채를 조기상환하는 경우에는 사채 관련계정을 모두 제거
  - 액면가액이 기록되어 있는 사채계정은 물론, 그 시점의 사채할인발행차금계정도 제거
  - 상환가격과 그 시점의 사채의 장부금액을 비교하여 **사채상환손익**(영업외손익, 기타수익 또는 기타비용)도 기록
- 사채를 만기상환하는 경우에는 그동안 사채할인발행차금계정이 전액 상각되어 잔액이 ₩0
  - 장부금액이 액면가액과 일치하게 되어 사채상환손익이 발생하지 않으며 이때는 사채계정만 제거

제4절 기타금융부채와 충당부채

1. 기타금융부채

- 금융기관 등으로부터 장기간 현금을 차입한 것 : **장기차입금**(長期借入金)
- 장기차입금을 조달한 후 시간이 경과하여 지급기일이 결산일로부터 1년 이내로 다가온 것은 비유동부채에서 제거하고 대신 **유동성장기부채**(流動性長期負債)라는 유동부채로 재분류

- 장기매입채무 : 1년 이후에 지급기한이 도래하는 외상매입금(또는 매입채무)과 지급어음
  - 장기지급어음의 회계처리는 사채의 경우와 완전히 동일
  - 한 가지 다른 점은 사채할인발행차금계정이 아니라 현재가치할인차금(現在價値割引差金)계정을 사용하여 부채의 실제금액을 나타냄

2. 퇴직급여와 확정급여채무

- **퇴직급여** : 종업원이 퇴직할 때 또는 퇴직하고 나서도 회사가 종업원의 근무용역에 대한 대가로서 제공하는 보상액
  - 임직원의 노동력 제공에 대한 대가에 해당하는 것이므로 노동력을 제공한 기간의 비용으로 인식하고, 장래 퇴직시점에 지급할 의무를 현재가치로 평가하여 확정급여채무로 계상하는 회계처리가 필요
- **확정기여제도**를 채택하고 있는 기업이라면 기여금을 퇴직급여비용으로 인식

(차)	퇴직급여(당기비용)	×××	(대)	현금및현금성자산	×××

- **확정급여제도**를 채택하고 있는 기업이라면 **퇴직급여**(당기비용)와 **확정급여채무**에서 사외적립자산을 차감하여 부채로 계상

(차)	퇴직급여(당기근무원가)	×××	(대)	확정급여채무	×××
	이자비용	×××			

3. 충당부채

- 겉으로 쉽게 드러나지 않는 **충당부채**(充當負債)란
  - 과거사건이나 거래의 결과에 의한 현재의무로서,
  - 의무를 이행하기 위하여 자원이 유출될 가능성이 높고,
  - 금액을 신뢰성있게 추정할 수 있는 의무
- 충당부채의 종류
  - 판매 후 품질보증 등과 관련된 부채(제품보증충당부채)
  - 판매촉진을 위하여 시행하는 환불정책과 관련된 부채(반품충당부채)
  - 원자력발전소, 해상구조물, 저유설비 등의 경제적 사용이 종료된 후에 환경보전을 위하여 원상을 회복시키는 데 관련된 부채(복구충당부채)

부록 A 사채발행과 회계처리

- 할인발행시 회계처리(액면이자율＜시장이자율)
  - 시장이자율(유효이자율)로 계산한 사채의 원금과 현금이자의 현재가치와 액면가의 차이를 사채할인발행차금으로 처리
- 할증발행시 회계처리(액면이자율＞시장이자율)
  - 시장이자율(유효이자율)로 계산한 사채의 원금과 현금이자의 현재가치와 액면가의 차이를 사채할증발행차금으로 처리

부록 B 사채투자와 상각후원가금융자산의 회계처리

- 최초취득시 회계처리(사채를 상각후원가금융자산으로 분류한 경우)
  - 상각후원가금융자산의 취득에 직접 관련된 거래비용(수수료 등)은 최초 인식하는 공정가치에 가산
  - 이는 거래비용을 기간비용처리하는 당기손익금융자산과 차이
- 결산정리
  - 상각후원가금융자산은 **유효이자율법**에 의한 **상각후원가***로 평가하여 재무상태표에 표시

〈할인발행인 경우〉

(차) 현금	×××	(대) 이자수익	×××
(차) 상각후원가금융자산	×××	(대) 이자수익	×××

〈할증발행인 경우〉

(차) 현금	×××	(대) 이자수익	×××
(차) 이자수익	×××	(대) 상각후원가금융자산	×××

* 결산시 평가 : 유효이자율법에 의한 이자수익을 현금이자수취액에 더하거나 차감하는 회계처리가 필요하지만 공정가치로 평가하지는 않는다.

Ⅲ. 자습문제

[1] 연결형 : 아래 각 문장은 박스 속의 어느 용어에 관한 것인지 답하시오.

A. 사채	B. 액면가액	C. 액면이자율	D. 시장이자율
E. 할인발행	F. 사채발행비	G. 발행가액	H. 사채할인발행차금
I. 유효이자율	J. 장기차입금	K. 장기매입채무	L. 충당부채
M. 매입채무			

1. ________ 상품을 매입하면서 현금을 미래에 지급하기로 함에 따라 나타나는 의무

2. ________ 주식회사가 회사의 채무임을 표시하는 증서를 발행해주고 증권시장의 일반 투자자들로부터 거액의 장기자금을 조달한 것

3. ________ 시장이자율이 액면이자율보다 높아 부득이 액면가액보다 낮은 금액을 받고 사채를 발행하는 것

4. ________ 사채 발행과 관련하여 직접적으로 발생하는 비용(사채권 인쇄비, 신문광고료, 증권회사 수수료 등)

5. ________ 사채의 할인발행시 사채의 액면가액에서 발행가액을 뺀 금액

6. ________ 사채발행으로 조달한 현금 중에서 사채발행비를 차감한 금액

7. ________ 사채의 표면에 기재된 금액으로서 만기일에 상환할 금액

8. ________ 사채의 표면에 기재된 이자율

9. ________ 발행가액과 미래 현금지급액(현금이자와 액면가액)의 현재가치를 일치시켜주는 할인율 또는 이자율

10. ________ 자본시장에 참여하고 있는 일반 투자자들이 사채에 투자하는 대신 다른 채무자에 돈을 빌려주면 받을 수 있는 이자율

11. ________ 금융기관으로부터 장기간 현금을 차입한 것

12. ________ 현재의무로서 아직은 지출요건이 갖추어지지 않았기 때문에 지출요건이 갖추어지는 미래시점에 지출이 예상되는 부채

13. ________ 1년 이후에 지급기한이 도래하는 외상매입금(또는 매입채무)과 지급어음

[2] 진위형 : 아래 문장이 옳으면 T(true, 眞)에, 틀리면 F(false, 僞)에 ○표를 하시오.

1. (T F) 유형자산을 외상으로 구입했다면 미지급금으로 기록한다.

2. (T F) 사채의 장점은 기업이 원하는 자금이 거액이더라도 이를 많은 수의 작은 금액단위들로 쪼개어 사채권을 발행할 수 있어서 그만큼 쉽게 자금조달을 할 수 있기 때문에 소액 투자대중들을 대상으로 해서도 기업이 원하는 거액의 자금을 조달하는 것이 가능하다.

3. (T F) 사채의 표면에 기재된 금액을 액면가액이라 하는데, 이 금액은 만기일에 상환해야 하는 금액과는 다른 것이다.

4. (T F) 채권자에게 지급하는 현금이자는 액면이자율이 아닌 시장이자율에 의해 결정된다.

5. (T F) 액면이자율이 시장이자율보다 낮아서 부득이 액면가액보다 낮은 금액만을 받고 사채를 발행하는 것을 할인발행(割引發行)이라 한다.

6. (T F) 사채발행과 관련하여 직접적으로 발생하는 비용을 사채발행비(社債發行費)라 하는데, 이는 무형자산으로 분류된다.

7. (T F) 사채할인발행차금은 재무상태표의 대변에 사채의 액면가액에서 차감하는 형식으로 기재한다.

8. (T F) 할인발행된 사채의 발행가액을 만기시의 액면가액으로 증가시켜 나가기 위해 사채의 결산정리가 필요하며, 이 과정은 사채할인발행차금을 시장이자율법으로 상각하는 과정을 통하여 수행된다.

9. (T F) 할인발행된 사채에 대하여 유효이자율법으로 사채할인발행차금을 상각하면 사채발행기간 동안 시간 경과에 따라 사채의 장부금액이 매기 작아지

고, 아울러 이자비용도 매기 작아져 간다.

10. (T F) 사채의 사채할인발행차금계정에 대응하는 장기지급어음의 계정은 어음할인발행차금계정이다.

[3] 객관식

1. 실내인테리어와 가구를 판매하는 (주)정&아트의 미지급금에 해당되지 않는 것은?

① 배달용 트럭의 외상구입대금
② 물류시스템 구축비 미지급분
③ 가구전시장의 조명설비 외상구입대금
④ 재고자산으로 계상될 인테리어 소품의 외상매입대금

2. (주)현대오토는 20×1년 8월 1일에 (주)미래로부터의 상품매입 대가로 액면 ₩700,000, 이자율 12%, 만기 60일의 어음을 지급하였다. 1년을 360일로 가정하고 만기에 대금을 지급하는 경우 (주)현대오토의 분개는?

①	(차) 현 금	700,000	(대) 받을어음	700,000
②	(차) 지급어음	700,000	(대) 현 금	714,000
	이자비용	14,000		
③	(차) 현 금	714,000	(대) 지급어음	714,000
④	(차) 받을어음	700,000	(대) 현 금	714,000
	이자비용	14,000		

3. 현금이자비용 이외에 사채의 만기일에 상환해야 하는 금액은?

① 발행가액 ② 액면가액
③ 장부금액＋사채발행비 ④ 장부금액－사채발행비

4. 사채의 이자지급일에 지급할 현금이자는 어떻게 결정되는가?

① 액면가액에 액면이자율을 곱하여 산출한다.
② 발행가액에 액면이자율을 곱하여 산출한다.
③ 액면가액에 유효이자율을 곱하여 산출한다.
④ 발행가액에 유효이자율을 곱하여 산출한다.

5. 사채를 발행할 때는 사채를 살 사람들을 모으기 위한 광고비나 사채권의 인쇄비, 그리고 사채발행에 따르는 복잡한 업무를 증권회사에 대행시키는 데 드는 수수료도 지불해야 한다. 이처럼 사채발

행과 관련하여 직접적으로 발생하는 비용에 대한 설명으로 옳은 것은?

① 사채발행비계정으로 분개하고 자본항목으로 기록한다.
② 사채발행비계정으로 분개한 후 전액 사채발행기간의 비용으로 배분하여 처리한다.
③ 사채발행가액에서 차감되므로 사채발행비는 재무제표에 나타나지 않는다.
④ 사채발행비계정으로 분개하고 무형자산으로 기록한다.

6. 액면가액이 ₩100,000인 사채를 발행하여 현금 ₩90,000을 조달하고 이 중 사채발행비 ₩2,000을 지급하여 기업이 실제로 이용가능한 순액이 ₩88,000일 때 만기에 상환될 금액은?

① ₩88,000 ② ₩90,000 ③ ₩92,000 ④ ₩100,000

7. 위의 문제에서 사채할인발행차금은 얼마인가?

① ₩8,000 ② ₩9,000 ③ ₩10,000 ④ ₩12,000

8. 사채와 관련하여 포괄손익계산서에 기재되는 이자비용은 어떻게 산출하는가?

① 사채의 기초 장부금액에 유효이자율을 곱하여 산출한다.
② 사채의 기초 장부금액에 액면이자율을 곱하여 산출한다.
③ 사채의 액면가액에 유효이자율을 곱하여 산출한다.
④ 사채의 액면가액에 액면이자율을 곱하여 산출한다.

9. 사채발행비가 없다고 가정할 때 이론상 사채를 발행할 때 받는 현금수입액은 다음 중 어느 금액과 같은가?

① 사채의 액면가액
② 만기일에 지급하게 될 액면가액의 현가에 현금이자액의 현재가치를 가산한 금액. 단, 현가는 사채발행일 현재의 시장이자율로 계산
③ 액면가액에 현금이자액의 현재가치를 가산한 금액. 단, 현가는 사채발행일 현재의 시장이자율로 계산
④ 액면가액에 현금이자액을 가산한 금액

10. 액면 이하의 가액으로 발행한 사채를 재무상태표에 부채로 표시하는 옳은 방법은?

① 액면가액은 '사채'로, 액면가액과 발행가액의 차액은 '사채발행초과금'으로 기재한다.
② 액면가액만을 '사채'라고 기재한다.
③ 액면가액은 '사채'로, 액면과 발행가액과의 차액은 '사채할인발행차금'으로 사채에서 차감하는 형식으로 기재한다.

④ 발행가액만을 ‘사채’라고 기재한다.

11. 미래기업은 기말 결산시 사채할인발행차금의 상각을 누락하였다. 이런 오류가 재무제표에 미치는 영향은?

① 사채의 장부금액이 과소계상된다.
② 당기순이익이 과소계상된다.
③ 사채할인발행차금이 과소계상된다.
④ 사채의 액면가액이 과소계상된다.
⑤ 이자비용이 과대계상된다.

12. 사채발행비가 없다고 가정할 때 사채의 발행가액과 액면가액의 차액인 사채할인발행차금에 대한 설명으로 옳은 것은?

① 사채할인발행차금은 사채의 액면이자율이 시장이자율보다 낮을 때 발생하는 것으로 만기까지에 걸쳐 이자비용으로 전환되어야 할 금액이다.
② 사채할인발행차금은 재무상태표에 사채에서 직접 차감하므로 나타나지 않는다.
③ 사채할인발행차금은 이자율과 관련이 없는 것으로 자금시장의 불완전성 때문에 발생한다.
④ 사채할인발행차금은 정액법으로 상각하는 것이 수익·비용 대응의 원칙에 부합된다.
⑤ 유효이자율법으로 사채할인발행차금을 상각하면 초기에 과대상각이 이루어진다.

13. 사채할인발행차금에 관한 설명 중 옳은 것은?

① 재무상태표 차변에 기재하여 보고한다.
② 사채에서 차감하는 형식으로 기재한다.
③ 한국채택국제회계기준(K-IFRS)에서는 정액법 또는 유효이자율법으로 상각하도록 하고 있다.
④ 시장이자율이 액면이자율보다 낮은 경우에도 나타난다.

14. 사채가 할인발행된 경우 다음 설명 중 적절하지 않은 것은?

① 사채 만기일이 가까워질수록 사채 이자비용은 점차 크게 계산된다.
② 포괄손익계산서에 기재되는 이자비용은 현금이자보다 항상 크다.
③ 사채의 만기일이 되면 사채 장부금액은 액면가액과 일치하게 된다.
④ 사채 만기일이 가까워질수록 사채 장부금액은 점차 작아진다.

15. 20×1년 12월 31일 현재 (주)현대오토가 발행한 사채의 장부금액은 ₩50,000이다. 액면이자율이 9%이고 유효이자율이 10%일 때 20×2년의 이자비용은?

① ₩2,250
② ₩2,500
③ ₩4,500
④ ₩5,000

16. (주)현대오토는 액면 ₩100,000, 액면이자율 10%인 사채의 이자지급일에 이자를 지급한 후 즉시 현금 ₩105,000을 주고 상환하였다. 이때 사채상환손실이 ₩8,000이었다면 상환시점의 사채할인발행차금은 얼마이었겠는가?

① ₩13,000　　② ₩5,000　　③ ₩3,000　　④ ₩8,000

17. 다음 중 충당부채가 아닌 것은?

① 대손충당금　　② 제품보증충당부채　③ 반품충당부채　　④ 복구충당부채

18. 충당부채에 대한 다음 설명 중 적절하지 않은 것은?

① 미래의 비용으로 기록하여야 한다.
② 현재의무로서 그 의무를 이행하는데 자원의 유출가능성이 높고 금액을 신뢰성 있게 추정할 수 있어야 한다.
③ 미래 언젠가는 지출하여야 되는 부채이다.
④ 복구충당부채, 제품보증충당부채 등이 이에 속한다.

19. 사채를 발행하는 경우 나타날 수 있는 계정과목이 아닌 것은?

① 사채할증발행차금　　② 이자수익
③ 사채상환손익　　④ 사채할인발행자금

20. 사채의 회계처리에 대하여 유효이자율법 적용과 관련한 다음 설명 중 적절한 것은?

① 유효이자율법 적용시 할증발행차금 상각액은 매기 감소한다.
② 유효이자율법 적용시 할인발행차금 상각액은 매기 감소한다.
③ 할증발행된 경우 이자비용은 매기 증가한다.
④ 할인발행된 경우 이자비용은 매기 감소한다.
⑤ 사채발행 시점에서 사채발행비가 지출된 경우 발행당시의 유효이자율은 발행당시의 시장이자율과 차이가 날 수 있다.

21. 사채발행차금과 사채발행비에 대하여 올바르게 설명한 것은?

① 사채발행차금을 유효이자율법으로 상각하는 경우 할인발행되면 이자비용은 매년 감소하고, 할증발행하면 매년 증가한다.
② 모든 기업이 사채발행차금을 정액법으로 상각할 수 있다.
③ 사채발행차금을 유효이자율법으로 상각하는 경우 할인발행 또는 할증발행에 따른 사채발행차금의 상각액은 매년 증가한다.
④ 사채발행비를 사채기간에 걸쳐 정액법으로 상각하는 것이 유효이자율법에 비하여 합리적이다.

[4] 주관식

[문 1] 매입채무의 발생과 소멸

다음 (주)미래유통의 20×1년도 거래를 분개하시오(상품매매는 실지재고조사법으로).

① 상품 ₩40,000을 (주)현대오토로부터 외상매입하다.

② 위 상품에 중대한 하자가 있어 판매가 ₩6,000의 상품을 (주)현대오토에 반품하다.

③ 위 상품에 또 약간의 하자가 추가 발견되어 ₩4,000을 (주)현대오토로부터 에누리 받다.

④ 매입채무 잔액 ₩30,000을 만기일에 (주)현대오토에 현금으로 지급하다.

[문 2] 기타의 채무

(주)꽃샘유통에 발생한 아래 거래를 분개하시오.

① 5개월 후에 지급하기로 하고 (주)현대오토로부터 ₩50,000을 차입하다. 이때 (주)현대오토로부터 받은 것은 현금이 아니라 (주)현대오토 발행의 당좌수표였다.

② 만기 6개월의 어음을 발행해주고 (주)현대오토로부터 현금 ₩30,000을 차입하다.

③ 만기일이 되어 위 ①의 차입금을 이자 ₩3,000과 함께 수표를 발행하여 지급하다.

④ 상품 ₩30,000을 매입하기로 계약하고 현금 ₩3,000을 선금으로 지급하다.

⑤ 위 상품을 인도받고 잔액 ₩27,000은 1개월 후에 지급하기로 하는 어음을 발행하여 지급하다.

⑥ 건물 ₩80,000을 외상으로 구입하다.

⑦ 건물 ₩90,000을 구입하고 대금은 4개월 만기의 어음을 발행하여 지급하다.

[문 3] 비품구입과 어음의 발행

비품 ₩50,000을 구입하고, 만기 30일, 연 이자율 12%의 어음을 발행하였다. 그리고 만기일이 되어 어음대금을 현금으로 지급하였다. 구입일과 만기일의 분개를 하시오. 단, 어음에 대한 이자 계산시 1년은 360일로 본다.

① 구입일

(차)	(대)

② 만기일

(차)	(대)

[문 4] 외상매입거래의 분개와 전기

다음 일련의 거래를 실지재고조사법으로 분개하고 전기하시오. 단, 기초 매입채무계정 잔액은 ₩700,000이었다.

① 상품 ₩500,000을 외상으로 매입하다

(차)	(대)

② 위 상품에 약간의 하자가 있어 ₩50,000만큼 에누리받다.

(차)	(대)

③ 매입채무 ₩800,000을 수표를 발행하여 상환하였다.

(차)	(대)

[문 5] 사채의 발행, 결산정리, 조기상환

(주)매직클린은 20×1년 1월 1일에 다음과 같은 사채를 발행하고 사채발행비를 지급한 후 현금 ₩96,620을 조달하였다. 이 경우 유효이자율은 연 12%로 계산되었으며, 이를 토대로 물음에 답하시오.

- 액면가액 : ₩100,000
- 액면이자율 : 연 10%
- 만 기 : 2년
- 이자지급일 : 매년 12월 31일, 연 1회
- 이 거래의 유효이자율은 연 12%로 계산되었다.

① 20×1년 1월 1일의 사채발행을 분개하시오.

(차)	(대)

② 20×1년 12월 31일에 위 사채의 이자비용에 관한 결산정리분개를 액면이자의 현금지급 거래와 함께하시오.

(차)	(대)

③ 20×1년 12월 31일의 재무상태표에 기록되는 사채할인발행차금 잔액은?

④ (주)매직클린은 20×2년 1월 1일에 증권시장에서 거래되고 있는 위 사채를 현금 ₩90,000에 매입하여 상환하였을 경우의 회계처리를 하시오.

(차)	(대)

[문 6] 사채의 조기상환

(주)현대오토는 20×1년 1월 1일에 다음과 같은 사채를 발행하고 사채발행비를 지급한 후 현금 ₩96,620을 조달한 바 있다. 이 거래의 유효이자율은 연 12%였다.

- 액면가액 : ₩100,000
- 액면이자율 : 연 10%
- 만 기 : 2년
- 이자지급일 : 매년 12월 31일, 연 1회

20×2년 1월 1일 현재 사채할인발행차금계정 차변 잔액은 ₩1,786이고 장부금액은 ₩98,214(=₩100,000−₩1,786)이다. (주)현대오토가 이 사채를 20×2년 4월 1일에 현금 ₩90,000으로 조기상환한 경우의 분개를 하시오.

① 20×2년도의 3개월간 이자비용 기록을 위한 분개

(차)	(대)

② 상환거래 기록을 위한 분개

(차)	(대)

[문 7] 사채할인발행차금의 상각 및 금융자산의 상각후원가

(주)현대오토는 20×1년 1월 1일에 사채(액면가액 ₩100,000, 만기 3년, 이자지급일 12월 31일, 액면이자율 10%)를 시장이자율 13%를 반영하여 ₩92,917에 할인발행하고 사채발행비로 ₩4,335을 지급하여 결과적으로 현금 ₩88,582을 조달하였다. 따라서 이 거래의 유효이자율은 15%로 계산되었다. 한편 (주)미래투자는 이 사채를 만기까지 보유할 목적으로 구입하였다. 아래 물음에 답하시오.

(1) 사채 발행회사의 분개

(주)현대오토 입장에서 다음의 표를 완성하고 사채와 관련한 분개를 하시오(마지막 연도인 20×3년에는 할인차금계정 잔액이 ₩0이 되도록 끝자리수조정을 한다).

	기초장부금액	이자비용 (15%)	현금이자 (10%)	상각액	할인차금 (₩11,418)	기말장부금액
20×1년	₩88,582	₩	₩		₩	₩
20×2년						
20×3년						

① 20×1. 1. 1

(차)	(대)

② 20×1. 12. 31

(차)	(대)

③ 20×2. 12. 31

(차)	(대)

④ 20×3. 12. 31

(차)	(대)

(2) 사채 투자회사의 분개 : 투자회사에서는 이자수익이 발생함.

(주)미래투자의 입장에서 다음의 표를 완성하고, 현금이자수익을 수취한 20×1년도말 시점에 필요한 결산정리분개를 하고 20×1년도말 재무상태표에 이 사채를 표시하시오. (주)미래투자는 이 사채의 취득시 시장이자율 13%에 맞추어 현금 ₩92,917을 지급하였다.

	기초장부금액	이자수익 (13%)	현금이자 (10%)	상각액	할인차금 (₩7,083)	기말장부금액
20×1년	₩92,917	₩	₩		₩	₩
20×2년						
20×3년						

① 20×1. 1. 1

(차)	(대)

② 20×1. 12. 31의 결산정리분개

(참고 : 결산정리분개는 1단계의 현금이자수익인식과 2단계의 유효이자율법에 의해 상각후원가를 계산하는 단계가 필요하다)

〈1단계〉 이자수익의 분개

- 시장이자율에 따라 이자수익을 기록하면서 현금이자수익과의 차액을 상각후원가금융자산계정 차변에 분개한다.

(차)	(대)

- 금융자산의 상각후원가 계산 : 위에서 금융자산계정 차변에 분개된 금액만큼 증가된 후의 금액을 상각후원가라고 한다.

상각후원가=

Ⅳ. 해답(자습문제, 교과서 연습문제)

[1] 연결형

1. M **2.** A **3.** E **4.** F **5.** H **6.** G **7.** B
8. C **9.** I **10.** D **11.** J **12.** L **13.** K

[2] 진위형

1. T **2.** T
3. F 사채의 액면가액은 곧 만기일에 상환할 것을 문서로써 약속하는 금액이다.
4. F 현금이자는 액면이자율을 액면가액에 곱해 계산한다. 액면이자율에 의해 채권자에게 지급해야 할 현금이자가 결정된다.
5. T
6. F 사채발행으로 조달한 현금 중에서 사채발행비를 지불하고 난 후의 순액, 즉 기업이 실제로 이용할 수 있는 순액을 사채의 발행가액으로 회계처리한다.
7. T
8. F 시장이자율이 아니라 유효이자율로 상각한다.
9. F 매기 작아져 가는 것이 아니라 양자 모두 매기 커져 간다.
10. F 현재가치할인차금계정이다.

[3] 객관식

1. ④
2. ② (차) 지급어음 700,000 (대) 현 금 714,000
이자비용 14,000*
* ₩700,000×12%×60/360=₩14,000
3. ② **4.** ① **5.** ③ **6.** ④
7. ④ 사채할인발행차금=사채의 액면가액−사채의 발행가액
=₩100,000−₩88,000=₩12,000
8. ①
9. ② 사채발행가액=액면가액의 현가+현금이자 지급액의 현가
10. ③
11. ① 사채할인발행차금은 사채의 차감항목으로 기록된다. 따라서 사채할인발행차금상각을 누락하면 사채의 장부금액이 과소계상된다. 한편 사채할인발행차금상각은 이자비용에 포함되는데, 이를 누락하면 순이익이 과대계상된다.

12. ① 액면이자율 < 시장이자율 : 할인발행된다.
액면이자율 > 시장이자율 : 할증발행된다.
사채할인발행차금은 이자비용의 성격을 갖는다.

13. ② 일반기업회계기준은 정액법을 허용하지만, 한국채택국제회계기준(K-IFRS)에서는 유효이자율법만 인정한다.

14. ④ 사채의 만기일이 가까워질수록 사채의 장부금액은 점차 커진다.

15. ④ 사채이자비용 : 기초 장부금액×유효이자율＝₩50,000×10%＝₩5,000

16. ③

(차) 사 채	100,000	(대) 현 금	105,000
사채상환손실	8,000	사채할인발행차금	x

∴ $x = 3,000$

17. ①

18. ① 미래의 비용이 아니라 당기의 비용이다.

19. ④

20. ⑤

	이자비용	사채차금상각
할인발행시	증 가	증 가
할증발행시	감 소	증 가

할인발행시에는 사채의 장부금액이 점점 증가하므로 부채가 커질수록 이자비용이 증가한다. 그런데 현금지급이자는 일정하므로 사채차금상각(이자비용－현금지급이자)은 점점 증가한다. 동일한 논리로 할증발행시에는 사채의 장부금액이 점점 감소하므로 부채가 작아질수록 이자비용이 감소한다. 그런데 현금지급이자는 일정하므로 사채차금상각(현금지급이자－이자비용)은 점점 증가한다. 할증발행시 사채차금상각액이 점점 증가함에 특히 유의하기 바란다. 참고로, 할증발행시에는 액면이자율이 유효이자율보다 높다. 즉, 현금지급이자가 이자비용보다 크다. 따라서 사채차금상각은 현금지급이자에서 이자비용을 차감하여 구한다.

21. ③ 상장기업 등 한국채택국제회계기준(K-IFRS)이 적용되는 경우 사채발행차금은 유효이자율법에 의해 상각한다. 사채발행비는 사채발행가액에서 차감되며, 결과적으로 사채발행차금에 반영된다.

[4] 주관식

[문 1] 매입채무의 발생과 소멸

	차변	금액	대변	금액
①	(차) 매 입	40,000	(대) 매입채무	40,000
②	(차) 매입채무	6,000	(대) 매입에누리와환출	6,000
③	(차) 매입채무	4,000	(대) 매입에누리와환출	4,000
④	(차) 매입채무	30,000	(대) 현 금	30,000

[문 2] 기타의 채무

	차변	금액	대변	금액
①	(차) 현 금	50,000	(대) 단기차입금	50,000
②	(차) 현 금	30,000	(대) 단기차입금	30,000

* 어음을 발행해주었더라도 지급어음이 아니고 단기차입금(상품 매입대가가 아니므로)으로 처리

	차변	금액	대변	금액
③	(차) 단기차입금	50,000	(대) 당 좌 예 금	53,000
	이 자 비 용	3,000		
④	(차) 선 급 금	3,000	(대) 현 금	3,000
⑤	(차) 매 입	30,000	(대) 선 급 금	3,000
			지 급 어 음	27,000
⑥	(차) 건 물	80,000	(대) 미 지 급 금	80,000
⑦	(차) 건 물	90,000	(대) 미 지 급 금	90,000

* 상품 이외의 자산을 취득하고 아직 현금을 지급하지 않은 경우에는 구도로 약속했든 어음을 발행해 주고 외상으로 했든 모두 '미지급금계정'에 기록

[문 3] 비품구입과 어음의 발행

① 구입일

차변	금액	대변	금액
(차) 비 품	50,000	(대) 미지급금	50,000

② 만기일

차변	금액	대변	금액
(차) 미지급금	50,000	(대) 현 금	50,500
이자비용	500*		

* ₩50,000 × 0.12 × 30/360 = ₩500

[문 4] 외상매입거래의 분개와 전기

	차변	금액	대변	금액
①	(차) 매 입	500,000	(대) 매입채무	500,000
②	(차) 매입채무	50,000	(대) 매입에누리와환출	50,000
③	(차) 매입채무	800,000	(대) 당 좌 예 금	800,000

[문 5] 사채의 발행, 결산정리, 조기상환

① 사채발행 분개

차변	금액	대변	금액
(차) 현 금	96,620	(대) 사 채	100,000
사채할인발행차금	3,380		

② 이자비용 관련 결산정리분개

차변	금액	대변	금액
(차) 이 자 비 용	11,594*	(대) 현 금	10,000
		사채할인발행차금	1,594

* 20×1년의 총이자비용 : ₩96,620 × 12% = ₩11,594

③ 사채할인발행차금계정 잔액 : ₩3,380－₩1,594＝₩1,786

④ 사채 조기상환 분개

(차)	사 채	100,000	(대)	현 금	90,000
				사채할인발행차금	1,786
				사 채 상 환 이 익	8,214

[문 6] 사채의 조기상환

① 20×2년도의 3개월간 이자비용 기록을 위한 분개

20×2. 1. 1～ 3. 31 기간의 이자비용 : ₩98,214×12%×3/12＝₩2,946

현금이자 : ₩100,000×10%×3/12＝₩2,500

(차)	이 자 비 용	2,946	(대)	미 지 급 이 자	2,500
				사채할인발행차금	446

이 분개로 인해 사채할인발행차금계정 차변 잔액은 ₩1,340(₩1,786－₩446)이 되고, 사채 장부금액은 ₩98,660(₩100,000－₩1,340 또는 ₩98,214＋₩446)이 된다.

② 상환거래 기록을 위한 분개

현금지급액 ₩90,000은 사채 대가로 지불한 금액과 액면이자율에 따른 3개월간의 현금이자 발생액이 모두 포함되어 있는 금액이다. 위에서 계산한 것처럼 3개월간의 액면이자 발생액이 ₩2,500(미지급이자)이므로 사채 대가로 지불한 금액은 ₩87,500이다. 한편 20×2년 4월 1일의 사채의 장부금액이 ₩98,660이므로 사채상환이익은 ₩11,160(₩98,660－₩87,500)이다.

(차)	사 채	100,000	(대)	현 금	90,000
	미 지 급 이 자	2,500		사채할인발행차금	1,340
				사 채 상 환 이 익	11,160

[참고]

위 두 분개 ①과 ②를 한 번에 분개하면 미지급이자계정이 제거되고 사채할인발행차금계정이 합계금액으로 기록된다.

(차)	이 자 비 용	2,946	(대)	사채할인발행차금	1,786
	사 채	100,000		현 금	90,000
				사 채 상 환 이 익	11,160

* 이자비용의 계산 : ₩98,214×12%×3/12＝₩2,946
* 사채상환이익의 계산 : [₩90,000－₩100,000×10%×3/12]－[₩98,214＋₩446]＝₩87,500－₩98,660＝₩11,160(이익)

그러나 이처럼 한꺼번에 분개하는 것을 권장하는 것은 결코 아니며, 지금은 논리를 따라 뚜벅뚜벅 풀어 나갈 것!

[문 7] 사채할인발행차금의 상각 및 금융자산의 상각후원가

(1) 사채 발행회사(현대오토)의 분개

	기초 장부금액	이자비용 (15%)	현금이자 (10%)	상각액	할인차금 (₩11,418)	기말 장부금액
20×1	₩88,582	₩13,287	₩10,000	₩3,287	₩8,131	₩91,869
20×2	91,869	13,780	10,000	3,780	4,351	95,649
20×3	95,649	14,351*	10,000	4,351	0	100,000

* 본래는 ₩95,649×15%=₩14,348이지만 할인차금계정 잔액을 ₩0으로 만들기 위하여 끝자리수금액 조정을 한 것임. 즉, 직전년도(20×2)말 할인차금 잔액이 전액 상각될 수 있도록 현금이자(₩10,000)에 할인차금계정 잔액(₩4,351)을 더해서 기록한 것임.

① 20×1. 1. 1	(차) 현 금	88,582	(대) 사 채		100,000
	사채할인발행차금	11,418			
② 20×1. 12. 31	(차) 이자비용	13,287	(대) 현 금		10,000
			사채할인발행차금		3,287
③ 20×2. 12. 31	(차) 이자비용	13,780	(대) 현 금		10,000
			사채할인발행차금		3,780
④ 20×3. 12. 31	(차) 이자비용	14,351	(대) 현 금		10,000
			사채할인발행차금		4,351*

* 끝자리수금액 조정

(만기상환)	(차) 사 채	100,000	(대) 현 금	100,000

(2) 사채 투자회사(미래투자)의 분개 : (주)미래투자는 시장이자율 13%에 따라 이자수익을 기록해 나간다. 그리고 이 금액과 현금이자수익과의 차액으로 상각후원가금융자산의 금액을 증가시켜 나간다.

	기초 장부금액	이자수익 (13%)	현금이자 (10%)	증가액 (상각액)	기말 장부금액
20×1	₩92,917	₩12,079	₩10,000	₩2,079	₩94,996
20×2	94,996	12,349	10,000	2,349	97,345
20×3	97,345	12,655	10,000	2,655	100,000

① 20×1. 1. 1	(차) 상각후원가금융자산	92,917	(대) 현 금	92,917

* (주)미래투자는 (주)현대오토가 발행한 사채를 상각후원가금융자산계정(투자자산 항목)으로 분개한다.
* 사채발행회사인 경우에는 액면가액과 사채할인발행차금의 두 가지를 분개하지만, 자산인 경우(즉 투자회사인 경우)에는 실제 채권금액 한 가지만을 분개한다는 사실에 유념할 것.

② 20×1. 12. 31의 결산정리분개

〈1단계〉 이자수익의 기록

(차) 현 금	10,000	(대) 이자수익	12,079
상각후원가금융자산	2,079		

상각후원가금융자산의 상각후원가 계산 : 위 분개로 인하여 상각후원가금융자산계정 차변에 ₩2,079이 추가되면서 증가된 금액을 **상각후원가**라고 한다.

상각후원가 : ₩92,917＋₩2,079＝₩94,996

교과서 연습문제 해답

[1] 부채의 이해

(1) 유동부채, 비유동부채
(2) 금융부채, 비금융부채
(3) 확정부채, 매입채무
(4) 충당부채
(5) 매입채무, 외상매입금, 지급어음
(6) 미지급금
(7) 선수금
(8) 사채발행비, 발행가액, 사채할인발행차금
(9) 발행가액, 현재가치
(10) 장기차입금, 유동성장기부채
(11) 장기매입채무
(12) 상각후원가금융자산

[2] 단기차입금, 선수금, 미지급금, 가수금, 예수금

(1)	(차) 현 금	200,000	(대) 단기차입금	200,000
(2)	(차) 현 금	600,000	(대) 단기차입금	600,000
(3)	(차) 단기차입금	300,000	(대) 현 금	307,000
	이 자 비 용	7,000		
(4)	(차) 현 금	50,000	(대) 선 수 금	50,000
(5)	(차) 선 수 금	50,000	(대) 매 출	300,000
	현 금	250,000		
(6)	(차) 토 지	300,000	(대) 미지급금	300,000
(7)	(차) 차 량	200,000	(대) 미지급금	200,000
(8)	(차) 미지급금	300,000	(대) 현 금	300,000
(9)	(차) 당좌예금	600,000	(대) 가 수 금	600,000
(10)	(차) 가 수 금	600,000	(대) 매출채권	600,000
(11)	(차) 급 여	900,000	(대) 예 수 금	120,000
			현 금	780,000
(12)	(차) 예 수 금	120,000	(대) 현 금	120,000

[3] 사채의 기말 결산정리분개 : 할인발행

(1) (차) 이자비용 60,00 (대) 현 금 60,000

(2) 할인발행차금 상각액 : ₩499,450×15%−₩600,000×10%=₩14,918

(3) (차) 이자비용 14,918 (대) 사채할인발행차금 14,918

(4) 할인발행차금계정 잔액 계산 : ₩100,550−₩14,918=₩85,632

재무상태표 (20×2년 12월 31일)

	부 채		
	사 채	₩600,000	
	사채할인발행차금	(85,632)	₩514,368

[4] 사채의 조기상환

(1) 사채발행

(차)	현 금	401,765	(대)	사 채	500,000
	사채할인발행차금	98,235			

(2) 현금이자 지급

(차)	이 자 비 용	50,000	(대)	현 급	50,000

(3) 결산정리분개

₩401,765×16%−₩500,000×10%=₩14,282

(차)	이 자 비 용	14,282	(대)	사채할인발행차금	14,282

(4) 조기상환

〈사채의 조기상환분개〉

20×2년 1월 1일의 사채할인발행차금계정 잔액 : ₩98,235−₩14,282=₩83,953

20×2년 1월 1일의 사채 장부금액 : ₩500,000−₩83,953=₩416,047

사채 조기상환이익 : ₩416,047−₩400,000=₩16,047

(차)	사 채	500,000	(대)	사채할인발행차금	83,953
				현 금	400,000
				사 채 상 환 이 익	16,047

[5] 사채의 발행과 구입

	장부금액 (액면가액 −할인차금)	사채이자비용 (장부금액 ×유효이자율)	현금지급이자 (액면가액 ×액면이자율)	상각액
20×1년	₩265,746	₩39,862	₩30,000	₩9,862
20×2년	275,608	41,341	30,000	11,341
20×3년	286,949	43,042	30,000	13,042

〈발행회사인 (주)매직클린의 회계처리〉

20×1. 1. 1	(차)	현 금	265,746	(대)	사 채	300,000
		사채할인발행차금	34,254			
20×1.12.31	(차)	이 자 비 용	39,862	(대)	현 금	30,000
					사채할인발행차금	9,862
20×2.12.31	(차)	이 자 비 용	41,341	(대)	현 금	30,000
					사채할인발행차금	11,341
20×3.12.31	(차)	이 자 비 용	43,042	(대)	현 금	30,000
					사채할인발행차금	13,042*

* 끝자리수금액 조정

	(차)	사 채	300,000	(대)	현 금	300,000

〈구입회사인 (주)현대오토의 회계처리〉

구입회사는 시장이자율에 따라 이자수익을 기록한다. 이 금액과 현금 이자수익과의 차액으로 상각후원가금융자산의 금액을 증가시켜 나간다.

20×1. 1. 1	(차)	상각후원가금융자산	265,746	(대)	현 금	265,746

* 발행회사에서는 액면가액과 사채할인발행차금의 두 가지를 분개하지만, 투자한 회사에서는 실제 채권 구입액 한 가지만을 분개한다.

20×1.12.31	(차)	현 금	30,000	(대)	이 자 수 익	39,862
		상각후원가금융자산	9,862			

* 결산정리분개로 인하여 ₩275,608(=₩265,746+₩9,862)이 된다. 이 금액을 상각후원가라 한다.

20×2.12.31	(차)	현 금	30,000	(대)	이 자 수 익	41,341
		상각후원가금융자산	11,341			
20×3.12.31	(차)	현 금	30,000	(대)	이 자 수 익	43,042
		상각후원가금융자산	13,042*			

* 끝자리수금액 조정

	(차)	현 금	300,000	(대)	상각후원가금융자산	300,000

[6] 유효이자율법에 의한 사채할증발행차금 상각

(1) ₩515,000, ₩515,000

(2) ₩10,515,000, ₩1,000,000, ₩158,800, ₩10,356,200

〈계산과정〉

연도	사채의 장부금액 (갚아야 할 금액)	현금이자 지급	과다지급 이자(차감)	총이자 비용	이자비용부담률
1차	₩10,515,000	₩1,000,000	₩158,800	₩841,200	8% (=841,200/10,515,000)
2차	₩10,356,200 (=10,515,000−158,800)	₩1,000,000	₩171,500	₩828,500	8% (=828,500/10,356,200)
3차	₩10,184,700 (=10,515,000−158,800−171,500)	₩1,000,000	₩185,300	₩814,700	8% (=814,700/10,184,700)
만기	₩10,000,000 (=10,515,000−158,800−171,500−184,700)	−	−	−	−

[7] 충당부채의 이해와 팀프로젝트

(1) 보증판매에 의한 자원의 유출가능성이 매우 높고 그 금액을 신뢰성 있게 측정할 수 있으므로 ₩130,000을 충당부채로 인식한다.

(2) 기업이 환불해줄 것이라는 정당한 기대를 고객이 가지고 있고 반품된 금액 중 일정 비율만큼 자원의 유출가능성이 매우 높기 때문에 환불예상비용 ₩320,000을 충당부채로 인식해야 한다.

(3) 화재, 폭발 등 다른 유사한 사건은 재산상의 손실이나 손상의 원인이 되지만 그 발생을 예측할 수 없으며, 선물환거래나 환율변동보험에 가입하지 않았다는 사실 자체가 보고기간종료일에 현재 의무를 발생시키지는 않기 때문에 재무상태표에 충당부채를 인식하지 않는다.

(4) 소송결과에 따른 자원의 유출가능성이 높지 않고 그 금액도 측정할 수 없으므로 충당부채로 인식하지는 않지만 관련된 내용을 주석에 기재할 필요는 있다.

제 11 장 | 자 본

Ⅰ. 개 관

◉ 개 관

비유동부채와 자본은 기업이 장기간에 걸쳐 이용가능한 자금의 중요 원천이 된다. 개인기업이든 법인기업이든 경제적 관점에서 보면 자본(資本, capital)은 크게 두 부분으로 나뉜다. 하나는 기업 운영을 위하여 출자자 내지 주주들이 출자한 **납입자본**(納入資本, paid-in capital) 부분이고 다른 하나는 이 납입자본으로 영업활동을 전개하여 얻은 순이익 중 배당금을 제외한 **이익잉여금**(利益剩餘, retained earnings, 또는 유보이익) 부분이다.

자본을 재무상태표에 표시하는 방법은 기업형태(개입기업, 합명회사, 합자회사 유한회사, 주식회사 등)에 따라 조금씩 차이가 난다. 본 장에서는 이들 중 가장 대표적 형태인 주식회사를 대상으로 하여 자본의 구성요소와 표시방법을 살펴본다.

∘ 신주인수권

신주인수권(preemptive right)이란 회사가 유상증자를 할 때 발행하는 신주를 인수할 수 있는(살 수 있는) 권리를 말하는 것으로서, 신주인수권은 신주발행시점에서 기존 주주들에게 부여된다. 신주인수권이 존재하는 이유는 기존주주들의 부와 권리가 새로운 주주들에게 이전되는 것을 막음으로써 기존주주를 보호하기 위해서이다.

예를 들어, 한 회사가 발행하고 있는 보통주의 주당 시장가격이 ₩20,000이라고 하자. 이 경우 회사가 신주를 시장가격 이하인 ₩10,000에 발행한다면 이 신주를 구입하는 사람은 그 차액만큼 이득을 보게 된다(신주수만큼 주식수가 증가하여 공급물량 증가에 따른 가격하락이 발생하므로 이득폭은 다소 줄게 됨). 이런 이득은 기득권자인 기존주주들에게 돌아가야 한다는 것이다. 만일 기존주주가 아닌 다른 사람에게 신주를 발행한다면 기존주주는 그만큼 이득을 챙기지 못하는, 손해를 보는 결과가 된다. 그러므로 우선적으로 기존주주들에게 신주를 살 수 있는 권리를 부여하는 것이다. 물론 이것은 하나의 권리이기 때문에 신주구입자금이 부족한 기존주주들은 이 권리를 스스로 포기하기도 한다. 이런 주식은 실권주(失權株)라 하며, 부득이 새로운 주주들에게 판매한다.

Ⅱ. 본 장의 요약

제1절 주식회사 자본의 특징

- 주식회사 자본의 특징 세 가지 : **주식제도, 주식의 자유양도제도, 주주 유한책임제도**
  - 이 세 가지 제도는 거액의 기업자금을 불특정 다수의 소액 투자자들로부터 광범위하게 조달하기 위한 사회적 필요 때문에 생겨난 것
- 주식제도 : 주식회사의 자본은 소액의 주식(₩100 이상의 균일한 금액)으로 분할
  - 이로써 소액의 자금을 지닌 투자자들로부터도 광범위하게 거액의 자본을 모으는 것이 가능
- 주식의 자유양도제도 : 주주들은 언제든지 주식시장에서 자유로이 주식을 매각함으로써 출자액을 용이하게 회수
  - 이로써 자금이 장기간 묶이는 것을 원하지 않거나 단기자금을 운용하고자 하는 투자자들로부터도 기업자금을 모으는 것이 가능
- 주주의 유한책임제도 : 주주들은 출자액까지만 채권자들에 대하여 책임
  - 즉 기업이 거액의 빚을 진 경우라도 주주들은 출자액만 포기하면 될 뿐 개인재산까지 동원하여 채권자들에게 빚을 갚을 필요는 없음
  - 이로써 안전을 추구하는 보수적인 투자자로부터도 자금을 조달하는 것이 가능

제2절 자본의 의의와 구성

- 측정 관점 : 자본이란 주주지분으로서 기업의 자산에서 채권자지분(부채)을 차감하고 남은 부분인 **잔여지분**
- 발생원천 관점 : 자본이란 주주들이 출자한 **납입자본**(paid-in capital) 부분과 이 납입자본을 운영하여 벌어들인 순이익 중에서 주주들에게 배분(배당)하지 않고 기업내부에 남겨 둔 **이익잉여금**(retained earnings) 부분을 합한 금액
  - 발생원천 관점에서 보면 자본은 **납입자본**과 **이익잉여금**의 두 가지로 구성

자본=① 납입자본+② 이익잉여금+③ 기타자본구성요소
=① (자본금+주식발행초과금)+
② (설립 이후 순이익-배당지출액)+
③ (자본조정+기타포괄손익누계액)

- 납입자본과 이익잉여금을 구분하는 이유 : 이익잉여금의 범위 내에서만(즉, 과거 및 당기에 벌어들인 순이익의 범위 내에서만) 배당지출을 함으로써 주식회사의 납입자본을 충실하게 유지
- 이를 구분해서 파악하고 있지 않으면 이익잉여금이 얼마나 남아 있는지를 알지 못하기 때문에 자칫 이익잉여금을 초과하여 납입자본까지도 배당하는 오류 발생
  - 납입자본의 배당은 진정한 의미의 배당이 아니라 자본의 환급, 나아가 부분적인 회사의 청산에 해당
- 일반적으로 회계기준에서는 자본을 자본금, 자본잉여금, 이익잉여금, 기타자본구성요소로 구분

제3절 자본금과 주식발행초과금

- 주식회사는 경영활동에 사용할 장기자금을 조달하기 위한 하나의 방법으로 주식을 발행
  - 주식을 발행하는 경우는 회사를 설립할 때 및 설립 후 필요에 따라 증자를 하는 경우

  주식의 발행가액=주주들로부터 받은 금액-주식발행비

- 일반적으로 이익잉여금이 많이 누적되어 있는 기업은 유상증자시 액면가액 이상으로 할증발행
  - 주식발행초과금은 결국 주주들이 회사에 투자한 금액이란 점에서 주식발행자본금과 마찬가지로 납입자본을 구성
- 주식의 발행가액이 액면가액보다 작을 경우 : 그 미달하는 금액을 주식할인발행차금으로 처리
  - 단, 주식발행초과금계정에 잔액이 있는 경우에는 이와 우선적으로 상계하고 부족액만을 주식할인발행차금으로 처리
  - 주식발행초과금은 납입자본에 속하는 반면에, 주식할인발행차금은 기타자본구성요소로서 자본조정 항목

• 그린메일(green mail) 받아보셨나요?

경영권 위협에 처한 기업들은 일반적으로 공개시장에서 브로커를 통하든지 또는 주식보유자를 대상으로 한 공개매입(tender offer) 등을 통하여 자사주식(일명, 자기주식)을 취득한다. 자사주식을 취득하면 그만큼 적대적 지분이 해소될 수 있다. 공개매입의 경우, 회사는 특정 기간 내에 특정 가격으로 자사주식을 사겠다는 제의를 하게 된다. 자사주식을 취득하는 또다른 방법으로는 단일 대주주로부터 주식을 구입하는 것이다.

예컨대 어느 투자자가 한 기업의 주식을 대량으로 매입해서 대주주가 되었다고 하자. 이때 그 기업의 경영자는 경영권에 위협을 느끼게 된다. 실은 투자자가 주식을 대량으로 매입한 이유는 바로 그런 위협을 느끼게 만들려는 것이었지 경영권을 탈취하려는 의도는 전혀 없었을 수 있다. 이제 그 투자자는 경영자에게 편지(mail)를 띄운다. 자기가 가지고 있는 주식을 팔테니 사지 않겠느냐고. 물론 그 투자자는 프리미엄을 붙인 높은 가격을 제시한다.

그린메일(green mail)이란 이처럼 높은 가격으로 주식을 되파는 계략을 말한다. 경영진은 투자자가 '말썽을 일으키지 않고 조용히 사라지도록' 하기 위해 프리미엄 지급도 불사하게 된다. 그러나 불공정한 프리미엄의 지급은 다른 주주들을 화나게 만들 수 있으며, 경영자에 대한 법정소송으로까지 이어지기도 한다.

제4절 이익잉여금

1. 이익잉여금

- 이익잉여금은 경영활동에서 벌어들인 순이익으로 구성
  - 이익잉여금은 **법정적립금, 임의적립금, 미처분이익잉여금**으로 구분
- 당기말 미처분이익잉여금은 전기에서 이월되어 온 전기이월 미처분이익잉여금과 당기순이익을 합한 금액이며, 기말 재무상태표에 기록되는 금액

  미처분이익잉여금 = 전기이월 미처분이익잉여금 + 당기순이익

- 미처분이익잉여금계정의 기말잔액(=기초잔액에 당기순이익이 가산된 금액)은 이사회의 처분의결 후 주주총회의 최종승인을 거쳐 처분 확정
- 미처분이익잉여금의 제1차적 처분 방안은 주주들에 대한 배당
  - 기업은 몇 가지 제약이 있기 때문에 미처분이익잉여금 전부를 배당으로 지출하지는 않음
- 미처분이익잉여금 중에서 이익준비금, 임의적립금을 먼저 떼어 놓은 후 잔액을 주

주들에게 배당

- 배당 후에도 남는 금액이 있으면 차기로 이월(차기이월 미처분이익잉여금)

■ 이익잉여금은 경영활동을 통해 벌어들인 순이익으로 구성

- 순이익 중에서 배당지출되지 않고 기업내부에 유보되어 있는 순이익으로 구성
- 결과적으로 이익잉여금은 다음의 항목들로 구성됨
  ① 법정적립금(이익준비금)
  ② 임의적립금 : 감채적립금, 사업확장적립금, 배당평균적립금 등
  ③ 미처분이익잉여금

2. 이익잉여금처분계산서

■ 이익잉여금처분계산서 : 미처분이익잉여금이 어떻게 처분되었는지를 알게 해주는 보고서

■ 이사회의 잠정적 처분의결이 이루어진 직후에 작성된 이익잉여금처분계산서에는 '안(案)'이라는 꼬리말이 붙어있으나,

- 추후 주주총회에서 최종승인이 나면 이 꼬리말이 떨어지면서 '처분확정일(處分確定日)'이라는 날짜가 기록됨
- 외부 정보이용자들에게는 처분확정일이 기록된 이익잉여금처분계산서를 공시

제5절 자본변동표

■ 자본변동표(statement of changes in equity) : 자본의 크기와 그 변동에 관한 정보를 제공하는 재무보고서

- 자본을 구성하고 있는 자본금, 자본잉여금, 자본조정, 기타포괄손익누계액, 이익잉여금(또는 결손금)의 변동에 대한 포괄적인 정보를 제공

■ 자본변동표는 재무상태표에 표시되어 있는 자본의 변동내용을 설명하는 재무보고서로서 자본을 구성하고 있는 모든 항목의 변동내용에 대한 정보를 제공

■ 자본변동표는 재무제표 간의 연계성과 재무제표의 이해가능성을 높임

- 재무상태표에 표시되어 있는 자본의 기초잔액과 기말잔액을 모두 제시함으로써 재무상태표와 연결됨

Ⅲ. 자습문제

[1] 연결형 : 아래 각 문장은 박스 속의 어느 용어에 관한 것인지 답하시오.

A. 주식의 자유양도제도	B. 자본금	C. 주식발행초과금
D. 이익잉여금	E. 기타포괄손익누계액	F. 기타포괄손익
G. 무상증자	H. 미처분이익잉여금	I. 이익준비금
J. 임의적립금	K. 주식배당	

1. ________ 주식의 1주당 액면가액에 발행주식수를 곱한 금액

2. ________ 경영활동을 통해 벌어들인 순이익 중에서 배당으로 지출되지 않고 기업 내부에 유보되어 있는 순이익부분

3. ________ 주주들의 납입금액 중 액면가액을 초과하는 부분으로 주식발행비가 있으면 이를 차감한 후의 금액

4. ________ 자본에 속하는 항목으로서, 예컨대 기타포괄손익금융자산평가손익이 여기에 속한다.

5. ________ 주주들이 언제든지 주식을 처분하여 출자액을 회수할 수 있도록 보장해 주는제도

6. ________ 상법의 규정에 의하여 자본금의 1/2에 달할 때까지 매기 현금배당액의 1/10 이상의 금액을 적립한 것

7. ________ 주식발행초과금이나 이익준비금 등을 자본금계정으로 전환하면서 증가된 자본만큼 신주를 발행하여 기존주주들에게 아무 대가없이 나누어주는 것

8. ________ 예컨대 감채적립금, 사업확장적립금, 수출시장개척적립금, 배당평균적립금 등

9. ________ 전기이월이익잉여금과 당기순이익을 합한 금액으로 기업은 이 중 일부를 주주들에게 배당금으로 지급한다.

10. ________ 주주들에 대한 배당을 지급할 때 현금으로 지급(=현금배당)하지 않고 자기 회사의 주식을 발행해서 지급하는 것

[2] 진위형 : 아래 문장이 옳으면 T(true, 眞)에, 틀리면 F(false, 僞)에 ○표를 하시오.

1. (T F) 유상증자시에는 자본금계정과 함께 자본총액도 증가하지만, 무상증자시에는 자본금계정이 증가하더라도 자본총액은 증자 전과 동일하다.

2. (T F) 주식회사의 이익잉여금은 출자 및 당기순이익에 의해서 증가하고, 배당지출에 의해 감소한다.

3. (T F) 투자한 주식으로부터 주식배당을 받는 경우에 투자회사는 투자주식수의 증가를 메모만 해 둘 뿐 수익(배당금수익)으로 분개하지는 않는다.

4. (T F) 사업확장적립금 등 임의적립금을 적립하는 경우에는 그 금액만큼 별도의 현금을 금융기관에 예금해야 한다.

5. (T F) 임의적립금은 배당으로 유출될 것을 자제하고 유보시켜 두었던 것이기 때문에 언제든지 다시 꺼내어 주주들에 대한 배당으로 쓸 수 있다. 즉, 감채적립금과 같이 채권자와의 계약에 의해 묶여 있는 것이 아닌 한 미래 어느 때든지 자유롭게 이를 미처분이익잉여금에 다시 이입시킨 후 배당할 수 있다.

6. (T F) 이익준비금은 법정적립금이므로 그 금액만큼 별도의 현금을 금융기관에 예금해야 한다.

7. (T F) 이익준비금은 매 결산기마다 현금배당액의 5% 이상을 자본금의 50%에 달할 때까지 적립시켜 나가야 한다.

8. (T F) 미처분이익잉여금의 처분안을 이사회에서 의결한 날에 기업은 미지급배당금을 분개한다. 만일 후에 열리는 주주총회에서 배당규모가 증가 결정되면 미지급배당금의 증액을 위한 추가분개를 해야 한다.

9. (T F) 외부 정보이용자들에게 공시되는 이익잉여금처분계산서에는 이사회에서 처분결정을 한 날짜가 기록된다.

[3] 객관식

1. 주식회사의 자본의 특징으로 적절하지 않은 것은?

① 소액으로 분할된 주식제도
② 주식의 자유양도제도
③ 주주의 유한책임제도
④ 주식 액면금액의 단일화

2. 주식과 사채에 관한 설명 중 적절하지 않은 것은?

① 주식과 사채는 둘 다 주식회사의 자금조달수단이다.
② 투자자 입장에서 볼 때 둘 다 매기간 일정시기에 일정한 수익을 창출한다.
③ 사채의 할인발행은 자유로운 반면, 주식의 할인발행은 제한되어 있다.
④ 사채에 대한 이자는 비용인 반면, 주식에 대한 배당금은 이익잉여금 처분항목이다.

3. 자본을 납입자본과 이익잉여금으로 구분하는 가장 중요한 이유는?

① 채권자를 보호하고자 하는 상법의 취지 때문이다.
② 무상증자와 유상증자를 구별하기 위해서이다.
③ 배당가능한 이익만을 배당함으로써 회사의 자본을 충실히 유지하기 위해서이다.
④ 주주의 유한책임에 따라 납입자본과 이익잉여금의 책임내용이 다르기 때문이다.

4. 주식회사 설립시 발생하는 주식발행비에 대한 회계처리를 바르게 지적한 것은?

① 창업비계정(무형자산)으로 처리한다.
② 주주들로부터 받은 금액에서 주식발행비를 차감한 금액을 자본금계정과 주식발행초과금계정에 나누어 기록한다.
③ 주식발행비계정(무형자산)으로 처리한다.
④ 주식발행비는 판매비와관리비로 처리한다.

5. 주식회사 설립 이후 유상증자시에 발생하는 주식발행비에 대한 회계처리는?

① 창업비계정(무형자산) 차변에 분개한다.
② 주주들로부터 받은 금액에서 주식발행비를 차감한 금액을 자본금계정과 주식발행초과금계정에 나누어 기록한다.
③ 주식발행비계정(무형자산) 차변에 분개한다.
④ 주식발행비계정(판매비와관리비) 차변에 분개한다.

6. 자본금계정에 기록되는 금액은?

① 주주가 납입한 금액
② 주주가 납입한 금액 중 주식발행비를 차감한 금액
③ 주권에 기재된 액면가액
④ 주식의 공정가액

7. 다음 중 미처분이익잉여금을 가장 바르게 지적한 것은?

① 전기이월 미처분이익잉여금
② 전기이월 미처분이익잉여금과 당기순이익의 합계액
③ 전기이월 미처분이익잉여금과 법정적립금의 합계액
④ 전기이월 미처분이익잉여금과 임의적립금의 합계액

8. 이사회에서 주주들에게 현금배당을 하기로 잠정 의결한 경우 옳은 분개는?

① (차) 미처분이익잉여금	×××	(대) 미지급배당금	×××
② (차) 미처분이익잉여금	×××	(대) 배당금	×××
③ (차) 배당금	×××	(대) 미지급배당금	×××
④ 분개 없음			

9. 주주총회에서 선언되었던 배당금을 현금으로 지급하는 시점에서 하는 분개는?

① (차) 배당금	×××	(대) 현금	×××
② (차) 미처분이익잉여금	×××	(대) 현금	×××
③ (차) 배당금	×××	(대) 미지급배당금	×××
④ (차) 미지급배당금	×××	(대) 현금	×××

10. 공장신축 또는 건설이 예상될 때 임의적립금을 설정하는 경우가 있다. 이러한 종류의 임의적립금을 설정하는 이유는 무엇인가?

① 기업의 순이익이 기간별로 급변하는 것을 방지하기 위하여
② 수익·비용 대응의 원칙에 충실하기 위하여
③ 감가상각비의 증가에 대비하여 평소 이익이 많이 발생할 때 흡수하기 위하여
④ 건설활동에 소요될 자금이 배당금으로 유출되는 우발상황에 대비하여 배당가능금액에서 제한되었다는 것을 주주들에게 알려주기 위하여

11. **주식회사의 자본을 실질적으로 증가시킨 거래는 어느 것인가?**

① 소정의 절차를 밟아 주식을 할인발행하고 주금을 납입받다.
② 주식회사가 자금이 부족하여 현금배당을 하지 않고 주식배당을 하다.
③ 이미 발행된 주식을 주식시장에서 액면가액 이상으로 취득하다.
④ 자본잉여금과 이익준비금을 자본금에 전입시킨다.

12. **(주)매직클린의 자본구성은 다음과 같다.**

- 자본금 ₩100,000 • 자본잉여금 ₩50,000
- 이익잉여금은 이익준비금 ₩10,000과 미처분이익잉여금으로 구성되어 있다.

(주)매직클린의 총자산이 ₩360,000, 총부채가 ₩150,000일 경우 이익잉여금은 얼마인가?

① ₩40,000 ② ₩80,000 ③ ₩30,000 ④ ₩60,000

※ 아래 자료로 문제 13 ~ 16번에 답하시오.

(주)현대오토의 20×3년도말 재무상태표는 다음과 같다.

(주)현대오토 **재무상태표** (20×3년 12월 31일)

자 산		부 채		
현 금	₩ 600,000	매입채무		₩300,000
상 품	1,400,000	장기차입금		850,000
건 물	2,000,000	자 본		
		자 본 금		1,000,000
		주식발행초과금		500,000
		이익잉여금		
		이익준비금	₩300,000	
		배당평균적립금	200,000	
		미처분이익잉여금	850,000	1,350,000
합 계	**₩4,000,000**	**합 계**		**₩4,000,000**

- 재무상태표상의 미처분이익잉여금에는 당기순이익 ₩700,000이 포함되어 있다.
- 20×4년 3월 1일에 (주)현대오토는 주주총회에서 20×3년도말 미처분이익잉여금(₩850,000)을 다음과 같이 처분하기로 최종승인하였다.

• 이익준비금	₩50,000	• 현금배당	₩500,000
• 배당평균적립금	₩200,000	• 잔액은 차기로 이월	

13. 미처분이익잉여금계정의 20×3년도초 잔액은 얼마인가?

① ₩150,000　② ₩300,000　③ ₩700,000　④ ₩850,000

14. 20×4년도말 재무상태표에 이익준비금은 얼마로 기록되는가?

① ₩300,000　② ₩350,000　③ ₩550,000　④ ₩700,000

15. 20×4년도말 재무상태표에 배당평균적립금은 얼마로 기록되는가?

① ₩100,000　② ₩300,000　③ ₩350,000　④ ₩400,000

16. 20×4년도말에 이르러 손익계정에서 계산된 20×4년도 당기순이익이 ₩800,000으로 산출되었을 경우 20×4년도말 재무상태표에 기록될 미처분이익잉여금은 얼마인가?

① ₩800,000　② ₩900,000　③ ₩950,000　④ ₩1,000,000

[4] 주관식

[문 1] 주식발행의 분개

다음은 (주)미래유통의 재무상태표에 나타난 자본부분을 토대로 요구사항에 답하시오.

자 본	
1. 자본금	₩3,000,000
2. 자본잉여금	
주식발행초과금	300,000

(주)미래유통은 최근 경영이 악화되면서 심각한 자금난을 겪고 있다. 현재 주가도 많이 하락하여 주당 액면가액 ₩1,000을 훨씬 밑돌고 있다. 이에 법원의 허가를 얻어 주식을 할인발행하였다. 발행주식수는 1,000주, 주당 발행가액은 ₩600이었다. 이 중 주식발행비로 ₩20,000을 지급하였다. 주식할인발행 거래를 분개하고, 주식발행 후의 자본부분을 재무상태표에 표시하시오.

(차)	(대)

재무상태표

자 본

1. 자본금
2. 자본조정

[문 2] 재무상태표와 이익잉여금 처분의 연계

도서출판 미래의 20×0년 12월 31일의 재무상태표상의 자본은 다음과 같다.

도서출판 미래 **부분재무상태표** (20×0년 12월 31일)

자 본		
1. 보통주자본금		₩2,000,000
2. 이익잉여금		
이익준비금	₩300,000	
미처분이익잉여금		
(당기순이익 ₩100,000 포함)	500,000	800,000
자본총계		**₩2,800,000**

한편, 20×1년도의 당기순이익은 ₩200,000이다. 또한 20×1년도 2월말과 20×2년도 2월말에 주주총회를 개최하여 다음과 같이 의결하였다.

20×1년도 2월말 주주총회 결의 : 이익준비금 ₩10,000, 현금배당 ₩50,000
20×2년도 2월말 주주총회 결의 : 이익준비금 ₩20,000, 현금배당 ₩80,000

(1) 20×0년도 이익잉여금처분계산서를 작성하시오.

이익잉여금처분계산서

도서출판 미래 처분확정일 20×1년 2월 (20×0년 1월 1일 ~ 12월 31일)

(2) 20×1년도말 이익준비금과 미처분이익잉여금을 각각 구하시오.

이익준비금=

미처분이익잉여금=

(3) 20×1년도 자본을 나타내는 부분재무상태표를 작성하시오.

도서출판 미래 **부분재무상태표** (20×1년 12월 31일)

Ⅳ. 해답(자습문제, 교과서 연습문제)

[1] 연결형

1. B **2.** D **3.** C **4.** E **5.** A **6.** I **7.** G
8. J **9.** H **10.** K

[2] 진위형

1. T

2. F 주주들이 출자하는 경우 자본금과 자본잉여금을 증가시키며, 이익잉여금을 증가시키지는 않는다.

3. T 타사 주식에 투자한 회사는 경우에 따라 피투자회사로부터 현금배당 외에 주식배당을 받기도 한다. 이러한 주식배당은 실질적인 부의 증가를 가져오는 것이 아니기 때문에 수익으로 기록하지 않는다.

4. F 그러한 강제조항은 없으며, 기업은 유보시킨 돈을 실제 사업확장 개시 직전까지 자유롭게 투자하여 돈을 불릴 수 있다.

5. T 임의적립금 중 하나인 배당평균적립금은 당기순이익이 적게 발생할 미래 어느 때를 대비해서 남겨 두었던 것이기 때문에 다시 미처분이익잉여금에 포함시킨 후 배당재원으로 쓸 수 있다. 그런데 이것은 비단 배당평균적립금뿐만 아니라 다른 임의적립금도 가능하다. 예컨대 사업확장적립금의 경우도 마찬가지이다. 이익잉여금처분계산서의 **임의적립금등의 이입액**은 이를 말하는 것이다.

6. F 5번에서와 마찬가지로 그러한 강제조항은 없다.

7. F 5%가 아니라 10%(=1/10)이다.

8. F 주주총회에서 처분확정된 날에 미지급배당금을 비로소 분개한다. 즉, 결산시 재무상태표에 미지급배당금이라는 부채과목을 기록하지 않는다. 그 이유는 배당을 포함한 이익잉여금의 처분이 **주주총회의 고유한 권한**으로서 재무상태표일 현재는 배당금 지급과 관련하여 기업이 부채로 인식해야 할 어떠한 사건도 발생하지 않았다고 보기 때문이다.

9. F 이사회 의결일이 아니라 주주총회일이 '처분확정일'로 기록된다.

[3] 객관식

1. ④

2. ② 사채는 매기 약속된 시기에 정해진 금액의 이자수익을 가져다주지만, 주식의 경우는 당해 회사의 경영성과에 따라 배당금액 및 그 시기가 결정된다.

3. ③

4. ② 주식발행비는 회사 설립시점에 발생하는 것이나 설립 이후 유상증자 시점에서 발생하는 것이나 동일하게 발행금액에서 차감하여 처리한다.

5. ② **6.** ③ **7.** ②

8. ④ 이사회 의결일에는 배당금과 관련하여 분개하는 것이 없음.

9. ④ **10.** ④

11. ① 자본잉여금이나 이익준비금을 자본금으로 전입하면서 그에 해당하는 주식을 발행해서 주주들에게 무상으로 나누어주는 것을 무상증자라 하는데, 무상증자는 자본금을 증가시킴과 아울러 동액만큼 자본잉여금이나 이익준비금을 감소시키기 때문에 자본합계에는 변화가 없다.

12. ④ 자본(₩210,000) − 자본금(₩100,000) − 자본잉여금(₩50,000) = ₩60,000

13. ① 기말 재무상태표에 기록되어 있는 미처분이익잉여금(₩850,000)은 기초금액(₩150,000)과 당기순이익(₩700,000)의 합계액이다(미처분이익잉여금의 기초잔액을 20×3년 12월 31일 재무상태표상의 금액 ₩850,000이라고 답하지 않도록 유의할 것).

14. ② 20×3년도말의 재무상태표상 금액(₩300,000)과 20×4년 3월의 추가적립액(₩50,000)을 합한 금액으로 이익준비금은 20×4년도 말 재무상태표에 기록된다.

15. ④ 20×3년도말의 재무상태표상 금액(₩200,000)과 20×4년 3월의 추가적립액(₩200,000)을 합한 금액으로 배당평균적립금은 20×4년도말 재무상태표에 기록된다.

16. ② 20×3년도에서 이월된 전기이월 미처분이익잉여금이 ₩100,000이고 20×4년도 순이익이 ₩800,000이므로 합계 ₩900,000이다.

[4] 주관식

[문 1] 주식발행의 분개

주식의 액면가액 :	1,000주 × ₩1,000 =	₩1,000,000
주식의 발행가액 :	1,000주 × ₩600 − ₩20,000 =	(580,000)
할인차금		₩ 420,000

할인차금 중 ₩300,000은 주식발행초과금과 상계하고 나머지 ₩120,000만 주식할인발행차금계정 차변에 분개함.

① 분개

(차)	현 금	580,000	(대)	자 본 금	1,000,000
	주식발행초과금	300,000			
	주식할인발행차금	120,000			

② 재무상태표 자본부분 : 주식발행초과금계정은 더 이상 존재하지 않고 주식할인발행차금계정이 존재함.

자 본		
1. 자본금	₩4,000,000	
2. 자본조정		
주식할인발행차금	(120,000)	

* 괄호는 마이너스(−)의 의미이며 차감조정 항목임.

[문 2] 재무상태표와 이익잉여금처분의 연계

(1) **이익잉여금처분계산서**

도서출판 미래 처분확정일 20×1년 2월 (20×0년 1월 1일~12월 31일)

1. 미처분이익잉여금		
1) 전기이월 미처분이익잉여금	₩400,000	
2) 당기순이익	100,000	₩500,000
2. 이익잉여금의 처분		
1) 이익준비금	₩10,000	
2) 배당금 : 현금배당	50,000	(60,000)
3. 차기이월 미처분이익잉여금		**₩440,000**

* 20×0년의 당기순이익 ₩100,000은 20×0년도의 재무상태표상에 반영되는 반면에, 20×0년의 이익에 대한 배당은 20×1년도에 이루어지므로 20×0년도의 재무상태표에 반영되지 않는다.

(2) 이익준비금 = 전기이월 이익준비금 + 20×1년 적립액 = ₩300,000 + ₩10,000
= ₩310,000

미처분이익잉여금 = 전기이월 미처분이익잉여금 + 20×1년 당기순이익
= ₩440,000 + ₩200,000 = ₩640,000

(3) **부분재무상태표**

도서출판 미래 (20×1년 12월 31일)

자 본		
1. 보통주자본금		₩2,000,000
2. 이익잉여금		
이익준비금	₩310,000	
미처분이익잉여금		
(당기순이익 ₩200,000 포함)	640,000	950,000
자본총계		**₩2,950,000**

교과서 연습문제 해답

[1] 자본의 이해

(1) 주식회사
(2) 주식, 자유양도, 유한책임
(3) 잔여지분, residual equity, 납입자본, paid-in capital, 이익잉여금, retained earnings
(4) 납입자본금, 이익잉여금, 기타자본구성요소
(5) 액면가액, 주식발행초과금
(6) 법정적립금, 임의적립금
(7) 미처분이익잉여금, 결손금처리계산서
(8) 임의적립금

[2] 주식발행의 분개(Ⅰ)

(차) 현 금	1,760,000	(대) 자 본 금	1,500,000
		주식발행초과금	260,000

[3] 주식발행의 분개(Ⅱ)

(1) 20×1. 1. 1 설립시 분개 : 할증발행

(차) 현 금	570,000	(대) 자 본 금	500,000
		주식발행초과금	70,000

* (₩1,200－₩1,000)×500주－₩30,000＝₩70,000

(2) 20×2. 8. 1 유상증자 분개 : 할증발행

(차) 현 금	130,000	(대) 자 본 금	100,000
		주식발행초과금	30,000*

* (₩1,400－₩1,000)×100주－₩10,000＝₩30,000

(3) 20×3. 9. 1 유상증자 분개 : 할인발행

(차) 현 금	145,000	(대) 자 본 금	200,000
주식발행초과금	55,000*		

* 주식을 할인발행하는 경우 그 시점에서 주식발행초과금계정에 잔액이 있으면 주식할인발행차금을 우선 주식발행초과금과 상계하고 부족한 경우에만 부족액을 주식할인발행차금계정 차변에 분개한다. 지금은 주식발행초과금계정에 ₩100,000의 잔액이 존재하는 상황이므로, 주식할인발행차금계정이 나타나지 않는다.

[4] 이익잉여금의 처분과 재무상태표

(1) 당기순이익의 대체 분개

(차) 손 익	800,000	(대)	미처분이익잉여금	800,000

(2) 대차합계가 일치하는 재무상태표 작성

(주)매직클린 **재무상태표** (20×1년 12월 31일)

자 산		부 채		
현 금	₩ 400,000	매입채무		₩1,200,000
상 품	1,200,000	자 본		
건 물	2,000,000	자 본 금		₩1,000,000
		자본잉여금		
		주식발행초과금		300,000
		이익잉여금		
		이익준비금	₩200,000	
		미처분이익잉여금	900,000	1,100,000
합 계	**₩3,600,000**	**합 계**		**₩3,600,000**

(3) 이익잉여금의 처분거래의 분개

(차) 미처분이익잉여금	750,000	(대)	이 익 준 비 금	50,000
			사업확장적립금	80,000
			배당평균적립금	120,000
			미 지 급 배 당 금	500,000

〈이익잉여금처분계산서의 작성〉

이익잉여금처분계산서

(주)매직클린 처분확정일 20×2년 3월 2일 (20×1년 1월 1일~12월 31일)

1. 미처분이익잉여금		
1) 전기이월 미처분이익잉여금	₩100,000	
2) 당기순이익	800,000	₩900,000
2. 이익잉여금의 처분		
1) 이익준비금	₩ 50,000	
2) 사업확장적립금	80,000	
3) 배당평균적립금	120,000	
4) 배당금 : 현금배당	500,000	(750,000)
3. 차기이월 미처분이익잉여금		**₩150,000**

(4) 20×2년도 당기순이익의 대체 분개

(차) 손 익	300,000	(대)	미처분이익잉여금	300,000

20×2년 12월 31일의 부분재무상태표

(주)매직클린 (20×2년 12월 31일)

자 본		
1. 자본금		₩1,000,000
2. 자본잉여금 : 주식발행초과금		300,000
3. 이익잉여금		
이익준비금	₩250,000	
사업확장적립금	80,000	
배당평균적립금	120,000	
미처분이익잉여금	450,000	900,000
자본합계		**₩2,200,000**

(5) 20×3년 3월의 배당평균적립금 이입 분개

(차) 배당평균적립금 100,000 (대) 미처분이익잉여금 100,000

[5] 사례연습과 팀프로젝트 – STX팬오션

(1) 주식의 수를 늘리는 것으로, 자본의 증가 없이 주식의 수만 증가시키는 것이다. 주식분할을 실시하는 이유는 지나치게 높아진 주가를 매매가 쉬운 수준으로 낮춰 주식의 유통을 활발하게 하기 위함이다.

(2) 유상증자는 이사회의 결의에 따라 신주를 발행하여 추가로 자금을 조달하는 것이다. 무상증자는 자기자본총액이나 기업이 사용할 수 있는 자금의 총액에는 변화를 주지 않으면서 발행주식수를 늘리는 방법이다.

(3) 일반공모는 불특정다수의 일반투자자로부터 신청을 받아 공정한 가격으로 신주를 발행하는 방법이다. 기존주주 외에 일반투자자들에게 주식을 발행하기 때문에 기존주주들의 지분율을 하락시킨다. 때문에 일반공개는 예외적으로 기업공개시 주식분산을 목적으로 실시된다.

(4) 액면가는 ₩100. 액면가는 해당 주식이 주식시장에 처음 상장되었을 때의 가격으로, 주식의 매매가 활발하게 이루어지게 하려는 목적으로 액면가를 낮게 발행한다.

(5) 2007년 9월 21일 실시한 일반공모에서 주당 액면가액은 ₩100, 주당발행가액은 ₩1,720으로, 발행가는 액면가보다 17배가량 높은 가격에 책정되었다. 이는 시장이 STX팬오션의 가치를 액면가의 17배 이상으로 평가하였음을 의미한다(STX팬오션은 2008년 12월 12일에 보통주 10주를 1주로 액면병합하여 현재의 액면가는 ₩1,000이다).

(6) 발행할 주식의 총수는 회사가 발행할 수 있는 주식의 한도로, 발행예정주식총수 및 수권주식총수라고도 한다. 현재 STX팬오션의 발행할 주식의 총수는 300,000,000주이다.

(7) 주식감자를 실시할 경우에 발행주식수와 자본금총액이 모두 감소한다. 감자는 주로 부실기업들이 재무구조개선을 통해 부실을 털어내기 위한 목적으로 단행한다.

(8) 회사가 자사의 주식을 취득하여 소각하는 것으로, 발행주식수를 줄여 주당가치를 높이는 방법을 통해 주주의 이익을 도모하는 방법이다. 주식소각을 하면 이익잉여금이 감소되고 자기자본이익률(ROE)이 높아지며, 주식수 감소로 주당순이익(EPS)이 증가된다.

(9) 액면병합은 여러 개의 주식을 하나로 합해 주식의 액면가를 높이는 것을 말한다. 액면병합을 실시하면 주당 주식가격은 높아지지만 자본금총액에는 변동이 없다. 시중에 유통되는 주식의 수가 너무 많아 주가의 발목을 잡고 있는 경우 또는 투자자들이 저가주로 인식하고 있는 경우에 액면병합을 실시함으로 주가상승을 도모한다. 하지만 액면병합이 항상 주가상승의 결과로 이어지지는 않는다.

(10) 자기주식은 자기회사가 발행한 주식을 말하며 자사주라고도 한다. 상법에서는 자기주식의 취득을 금지하고 있으나 매입소각, 합병, 영업양도에 따른 양수회사의 권리주장 및 주식매수청구권 행사 등의 경우에는 자사주를 취득할 수 있다.

(11) 유통주식수는 발행주식수 중에서 실질적으로 시장에서 거래가 가능한 주식의 총수를 말한다.

재고자산회전율 관리를 최우선시하는 코스트코

시네갈이 1983년에 창업한 **코스트코**는 미국 경제전문지 포천지(誌)가 선정한 '포천 500대 기업' 랭킹에서 24위(2012년)이다.

월마트와 카르푸가 한국에서 2006년 철수할 때도 버텼던 코스트코는 한국에서 유일하게 살아남은 외국 유통기업이다. **코스트코**의 서울 양재점 연간 매출(약 5,000억원)은 세계 코스트코 매장을 통틀어 1등이다. "월마트 같은 전통적인 유통기업은 가격을 어떻게 하면 높게 책정해 이윤을 늘릴까 고민한다. 하지만 코스트코는 어떻게 하면 가격을 더 낮춰 이익을 최소화할지 고민하는 역발상으로 성공했다"(존 뮬린스 · 런던비즈니스스쿨 교수).

코스트코는 창업 때부터 '**마진 15%룰(rule)**'을 엄수한다. 마진이 더이상 생길 때는 가격을 낮춰 고객에게 혜택을 나눠준다. 월마트 등 대형할인점(20~25%), 백화점(50%)의 마진율보다 크게 낮다.

"월마트는 14만개 아이템을 진열해 놓지만 우린 4,000개만 판다. 품목별로 가장 품질 좋고, 값이 싸며, 큰 사이즈 하나만 제공하는 것이다. 비슷한 제품 4~5개를 고객이 고르다가 결국 안 사가는 것보다, 확실한 제품 하나가 잘 팔리는 게 낫다. 이런 방식으로 코스트코는 1년에 재고가 **13차례** 소진된다. 월마트 등 경쟁기업은 연간 **9차례** 재고가 소진된다. **재고 없이 끊임없이 팔아치우는 게 우리의 힘이다.**"

Weekly BIZ(2012. 8. 18) 코스트코 창업자와의 인터뷰 기사 중에서

제 12 장 | 현금흐름표 및 재무제표분석

Ⅰ. 개 관

◉ 개 관

오늘날과 같은 글로벌 사회에서 투자자들은 수익성 높은 사업기회와 투자대상에 대한 분석에 집중하고 있다. 이러한 투자자들이 특정 사업에 관한 위험 및 수익성을 예측하는 데 주로 이용하는 정보는 회계정보이며, 이들 정보는 주로 재무제표에 담겨 있다.

이를 위해 본 장에서는 먼저 재무제표에 담긴 정보를 어떻게 활용하여 기업의 경영활동 성과와 재무상태를 평가하는가 하는 방법론을 설명한다. 이를 통해 재무제표상에 나타난 수치들이 상호 간에 어떠한 관련을 맺고 있는가를 재무비율 중심으로 설명함으로써 기업의 경영상태를 올바르게 파악할 수 있는 안목을 갖도록 해주고자 한다.

∘ 블링크(Blink)

'블링크(Blink)'는 2초 안에 일어나는 순간적인 판단력, 즉 우리가 '직감', 혹은 '육감'으로 흔히 부르는 직관(直觀)의 능력이 어떻게 성공적 선택과 연결되는가를 분석한 말콤 글래드웰의 책제목이다.

'첫 2초의 힘'이라는 부제가 시사하는 것처럼 글래드웰은 인간이 평소에는 분석적이고 논리적인 뇌를 차근차근 사용하지만, 중대한 순간을 포착할 때는 의식의 닫혀진 문 뒤에 숨어 있는 뇌, 직관의 뇌를 폭발적으로 사용한다고 본다. 그리고 이렇게 영감(靈感)어린 직관적 결단이, 데이터를 곰곰 따지고 논리를 세워서 내린 결정보다 더욱 현명하고 통찰력 넘칠 수 있다고 주장한다.

Ⅱ. 본 장의 요약

제1절 현금흐름표와 현금흐름분석

1. 현금흐름분석의 필요성

현금흐름분석을 위해서는 기본재무제표의 하나인 현금흐름표가 왜 유용하며, 어떠한 정보를 담고 있는지를 이해하여야 한다. 기업의 영업활동, 투자활동, 재무활동은 현금을 매개로 하여 이루어진다. 따라서 회계정보이용자들은 현금흐름표를 통해 기업의 현금지급능력과 미래현금흐름 창출능력을 보다 잘 평가할 수 있게 되며, 당기순이익과 영업활동으로 인한 현금흐름 간에 차이가 발생하는 이유를 알 수 있게 된다.

- 기업의 미래현금흐름 창출능력을 평가
- 미래배당지급능력과 이자 및 급여 지급능력을 예측하는 데 유용
- 당기순이익과 영업활동현금흐름 간에 차이가 발생하는 원인 파악
- 일정기간 동안의 현금투자 및 자금조달 거래에 관한 정보 제공

2. 현금흐름의 구분과 영업활동현금흐름의 중요성

- 기업경영활동은 크게 영업활동, 투자활동, 재무활동으로 구분
- 영업활동(operating activities) : 주요 수익창출 활동(예 : 재고자산의 판매)뿐만 아니라 투자활동이나 재무활동에 속하지 아니하는 거래와 사건을 모두 포함한 활동
  - 현금흐름표의 '영업활동'은 투자활동과 재무활동에 포함되지 않은 모든 활동(기업의 주요 수익창출활동과 기타 부수적인 활동)을 의미
- 영업활동은 주로 제품의 생산과 판매활동, 상품과 용역의 구매와 판매활동 및 관리활동을 포함
  - 영업활동현금흐름은 사업활동의 지속, 차입금 상환, 배당금 지급 및 신규 투자 등에 필요한 현금을 외부로부터 조달하지 않고 자체적인 영업활동으로부터 얼마나 창출하였는지에 대한 정보를 제공
- 영업활동현금흐름의 예
  - 재고자산의 판매와 용역 제공에 따른 현금유입(예 : 현금매출, 매출채권의 회수)
  - 로열티, 수수료, 중개료 및 기타 수익

- 재고자산과 용역 등의 구입에 따른 현금유출(예 : 현금매입, 매입채무의 상환)
- 종업원과 관련하여 직·간접으로 지출한 급여 등
- 법인세, 기타의 세금 및 공과금의 납부 또는 환급. 단, 재무활동이나 투자활동과 명백히 관련되는 금액은 제외

■ **투자활동**(investing activities) : 영업활동에 필요한 자산(예 : 설비자산)의 취득 및 처분활동
- 유형자산과 무형자산의 처분(취득)에 따른 현금유입(유출)
- 투자부동산의 처분(취득)에 따른 현금유입(유출)
- 기업합병과 사업부문의 인수와 처분에 따른 현금흐름

■ **잉여현금흐름**(free cash flow from operations : FCF) : 영업활동현금흐름에서 투자활동현금흐름을 차감한 잔액
- 기업가치를 평가하는 경우 일반적으로 기업의 미래현금흐름을 할인하여 추정
- 이때 미래현금흐름은 영업활동현금흐름에서 투자활동현금흐름을 차감한 잉여현금흐름을 주로 사용
- 잉여현금흐름이 양수인 경우에는 재무활동에 잉여현금흐름이 배분되거나 재무자산(금융자산)에 운용
- 잉여현금흐름이 음수인 경우에는 그만큼 부족한 현금을 보충하기 위하여 재무자산(금융자산)의 처분이나 외부자금 조달이 필요

■ **재무활동**(financing activities) : 영업활동과 투자활동에 필요한 자본(차입금 포함)의 조달, 환급 및 상환에 관한 활동(재무자산의 취득과 처분을 포함한다)
- 주식발행에 따른 현금유입(유상감자 또는 자기주식의 취득)
- 사채발행에 따른 현금유·출입(사채의 상환)
- 장·단기 차입에 따른 현금유·출입(차입금의 상환)
- 재무자산의 보유에 따른 현금유·출입(금융비용 또는 배당금의 지급)

제2절 회계정보의 활용과 재무제표분석

1. 재무제표분석이란?

- 재무제표분석(financial statement analysis) : 회계정보의 활용측면으로 재무제표에 포함되어 있는 자료를 중심으로 의사결정자에게 유용한 정보를 창출하는 분석과정

2. 재무제표분석의 목적

- 재무제표분석의 주된 활용목적은
  - 여신 관련 의사결정
  - 기업도산예측 및 투자의사결정
  - 채권 및 기업어음의 신용등급평가
  - 기업의 자체 경쟁력 및 경영성과평가

3. 자본시장과 재무제표분석

- 자본시장의 구조와 재무제표분석의 관계는 다음과 같다.

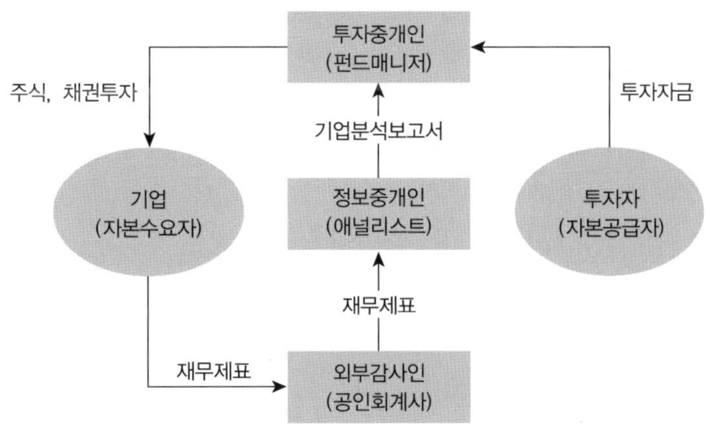

* 투자중개인 : 투신사, 뮤추얼펀드, 벤처캐피탈, 은행, 보험회사 등
* 정보중개인 : 외부감사인, 애널리스트, 신용평가기관, 경제신문 등

제3절 재무제표분석기법

1. 표준화된 재무제표 작성방법

- 표준화된 재무제표를 작성하기 위해서 고려해야 할 사항
  - 자산을 유동자산, 비유동자산으로 구분하되, 유동자산을 현금및현금성자산, 금융자산, 매출채권, 재고자산, 기타유동자산으로 분류하고 감가상각누계액 또는 충당금 등을 차감하는 형식으로 표시된 경우에는 차감 후의 순액기준으로 표시
  - 부채 역시 유동부채, 비유동부채로 구분하는 것이 중요하며, 유동부채 구분에서도 매입채무는 별도로 표시
  - 수익을 매출 또는 용역매출로 구분하여 표시하고, 매출액에서 매출원가를 차감하여 매출총이익을 보여주고, 기타수익은 발생원천별로 이자수익, 배당수익을 비롯한 재무활동관련 기타수익과 영업외수익으로 분류
  - 비용항목 중에서 매입액 및 제품의 변동은 매출원가로 구분표시하고, 판매비와 관리비에 속하지 않는 비용 중 이자비용을 비롯한 재무활동관련 기타비용과 나머지 영업관련 비용항목은 영업외비용으로 분류

2. 비교재무제표를 이용한 추세분석

- 추세분석(trend analysis) 또는 수평적 분석(horizontal analysis) : 비교재무제표에 나타나 있는 관련 항목의 증감변동을 비율로 표시하여 분석
  - 추세분석 절차
    ① 비교재무제표상의 두 항목의 금액을 비교
    ② 증가액 혹은 감소액을 계산
    ③ 기준년도를 정하여 증가율 혹은 감소율을 계산
    ④ 이를 기초로 재무제표를 해석하고 분석

3. 공통형 재무제표와 요소구성비율분석

- 요소구성비율분석(component ratio analysis) 또는 수직적 분석(vertical analysis) : 한 회계연도의 재무제표에서 특정 합계액에 대한 그 구성요소들의 비율을 분석하는 방법

- 재무제표 구성항목의 상대적인 크기에 초점을 두고 백분율수치를 이용한다는 점에서 예외사항을 파악하거나 문제영역을 도출하는 데 유용

4. 상호비교분석

- 상호비교분석 : 타 경쟁업체의 수치나 동종업종의 선도기업 또는 평균치 등과 같은 적절한 벤치마크(benchmark)를 사용하는 것으로 기업성과에 대한 상대평가에 유용한 정보를 제공

제4절 재무비율분석

1. 비율분석의 의의와 절차

- 비율분석(ratio analysis) : 의사결정에 보다 유용한 정보를 산출하기 위해 재무상태를 나타내주는 자산, 부채, 자본항목과 영업성과를 나타내주는 수익, 비용항목들을 상호 연계시켜 의미 있는 재무비율을 산출하고 비교하는 방법
- 비율분석을 적용하는 순서
  ① 미리 정해진 계산절차에 따라 분석대상기업의 비율을 계산
  ② 분석대상기업의 재무비율을 표준비율, 즉 산업평균비율 또는 선도기업 및 경쟁기업의 재무비율 등과 같은 적절한 벤치마크와 비교
  ③ 분석대상기업의 영업성과와 재무적 건전성 여부를 판단

2. 수익성분석

- 회사의 수익성을 분석하는 대표적인 비율분석

① 총자산이익률 $= \frac{\text{당기순이익}}{\text{평균총자산}}$ ② 총자산영업이익률 $= \frac{\text{영업이익}}{\text{평균총자산}}$

③ 자기자본이익률 $= \frac{\text{순이익}}{\text{평균자기자본}} \times 100$

④ 주당순이익 $= \frac{\text{당기순이익} - \text{우선주배당금}}{\text{발행주식수(또는 가중평균유통주식수)}}$

⑤ 주가수익비율 $= \frac{\text{주가}}{\text{주당순이익}}$

⑥ 배당성향 $= \frac{\text{배당금}}{\text{당기순이익}}$　　⑦ 배당수익률 $= \frac{\text{1주당배당액}}{\text{주가}}$

⑧ 매출총이익률 $= \frac{\text{매출총이익}}{\text{매출액}}$　　⑨ 매출액순이익률 $= \frac{\text{당기순이익}}{\text{매출액}}$

3. 유동성비율 : 단기지급능력분석

■ 기업의 단기지급능력을 분석하기 위해 사용하는 재무비율

① 유동비율 $= \frac{\text{유동자산}}{\text{유동부채}}$　　② 당좌비율 $= \frac{\text{당좌자산}}{\text{유동부채}}$

③ 영업활동현금흐름 대 유동부채비율 $= \frac{\text{영업활동현금흐름}}{\text{유동부채}}$

4. 활동성분석

■ 특정 자산 관리의 효율성과 관련하여 현금화 속도를 판단하는 데 이용되는 활동성 비율(activity ratio)

① 매출채권회전율 $= \frac{\text{매출액}}{\text{평균매출채권}}$　　② 재고자산회전율 $= \frac{\text{매출원가}}{\text{평균재고자산}}$

③ 총자산회전율(＝총자본회전율) $= \frac{\text{순매출액}}{\text{평균총자산}}$

5. 안정성비율 : 장기지급능력과 재무적 건전성분석

■ 기업의 장기부채 상환능력과 재무레버리지를 평가하는 안정성비율

① 부채비율 $= \frac{\text{부채}}{\text{자기자본}} \times 100$　　② 이자보상비율 $= \frac{\text{영업이익}}{\text{이자비용}}$

③ 고정장기적합률 $= \frac{\text{비유동자산}}{\text{자기자본} + \text{비유동부채}}$

6. 영업활동현금흐름분석

① 영업활동현금흐름 대 매출액비율 $= \frac{\text{영업활동현금흐름}}{\text{매출액}} \times 100$

② 영업활동현금흐름 대 당기순이익비율 $= \frac{\text{영업활동현금흐름}}{\text{당기순이익}} \times 100$

제5절 재무비율의 종합

1. 비율분석의 의의와 절차

- 지수법 : 단일비율분석이 갖는 한계점을 극복하기 위해 종합점수를 이용하여 기업성과를 평가하는 **종합평가방법**
- 지수법은 분석 목적에 따라 선정된 주요 재무비율별로 가중치(a)를 부여한 후 분석회사의 수치(b)를 각 주요 비율별 벤치마크(즉, 산업평균비율 또는 선도기업이나 경쟁기업의 재무비율 : c)로 나누어 계산한 관계비율(지수; d)에 개별 가중치를 곱하여 평점(e)을 계산하는 방식

종합지수산출(예시)

주요 재무비율		가중치 (a)	(주)현대오토 (b)	산업평균 (c)	관계비율 (d)	평점 (e)
수익성	1. 총자산영업이익률	10				
	2. 자기자본순이익률	10				
	3. 매출액순이익률	10				
	4. 총자본순이익률(ROI)	10				
	소 계	40				
활동성	1. 매출채권회전기간	10				
	2. 재고자산회전기간	10				
	3. 유형자산회전율	5				
	4. 총자산회전율	5				
	소 계	30				
유동성	1. 유동비율	5				
	2. 당좌비율	5				
	소 계	10				
안정성 : 레버리지와 재무위험	1. 부채비율	10				
	2. 이자보상비율	5				
	3. 고정장기적합률	5				
	소 계	20				
총 점		100				

2. 재무제표분석시 유의사항

- 재무제표에 나타난 회계정보를 산출하는 방법이 기업 간에 차이가 있거나 동일한 기업이라도 회계기간별로 회계처리방법이 상이하다면 일단 동일한 회계처리방법을 적용하여 회계수치를 조정하여 표준화된 재무제표를 만든 다음 분석을 시작하여야 함.

◦ 디자인 賢者가 된 강원도 촌놈

– 어린 시절 그림을 잘 그린 게 디자인 작업에 도움이 됐을 것 같다.

"디자인은 그 자리에서 즉석에서 그려주는 길거리 초상화가 아니다. 그림이 아니라 생각이 중요하다. 디자인을 그림 그리기 작업이라고 잘못 알고 있는 사람들이 많다. 탠저린 입사 초기에는 고등학교 때부터 줄기차게 연습한 드로잉 실력이 장점이 될 것이라고 생각했는데 아니었다. 그 당시 한국에서는 프로젝트를 맡으면 무조건 그리기부터 시작했다. 하지만 영국 디자이너들에겐 소비자들의 욕구(needs)를 분석하고 정의내리는 게 우선이었다. 어떤 발상을 하고, 어떻게 그 생각을 전개시키는가가 중요하지 드로잉은 도구에 불과하다. 디자이너는 예술가가 되면 곤란하다. 너무 앞서 나가면 안 된다. 좋은 디자인은 소비자보다 반(半)발자국만 앞서가야 한다는 것을 깨달았다."

– 디자이너는 소비자의 요구도 알아야 하지만 경영자도 설득해야 한다.

"디자인에서 가장 나쁜 것이 다수결로 결정하는 것이다. '커피이론'이란 게 있다. 디자이너는 뜨거운 커피가 시장에 먹힌다고 생각해 뜨거운 커피를 개발했다. 하지만 일부 다른 사람은 차가운 커피를 사람들이 더 좋아한다고 주장했다. 결국 양쪽 고객을 다 만족시키기 위해 미지근한 커피를 만들었는데, 실제 시장에서는 모두에게 외면받았다. 많은 사람이 참견해 이도 저도 아닌 디자인이 만들어진 것이다. 이런 우를 범하지 않기 위해 제품생산 과정에서 당초 디자인이 변형되지 않도록 디자이너에게 실질적 권한을 주어야 한다."

– 구상을 하다 벽에 부딪히면 어떻게 하나

"홍익대 인근이나 재래시장 같이 하루가 다르게 변하거나 오래 묵어 정겨운 삶의 현장에 들어가 푹 파묻힌다. 우리가 늘 접하는 사람들의 행태나 문화를 들여다보면 전에 없던 생각이 떠오르곤 한다."

조선일보(2015년 1월 31일) [최홍렬 기자의 진심] 기사 중 발췌 인용

Ⅲ. 자습문제

[1] 연결형(1) : 아래 각 문장은 박스 속의 어느 용어에 관한 것인지 답하시오.

A. 재무제표분석	B. 종합평점법	C. 추세분석	D. 요소구성비율분석
E. 상호비교분석	F. 재무비율	G. 유동비율	H. 당좌비율
I. 활동성비율	J. 재고자산회전율	K. 매출채권회전율	L. 총자산회전율
M. 부채비율	N. 총자산이익률	O. 주당순이익	P. 매출액이익률

1. ________ 재무제표의 자료를 이용하여 추가적인 정보를 만들어 내는 분석과정이다.

2. ________ 재무제표에 나타난 두 개 이상의 항목 간의 상호관계를 지표나 비율로 나타낸 것이다.

3. ________ 의사결정에 보다 유용한 정보를 산출하기 위해 재무제표 항목 중 관련되는 항목들과 상호비교하는 분석방법이다.

4. ________ 비교재무제표에 나타나 있는 관련 회계자료의 증감변동을 비율로 표시하여 연속된 몇 기간의 자료를 비교하여 분석하는 것을 말한다.

5. ________ 한 회계연도의 재무제표에서 특정 합계액에 대한 그 구성요소들의 비율을 분석하는 방법이다.

6. ________ 특정 자산관리의 효율성과 관련하여 매출로 전환되는 정도나 현금화 속도 판단에 이용되는 비율이다.

7. ________ 유동자산과 유동부채의 관계비율이다.

8. ________ 당좌자산과 유동부채의 관계비율이다.

9. ________ 매출원가와 재고자산과의 관계를 나타내는 비율이다.

10. ________ 매출활동에 투자된 매출채권의 규모나 매출채권이 현금으로 회수되는 속도를 나타내는 비율이다.

11. ________ 부채와 자기자본의 관계비율이다.

12. ________ 매출로부터 얼마만큼의 마진을 벌었는가를 나타내는 비율이다.

13. ________ 기업이 보유하는 총자산이 수익을 창출하는 데 얼마나 효율적으로 이용되고 있는가를 평가하는 데 이용되는 비율이다.

14. ________ 기업이 보유하고 있는 총자산의 수익창출능력을 측정하는 비율이다.

15. ________ 당기순이익에서 우선주 배당금을 공제한 금액을 발행보통주식 총수로 나누어 계산한다.

16. ________ 분석 목적을 감안하여 선정된 주요 재무비율별로 가중치를 부여한 후 분석회사의 수치를 각 주요 비율별 벤치마크로 나누어 계산한 관계비율에 가중치를 곱하여 종합점수를 계산하는 방식이다.

[1] **연결형(2)** : 아래 각 문장은 박스 속의 어느 용어에 관한 것인지 답하시오.

A. 흑자도산	B. 잉여현금흐름(FCF)	C. 현금흐름표	D. 직접법
E. 간접법	F. 영업활동	G. 투자활동	H. 재무활동

1. ________ 일정기간 동안 기업의 현금흐름, 즉 현금의 유입(원천)과 유출(사용)을 나타내는 보고서

2. ________ 장부상 흑자인데도 불구하고 기업이 도산하는 경우

3. ________ 주로 제품 및 서비스를 생산·판매하는 활동

4. ________ 기업에서 영업활동과 투자활동에 필요한 자금을 조달하는 활동

5. ________ 영업활동의 인프라가 되는 자산을 취득하거나 처분하는 활동

6. ________ 영업활동현금흐름에서 영업관련투자활동 현금흐름을 차감한 금액

[2] 진위형 : 아래 문장이 옳으면 T(true, 眞)에, 틀리면 F(false, 僞)에 ○표를 하시오.

1. (T F) 재무비율이란 재무제표에 나타난 두 개 이상의 항목 간의 상호관계를 비율로 나타낸 것이다.

2. (T F) 수평적 분석(또는 추세분석)이란 동일 연도에 유사업종의 재무제표와 수평적으로 비교하여 재무제표에 나타난 금액의 증감변동을 비율로 표시하여 분석하는 것을 말한다.

3. (T F) 수직적 분석(또는 요소구성비율분석)이란 특정 기업의 재무제표에서 수년 동안 재무제표에 나타난 금액의 증감변동을 비율로 표시하여 분석하는 방법이다.

4. (T F) 유동비율은 단기부채의 상환능력을 분석하기 위해 사용되는 비율로서, 유동부채를 유동자산으로 나누어 산출한다.

5. (T F) 유동비율은 당좌비율보다 낮을수록 좋다.

6. (T F) 당좌비율은 당좌자산을 유동부채로 나눈 값이다.

7. (T F) 매출채권회전율은 매출채권이 현금으로 회수되는 속도를 나타내며, 현금을 매출채권으로 나누어 산출한다.

8. (T F) 재고자산회전율은 일정기간 동안 판매를 통해 팔려나간 재고자산의 매출액과 재고로 남아 있는 재고자산과의 관계를 나타낸다.

9. (T F) 부채비율은 기업의 장기부채 상환능력을 평가하는 것과 관련된 비율로서, 부채가 총자본 중 차지하는 비율이다.

10. (T F) 보통주의 주당순이익은 보통주와 구별되는 우선주에게 지급된 배당금을 공제하기 이전의 이익을 발행보통주식 총수로 나누어 계산한다.

11. (T F) 총자산이익률은 매출액순이익률과 총자산회전율의 곱으로 표현될 수 있다.

12. (T F) 재무비율은 객관적으로 산출되기 때문에 이를 종합하여 활용하는 지수법은 주관성을 배제할 수 있다.

13. (T F) 현금흐름표에는 기업의 영업활동, 투자활동, 재무활동에 따른 현금흐름이 각각 구분되어 표시된다.

14. (T F) 영업활동이라 함은 주요 수익창출활동만을 뜻하며, 투자활동과 재무활동에 속하지 않는 기타 부수적 활동은 포함하지 않는다.

15. (T F) 현금흐름표에서의 영업활동과 포괄손익계산서상의 영업활동은 반드시 일치하는 것만은 아니다.

16. (T F) 투자활동은 영업활동에 필요한 재고자산, 설비자산 등의 취득 및 처분활동을 말한다.

17. (T F) 기업가치를 평가하는 경우 일반적으로 기업의 미래현금흐름을 할인하여 추정하는데, 이때 미래현금흐름은 영업활동현금흐름에서 투자활동현금흐름을 차감한 잉여현금흐름을 주로 사용한다.

[3] 객관식

1. 다음은 재무비율분석에 대한 설명이다. 적절하지 않은 것은?

① 재무비율분석을 통하여 항목 간의 중요한 관계를 도출하거나 각 항목의 변화나 추세를 부각시킬 수 있다.
② 금융기관의 대출의사결정이나 신용평가기관의 신용평점산출을 위한 기업분석 과정에서 사용된다.
③ 재무비율이 경제적인 의미를 지니기 위해서는 재무비율을 계산하는데 이용되는 재무제표항목 간에 중요한 의미나 인과관계가 존재하여야 한다.
④ 재무비율분석을 통하여 기업의 지배구조에 대한 정성적(qualitative)인 정보를 얻을 수 있다.

2. 다음은 무엇에 대한 설명인가?

- 부채지급능력 및 시장여건 변화시 기업의 재무적 대응능력을 나타내는 비율로서 유동비율, 부채비율, 고정장기적합비율, 이자보상비율 등이 있다.

① 안정성 및 레버리지비율　② 활동성비율
③ 수익성비율　④ 성장성비율

3. 유동비율에 대한 다음의 설명 중 올바르지 않은 것은?

① 단기채무에 대한 변제능력을 나타내며, 단기자금에 대한 채권자인 은행 등이 가장 관심을 갖는 재무비율이다.
② 유동자산/유동부채로 계산된다.
③ 활동성비율이 높아질수록 유동비율이나 당좌비율은 낮아지는 부의 관계를 갖는다.
④ 채권자는 유동성비율이 높을수록 양호한 것으로 해석한다.

4. 악화된 부채비율을 호전시키기 위한 방법이 아닌 것은?

① 유상증자를 실시하여 조달된 자금으로 차입금을 상환한다.
② 설비를 매각하여 차입금을 상환하고, 필요한 설비는 임차한다.
③ 단기차입금을 장기차입금으로 전환한다.
④ 투자자산이나 비유동자산을 매각하여 유동부채를 상환한다.

5. 장기지급능력 또는 안정성분석비율에 해당하지 않는 것은?

① 당좌비율 ② 부채비율 ③ 고정장기적합률 ④ 이자보상비율

6. 자금조달과 자금운용의 안정성을 동시에 고려하는 재무비율로서, 자기자본과 비유동부채로 조달된 자금이 어느 정도 비유동자산에 투하되어 있는가를 표시하는 비율은?

① 고정비율 ② 고정장기적합률 ③ 레버리지비율 ④ 부채구성비율

7. 활동성분석에 대한 설명으로 적절하지 않은 것은?

① 활동성분석은 기업에 투입된 자본이 얼마나 활발하게 매출활동으로 운용되었는가를 분석하는 지표이다.
② 총자산회전율은 총자산의 효율성을 평가하는 지표이다.
③ 재고자산 보유기간이 길어질수록 재고자산회전율도 높아질 것이다.
④ 자기자본회전율이 높다는 것은 자기자본이 적절히 경영활동에 사용되어 보다 높은 매출액이 실현된다는 것을 의미한다.

8. 다음은 재무비율분석에 대한 설명이다. 적절하지 않은 것은?

① 재무비율분석을 통하여 기업의 수익성과 위험 등을 종합적으로 판단할 수 있는 정보를 얻을 수 있다.
② 금융기관의 대출의사결정이나 신용평가기관의 비계량적 기업분석 과정에서 사용된다.
③ 재무비율이 경제적인 의미를 지니기 위해서는 재무비율을 계산하는 데 이용되는 재무제표항목 간에 중요한 상관관계가 존재하여야 한다.

④ 안정성분석은 기업의 장·단기 채무지급능력과 재무구조의 건전성을 측정하는 지표이다.

9. 다음은 어떤 재무비율에 대한 설명인가?

• 일정기간 동안 기업의 경영성과를 측정하는 지표로서 자산 이용의 효율성과 이익창출능력 등에 대한 평가를 위해 사용되는 비율

---

① 성장성비율 ② 활동성비율
③ 안정성비율 ④ 수익성비율

10. 당좌비율에 대한 다음의 설명 중 적절하지 않은 것은?

① 단기채무에 대한 변제능력을 나타낸다.
② 유동부채/당좌자산으로 계산된다.
③ 당좌비율을 산성비율(Acid test ratio)이라고도 한다.
④ 채권자는 당좌비율이 높을수록 양호할 것으로 해석한다.

11. 다음 재무비율 중 성격이 다른 것은?

① 순이익증가율 ② 총자산영업이익률
③ 매출액순이익률 ④ 자기자본순이익률

12. 활동성분석에 대한 설명으로 적절하지 않은 것은?

① 활동성분석은 부채상환능력과 재무구조의 효율성을 나타내는 분석이다.
② 자기자본회전율은 자기자본의 효율성을 평가하는 지표이다.
③ 매출채권 평균회수기간이 길어질수록 매출채권회전율은 낮게 나타난다.
④ 재고자산회전율은 재고자산이 현금 또는 매출채권과 같은 당좌자산으로 전환되는 속도를 나타낸다.

13. (주)미래의 20×5년도 당기순이익은 영업활동 현금흐름보다 적었다고 한다. 다음 중 이에 대한 원인으로 옳지 않은 것은?

① 건물의 감가상각방법 변경으로 감가상각비가 크게 증가하였다.
② 기초 대비 기말 매출채권금액이 크게 증가하였다.
③ 임직원의 고령화로 퇴직급여충당부채 계상액이 크게 증가하였다.
④ 현금매출이 외상매출에 비하여 크게 증가하였다.

[4] 주관식

[문 1] 재무비율

다음은 (주)미래유통의 비교재무상태표이다.

계정과목	기 초	기 말
현 금	₩ 2,000	₩ 3,000
매 출 채 권	3,000	5,000
재 고 자 산	10,000	14,000
유 형 자 산	18,000	27,000
합 계	**₩33,000**	**₩49,000**
유 동 부 채	₩ 8,000	₩12,000
비 유 동 부 채	10,000	20,000
자 본	15,000	17,000
합 계	**₩33,000**	**₩49,000**

(주)미래유통의 당기매출액은 ₩18,000이고, 당기매입액은 ₩15,000이며 당기순이익은 ₩3,000이다.

(1) 매출채권회전율은 얼마인가?

(2) 재고자산회전율은 얼마인가?

(3) 기말시점에서 유동비율과 총자산회전율은 각각 얼마인가?

[문 2] 재고자산회전율

20×3년 1월 1일 (주)매직클린의 기초상품재고액은 ₩600,000이었다. 20×3년 중 (주)매직클린은 재고자산을 ₩2,300,000에 매입하였고, 20×3년도의 총매출액은 ₩2,800,000이었다. 20×3년 12월 31일의 기말상품재고액은 ₩800,000이다. 20×3년도의 재고자산회전율은? 이 경우 재고자산금액은 기초재고액과 기말재고액의 평균가액으로 한다.

[문 3] 평균영업순환주기

상품매매기업인 (주)미래물산의 영업주기는 상품의 매입시점부터 판매 후 대금의 회수시점까지의 기간으로 정의된다. (주)미래물산의 연 매출이 ₩120,000, 이에 대한 매출원가가 ₩75,000, 연평균 매출채권 잔액이 ₩20,000, 그리고 연평균 재고자산 가액이 ₩25,000이라면 (주)미래물산의 평균 영업순환주기는? (매출은 전액 외상매출이며, 1년은 360일로 간주한다)

Ⅳ. 해답(자습문제, 교과서 연습문제)

[1] 연결형(1)

1. A	**2.** F	**3.** E	**4.** C	**5.** D	**6.** I
7. G	**8.** H	**9.** J	**10.** K	**11.** M	**12.** P
13. L	**14.** N	**15.** O	**16.** B		

[1] 연결형(2)

1. C	**2.** A	**3.** F	**4.** H	**5.** G	**6.** B

[2] 진위형

1. T

2. F 수평적 분석이란 특정 기업의 비교재무제표에 나타나 있는 관련 회계자료의 증감변동을 비율로 표시하여 분석하는 것을 말한다.

3. F 수직적 분석(垂直的 分析, vertical analysis)이란 한 회계연도의 재무제표에서 특정 합계액에 대한 그 구성요소들의 비율을 분석하는 방법이다.

4. F 유동비율은 유동자산을 유동부채로 나누어 산출한다.

5. F 유동비율 산식의 분자는 유동자산이고, 당좌비율 산식의 분자는 당좌자산이므로 유동비율이 당좌비율보다 낮으려면 유동자산이 당좌자산보다 작아야 하지만 이는 현실적으로 가능하지 않다. 왜냐하면, 단기채무 지급능력 파악과 관련된 유동성비율 해석시 다음 두 가지 사항을 유의해야 하기 때문이다. 첫째, 유동자산 간에도 현금화 속도와 현금화의 가능성 정도가 서로 다르다. 둘째, 영업순환 과정상 각 단계마다 현금이 묶여 있는 기간을 파악해야 한다.

6. T

7. F 매출채권회전율은 매출액을 평균매출채권으로 나누어 산출한다.

8. F 재고자산회전율은 일정기간 동안 판매를 통해 팔려나간 재고자산의 원가(즉, 매출원가)와 재고로 남아 있는 재고자산과의 관계를 나타낸다.

9. F 부채비율은 부채와 자기자본과의 비율이다.

10. F 보통주의 주당순이익은 보통주와 구별되는 우선주에게 지급된 배당금을 공제한 당기순이익을 발행보통주식 총수로 나누어 계산한다.

11. T

12. F 재무비율의 종합적 활용에 해당하는 지수법 또한 주요 비율의 구성 및 가중치 등이 분석자의 관점에 따라 주관적으로 선택된다는 문제점을 지닌다.

13. T

14. F 현금흐름표의 '영업활동'은 투자활동과 재무활동에 포함되지 않은 모든 활동(기업의 주요 수익창출활동과 기타 부수적인 활동)을 뜻한다.

15. T 현금흐름표의 '영업활동'은 투자활동과 재무활동에 포함되지 않은 모든 활동(기업의 주요 수익창출활동과 기타 부수적인 활동)을 의미하기 때문에 포괄손익계산서 구조상의 '영업'의 의미(기업의 주요 수익창출활동)와 일치하지 않는다.

16. F 투자활동은 영업활동에 필요한 자산의 취득 및 처분활동을 말한다. 이와 관련하여 영업활동에 필요한 자산에는 현금과 재고자산을 제외한다.

17. T

[3] 객관식

1. ④ 재무비율분석을 통해서는 기업의 정량적(quantitative)인 정보를 얻을 수 있다.

2. ① 부채지급능력 등을 분석하는 비율로서 금융기관이 가장 관심을 갖는 비율은 안정성 및 레버리지비율이다.

3. ③ 유동성비율과 활동성비율 간에 반드시 정의 관계가 존재하지는 않는다.

4. ③ 단기차입금을 장기차입금으로 전환한다고 하더라도 부채비율을 낮출 수 없다.

5. ① 당좌비율은 단기안정성 비율에 해당한다.

6. ② 고정장기적합률 : 고정장기적합률은 회사의 비유동자산과 장기차입금 및 자기자본의 비율을 분석하여 자금의 운용과 조달 측면을 모두 분석하는 비율이다.

7. ③ 재고자산 보유기간은 365일을 재고자산회전율로 나누어 계산하므로, 재고자산보유기간이 늘어날수록 재고자산회전율은 저하된다.

8. ② 금융기관의 대출의사결정이나 신용평가기관의 계량적 기업분석 과정에서 사용된다.

9. ④ 수익성분석은 주식투자자나 채권자들에게 투자자본이 얼마나 효율적으로 이용되고 있는지에 관한 정보를 제공해 준다.

10. ② 당좌비율은 당좌자산/유동부채로 계산된다.

11. ① ② ~ ④는 수익성비율이며 ①은 성장성비율이다.

12. ① 활동성분석은 자산 이용의 효율성을 나타내는 분석이다.

13. ④ 현금매출은 당기순이익과 영업현금흐름의 차이를 발생시키지 않는다.
영업현금흐름이 당기순이익보다 크게 되는 요인은 비현금비용(감가상각비 등)의 증가, 영업활동관련 자산증가와 부채의 감소이다.

[4] 주관식

[문 1] 재무비율

(1) ₩18,000/{(₩3,000 + ₩5,000)/2} = 4.5회

(2) 매출원가 = ₩10,000 + ₩15,000 − ₩14,000 = ₩11,000
재고자산회전율 = ₩11,000/{(₩10,000 + ₩14,000)/2} = 0.92회

(3) 유동비율 = (₩3,000 + ₩5,000 + ₩14,000)/₩12,000 = 183.3%
총자산회전율 = ₩18,000/{(₩33,000 + ₩49,000)/2} = 0.44회

[문 2] 비율을 이용한 계정잔액의 추정

① 유동자산 = ₩800,000 − ₩300,000 = ₩500,000

② 유동비율 = 유동자산/유동부채(x) = ₩500,000/x = 2
∴ x = ₩250,000

③ 매입채무 = ₩250,000 − ₩34,000 = ₩216,000

④ 이익잉여금 = ₩800,000 − (₩216,000 + ₩34,000 + ₩200,000 + ₩400,000)
= ₩(50,000)

[문 3] 재고자산회전율

① 매출원가 = ₩600,000 + ₩2,300,000 − ₩800,000 = ₩2,100,000

② 재고자산회전율 = ₩2,100,000/{(₩600,000 + ₩800,000)/2} = 3회

[문 4] 평균영업순환주기

평균영업주기 = 재고자산회전기간 + 매출채권회수기간
재고자산회전율 = 매출원가/평균재고자산 = 75,000/25,000 = 3
매출채권회전율 = 매출액/평균매출채권 = 120,000/20,000 = 6
평균영업주기 = 360일/3 + 360일/6 = 180일
또는 평균매출채권가액 ÷ 1일평균외상매출액 = 매출채권회수기간 … ①
평균재고자산가액 ÷ 1일평균매출원가 = 재고자산회전기간 … ②
① + ② = 180일

교과서 연습문제 해답

[1] 재무제표분석의 이해

(1) 현금흐름표
(2) 재무활동, financing
(3) 투자활동, investment
(4) 잉여현금흐름, FCF, free
(5) 영업활동
(6) 재무비율
(7) 추세분석
(8) 요소구성비율분석
(9) 상호비교분석
(10) 활동성비율
(11) 유동비율
(12) 당좌비율

[2] 재무비율의 산출

① $유동비율=\frac{유동자산}{유동부채}\times 100=\frac{514}{265}\times 100=194.0\%$

② $당좌비율=\frac{현금+유가증권+매출채권}{유동부채}\times 100=\frac{79+65+120}{265}\times 100=99.6\%$

③ $매출채권회전율=\frac{매출액}{평균매출채권}=\frac{2,486}{(120+100)/2}=22.6회$

④ $매출채권회수기간=\frac{매출채권잔액}{1일평균매출액}=\frac{120}{2,486\div 365일}=17.6일$

⑤ $재고자산회전율=\frac{매출원가}{평균재고자산}=\frac{1,523}{(250+265)/2}=5.9회$

⑥ $재고자산회수기간=\frac{재고자산잔액}{1일평균매출원가}=\frac{250}{1,523\div 365일}=59.9일$

⑦ $부채비율=\frac{부채}{자기자본}\times 100=\frac{665}{1,019}\times 100=65.3\%$

⑧ $고정장기적합률=\frac{비유동자산}{자기자본+비유동부채}\times 100=\frac{1,170}{1,019+400}\times 100\%=82.5\%$

⑨ $총자산이익률=\frac{순이익}{총자산}\times 100=\frac{94}{1,684}\times 100=5.6\%$

⑩ $자기자본이익률=\frac{순이익}{자기자본}\times 100=\frac{94}{1,019}\times 100=9.2\%$

⑪ $EPS_{보통주}=\frac{당기순이익-우선주배당금}{발행주식수(또는\ 가중평균유통주식수)}=\frac{94-0}{95천주}=0.99$

⑫ $매출액순이익률=\frac{순이익}{매출액}\times 100=\frac{94}{2,486}\times 100=3.8\%$

[3] (주)삼일컨설팅 애널리스트의 답변

(1) 매출채권회전율은 매출채권을 얼마나 신속히 현금으로 전환하는가에 대한 비율이므로 매출채권회전율이 높은 것은 유동성이 높은 것을 의미한다. 수취계정은 아무런 수익도 낳지 않기 때문에 이에 투자하는 금액을 최소한도로 한정시키는 것이 바람직하다. 매출채권은 되도록 신속히 회수하여 이용 가능한 현금을 확보함으로써 지급능력을 높이고, 은행차입금을 감소시켜 이자비용을 줄일 수 있다. 또한 매출채권의 조기회수는 대손의 위험도 감소시킬 수 있다.

(2) 재고자산회전율은 평균상품재고액을 감소시키고 상품매출원가를 증가시킴으로써 높일 수가 있다. 상품의 종류는 극히 다양하기 때문에 어느 정도의 회전율이 만족할 만한 것인가에 대해 일반적인 기준을 제시할 수는 없다. 다만 예로서 식료품판매회사는 가구나 보석의 판매회사보다 높은 회전율을 가져야 하고 또 같은 슈퍼마켓이라 하더라도 생선식품 부문이 세제판매 부문보다 높은 회전율을 나타내야 한다는 것은 사실이다. 그러나 각 기업 또는 한 기업의 각 부문에 대해서는 합리적인 회전율이 존재한다. 합리적 회전율 이하의 회전율을 나타내는 경우에 그 기업 또는 그 부문은 관리나 보관을 위한 특별비용이 나타난다거나 진부화 또는 가격하락에 의한 손실의 위험이 증대하고 필요 이상의 금리부담을 초래하여 다른 용도를 위해서 자금을 사용할 수 없게 된다.

(3) 자본은 타인자본과 자기자본으로 구성되어 있다. 부채비율이 적정수준 이상으로 높다는 것은 부도위험이 많이 존재한다고 볼 수 있다. 따라서, 기업의 수익력에 대해서 논하기 앞서 기업의 미래 생존가능성을 예측하는 중요한 지표이다.

(4) 기업이 번창하는 경우 자기자본이익률이 총자본이익률에 비해서 높은 것이 보통이다. 이 같은 차이가 나는 것은 차입금에 의해서 조달된 자금을 이용하여 벌어들인 이익으로서 채권자에 대한 이자비용을 지급하고도 나머지가 있기 때문이다. 이와 같이 기업이 부채(타인자본)를 이용하는 것을 레버리지(leverage)라고 한다. 그리고 타인자본을 이용하여 자기자본이익률을 높이는 것을 레버리지효과라고 한다.

(5) 비유동부채의 유동부채로의 계정 재분류는 비유동부채의 감소와 유동부채의 증가를 가져오며 유동자산에는 아무런 변화를 가져오지 않는 교환거래이다. 유동비율은 유동자산을 유동부채로 나누어 계산되므로 유동자산의 총액은 변화가 없는데 유동부채의 총액이 증가하여 유동비율은 감소하게 된다.

[4] 수익성관련 재무비율

(1) 주가 : ₩8,000×1.25=₩10,000

주가수익비율 : 10,000/EPS(1,000)=10

(2) 배당성향 : 500/1,000=50%

(3) 배당수익률 : 500/10,000=5%

[5] 영업순환주기

(1) 매출채권평균회전율 : 3,000,000×(1+0.2)/[(400,000+600,000)/2]=7.2회
매출채권평균회수기간 : 360일/7.2회=50일(1년을 360일로 계산)
또는 평균매출채권{(400,000+600,000)/2}
÷1일평균외상매출액{3,000,000×(1+0.2)÷360일}=50일

(2) 재고자산평균회전율 : 3,000,000/[(250,000+150,000)/2]=15회
재고자산평균회전기간 : 360일/15회=24일(1년을 360일로 계산)
또는 평균재고자산{(250,000+150,000)/2}
÷1일평균매출원가(3,000,000÷360일)=24일

(3) 매입채무회전율 : 3,000,000/[(450,00.0+350,000)/2]=7.5회
매입채무평균회전기간 : 360일/7.5회=48일(1년을 360일로 계산)
또는 평균매입채무{(450,000+350,000)/2}
÷1일평균매출원가(3,000,000 ÷360일)=48일
따라서 평균영업순환주기는 50일+24일−48일=26일

[6] 앞에 제시한 교과서 연습문제 [2]의 풀이를 참조하기 바라며 저자의 e-mail로 풀이한 내용을 보내주시면 feedback을 받을 수 있습니다.

[7] 사례연습과 팀프로젝트 : 재무상태표, 포괄손익계산서와 가까이하기

(1) 주요제품
- 아모레퍼시픽 : 화장품사업, 생활용품사업, 녹차사업
- 한국콜마 : 화장품사업, 제약사업

(2) 기업규모 : 아모레퍼시픽의 총자산규모는 약 4조6천8백억원, 한국콜마의 총자산규모는 약 8천8백억원으로, 아모레퍼시픽의 기업규모가 한국콜마보다 6배 이상 크다.

(3) 부채비율
- 아모레퍼시픽 : 4,421억/4조 2,368억≒0.104(약 10.4%)
- 한국콜마 : 4,404억/4,412억≒1(약 100%)

부채비율이 높으면 일반적으로 위험이 큰 것으로 판단하지만, 경기가 호황일 경우에는 부채비율이 높을수록 레버리지효과도 크기 때문에 꼭 위험하다고 볼 수는 없다.

(4) 매출총이익률
- 아모레퍼시픽 : 2조 5,157억/3조 6,707억≒0.68(약 68.5%)
- 한국콜마 : 1,495억/8,917억≒0.167(약 16.8%)

매출총이익률은 매출액에서 어느 정도의 이익을 얻는지를 파악할 수 있는 재무비율로, 기업의 수익성을 알 수 있는 비율 중 하나이다. 매출총이익률은 산업 및 기업규

모에 따라 판단기준이 상이할 수는 있으나 일반적으로 이 비율이 높을수록 기업의 영업활동이 양호함을 의미한다.

(5) 매출액 대비 광고선전 및 판촉비 비율

• 아모레퍼시픽 : 5,926억/3조 6,707억≒0.16(약 16.1%)

• 한국콜마 : 22억/8,917억≒0.002(약 0.25%)

아모레퍼시픽은 자체 브랜드를 보유하고 있는 반면, 한국콜마는 OEM(Original Equipment Manufacturing) 전문회사이다. 따라서 아모레퍼시픽의 브랜드 홍보비용이 한국콜마보다 더 크다.

(6) **운반비** : 운반비는 기업이 영업활동을 영위하는 과정에서 발생되는 운송비용으로, 상품, 제품, 원재료의 판매 및 관리 과정에서 발생한다. 또한 화물배송비 및 항공운임도 해당된다. 아모레퍼시픽의 기업규모 대비 운반비는 1.52%인 반면, 한국콜마는 0.04로 아모레퍼시픽의 운반비용이 현저하게 높다. 원인으로는 아모레퍼시픽의 제품 운송량이 더 많거나 지리적으로 아모레퍼시픽의 배송지가 분산되어 있을 가능성이 있다. 그 외에도 아모레퍼시픽은 주요 운송수단으로 차량을 이용하는 반면, 한국콜마는 열차를 이용하는 등의 원인을 생각해 볼 수 있다.

임차료 : 임차료는 공장 및 매장을 임차한 경우에 지급하는 비용으로, 아모레퍼시픽은 자산규모 대비 0.55%, 한국콜마는 0.15%로 아모레퍼시픽의 임차료 비중이 더 크다.

지급수수료 : 지급수수료는 일정 용역의 제공에 대한 대가로 금융수수료, 법률자문 수수료 등이 포함된다. 아모레퍼시픽의 자산규모 대비 지급수수료는 7.8%, 한국콜마는 9.4%로 두 기업에서 큰 차이를 발견할 수 없다.

(7) **유통수수료** : 유통업체의 물류비용의 일종으로, 운반비와는 달리 제품의 백화점 입점 수수료와 같이 제품을 배치하는 데 발생하는 수수료이다. 한국콜마는 유통수수료가 없는 반면 아모레퍼시픽은 2천1백억원을 유통수수료를 지출하고 있다. 이는 아모레퍼시픽이 전국에 가진 매장과 백화점 입점에 따른 수수료로 인한 것이다.

환경보전비 : 환경보전비는 기업활동에서 발생하는 환경오염 및 공해를 방지하기 위해 필요한 환경보전비, 폐기물처리비 및 폐기물재활용비용과 청소비를 포괄하며 관련 법령이나 규정에 의해 의무적으로 지출해야 하는 비용이다. 아모레퍼시픽은 3억 7천여만원의 환경보전비를 지출하고 있으며 한국콜마는 30여만원의 환경보전비를 지출하고 있다.

(8) 영업외비용은 정상적인 영업활동에서 발생하는 비용이 아니기 때문이다.

(9) 외화관련 손익은 수출입활동으로 인해 발생한다. 이 손익이 크다는 것은 기업이 노출된 환위험 관리에 문제점이 있는 것으로 볼 수 있다. 아모레퍼시픽은 손실이 이익보다 큰 반면, 한국콜마는 손익에 큰 차이가 없다. 아모레퍼시픽에 환율을 보다 효과적으로 관리하기 위한 파생상품 투자 및 관리가 필요할 것이다. 그러나 외환차

손익, 외화환산손익의 금액으로 보면 아모레퍼시픽이 더 크지만 매출액 대비 배율로 보면 한국콜마(0.46%)와 아모레퍼시픽(0.45%) 두 기업 간에 큰 차이가 없다.

(10) 법인세비용 부담률

- 아모레퍼시픽 : 864억/3,611억≒0.239(약 24%)
- 한국콜마 : 150억/671억≒0.223(약 22%)로 산출되며, 실제 부담되는 법인세율은 기업규모 혹은 해당 업종에 적용되는 수출 산업에 대한 세제상의 혜택에 따라 차이가 날 수 있기 때문이다.

(11) 2018년 6월 기준 두 기업의 주가

- 아모레퍼시픽 : ₩150,000~₩160,000원(액면가 500원)
- 한국콜마 : ₩55,000~₩65,000(액면가 500원)

두 기업의 주가가 다른 이유는 기업의 인지도, 미래 성장가능성, 연구개발 잠재력, 현재 및 장래 수익성 전망 등 시장에서 평가되는 기업의 가치를 대변한다.

[8] 기사 읽기

1) 클 2) 감소 3) 상승 4) 네슬레, TPG

[저자소개]

■ 안혜진

서울대학교 경영대학(학사)
서울대학교 경영대학원(경영학 석사 및 박사)
한국공인회계사, 삼정회계법인 근무(전)
홍익대학교 경영학부 교수
hjinahn@hongik.ac.kr

[주요 저서 및 관심분야]
The Effect of Audit Partner Style on Financial Statement Comparability(2021),
Financial Statement Comparability and the Market Value of Cash Holdings(2020) 외 다수

■ 이주원

이화여자대학교 대학원(경영학 박사)
백석예술대학교 경영행정학부 교수
87jwlee@hanmail.net

[주요 저서 및 관심분야]
"국내기업의 ABC(Activity Based Costing) 도입실태 및 활용특성에 관한 연구" 외 다수

■ 강대준

홍익대학교 경영학과, 공인회계사, 세무사
삼일회계법인 근무(전), 디아이파트너즈 대표

[주요 저서 및 관심분야]
지금 당장 회계공부시작하라(한빛비즈, 공저, 2012)
재경관리사 원가관리회계(삼일인포마인, 공저)
게임으로 배우는 원가마인드(삼일회계법인, 공저)

■ 정영기

성균관대학교 대학원(경영학 박사)
공인회계사 · 세무사
조세심판원 비상임심판관(전)
증권선물위원회 감리위원(전)
한국세무학회 회장(전)
공인회계사 및 세무사시험 출제위원
홍익대학교 경영학부 교수
jungyk57@hotmail.com

[주요 저서 및 관심분야]
개념을 알면 쉬운 재무회계(청람, 공저, 2019)
경영분석과 가치평가(신영사, 공역, 2015)
감사인의 관점에서 본 감사품질제고방안 연구(2019)

■ 신홍철

서울대학교 경영대학 및 대학원 졸업
University of Texas, at Austin(Ph. D)
미국텍사스대학 및 하와이대학 교환교수
공인회계사 및 행정고시 출제위원
한국관리회계학회 부회장(전) 및 BSC연구회 회장
홍익대학교 경영학부 교수
shinhc@hongik.ac.kr

[주요 저서 및 관심분야]
관리회계(경문사, 2001)
BSC진단과 개선(네모북스, 공역, 2006)
한국형 BSC 성공사례 11(SERI, 2006)
지금 당장 회계공부시작하라(한빛비즈, 공저, 2012)

개념을 알면 쉬운 회계학원론
Study Guide –연습문제해답– (제4판)

2015년 2월 28일 1판 1쇄 발행
2021년 2월 25일 4판 1쇄 발행

저　　자 | 안혜진 · 정영기 · 이주원 · 강대준 · 신홍철
발 행 인 | 이수영
발 행 처 | 도서출판 청람
서울시 마포구 독막로 288(대흥동, 세양상가 109호)
전　　화 | 02)3272-2601(대)~2
팩　　스 | 02)3272-2603
홈페이지 | www.crbooks.co.kr
이 메 일 | crbooks@daum.net
등　　록 | 2000년 8월 26일 제6-0509호

ISBN 978-89-5972-799-5 93320 [정가 12,000원]